TUDO BEM FICAR COM
RAIVA DO CAPITALISMO

BERNIE SANDERS
com John Nichols

Tudo bem ficar com raiva do capitalismo

Tradução
Pedro Maia Soares

COMPANHIA DAS LETRAS

Copyright © 2023 by Bernie Sanders

Grafia atualizada segundo o Acordo Ortográfico da Língua Portuguesa de 1990, que entrou em vigor no Brasil em 2009.

Título original
It's OK to Be Angry About Capitalism

Capa
Jon Gray

Preparação
Gabriele Fernandes Kouyomdjian

Revisão
Carmen T. S. Costa
Aminah Haman

A ordem dos capítulos foi alterada em relação à edição original.

Dados Internacionais de Catalogação na Publicação (CIP)
(Câmara Brasileira do Livro, SP, Brasil)

Sanders, Bernie
  Tudo bem ficar com raiva do capitalismo / Bernie Sanders
com John Nichols ; tradução Pedro Maia Soares. — 1ª ed. — São
Paulo : Companhia das Letras, 2024.

  Título original: It's OK to Be Angry About Capitalism.
  ISBN 978-85-359-3722-0

  1. Capitalismo 2. Capitalismo – Aspectos morais e éticos
3. Democracia – Estados Unidos 4. Economia – Aspectos sociais
5. Estados Unidos – Aspectos políticos 6. História econômica
7. Política econômica I. Nichols, John. II. Título.

24-191383   CDD-330.15

Índice para catálogo sistemático:
1. Capitalismo americano : Economia 330.15
Tábata Alves da Silva – Bibliotecária – CRB-8/9253

Todos os direitos desta edição reservados à
EDITORA SCHWARCZ S.A.
Rua Bandeira Paulista, 702, cj. 32
04532-002 — São Paulo — SP
Telefone: (11) 3707-3500
www.companhiadasletras.com.br
www.blogdacompanhia.com.br
facebook.com/companhiadasletras
instagram.com/companhiadasletras
twitter.com/cialetras

Este livro é dedicado a Jane O'Meara Sanders, que está ao meu lado há mais de quarenta anos como esposa, colega de trabalho e melhor amiga. Além disso, quero agradecer a meu irmão, Larry, que, em nossa juventude, apresentou novos mundos para mim e continua sendo um mentor. Dedico também a meus filhos maravilhosos Levi, Heather, Carina e Dave, e a meus netos Sunnee, Cole, Ryleigh, Grayson, Ella, Tess e Dylan. Estou confiante de que eles e suas gerações ajudarão a criar um mundo melhor.

Sumário

Introdução: O problema é o capitalismo 9

PARTE I: CONTRA O SUPERCAPITALISMO

1. Bilionários não deveriam existir
Somente pondo fim à oligarquia americana é que poderemos começar a concretizar a promessa dos Estados Unidos da América 23

2. Acabar com a ganância no sistema de saúde
A saúde é um direito humano, não um privilégio 53

3. De que lado você está?
A escolha pelo lado da classe trabalhadora numa época de desigualdade mortal 90

4. A luta por nosso futuro econômico
Os trabalhadores, e não os CEOs, devem determinar o futuro do trabalho nos Estados Unidos 134

5. Educar cidadãos, não robôs
As crianças devem ser ensinadas a pensar — não para ser engrenagens da máquina 160

6. As empresas de mídia estão minando a democracia
A reforma política requer alternativas a um sistema de mídia com fins lucrativos que emburrece e diminui o debate nos Estados Unidos 183

PARTE II: AS MUITAS LUTAS PARA TRANSFORMAR O PAÍS

7. Eu não, nós
A campanha de 2020 e a luta pela mudança 219

8. Enfrentando Trump
A luta do nosso movimento progressista para derrotar o presidente mais perigoso da história dos Estados Unidos 246

9. A luta para reconstruir melhor
Por que os democratas têm tanta dificuldade em cumprir a promessa de transformações? 277

10. Estamos numa guerra de classes. É hora de reagir!
Devemos parar de ter medo de denunciar o capitalismo e exigir mudanças fundamentais num sistema corrupto e manipulado 315

Agradecimentos 355

Introdução
O problema é o capitalismo

Dizem que quanto mais velho, mais conservador você fica. Bem, não sou assim. Quanto mais velho, mais irritado fico com o sistema supercapitalista sob o qual vivemos e mais quero ver mudanças transformadoras em nosso país.

Algumas pessoas pensam que é "antiamericano" fazer perguntas difíceis sobre onde estamos e para onde estamos indo como nação. Eu não. Na minha opinião, não há nada mais americano do que questionar os sistemas que falharam conosco e exigir as mudanças de que precisamos para criar o tipo de sociedade que nós e as gerações futuras merecemos.

Eis a realidade simples e direta: o sistema econômico supercapitalista que tomou conta dos Estados Unidos nos últimos anos, impulsionado pela ganância incontrolável e pelo desprezo à decência humana, não é apenas injusto. É grosseiramente imoral.

Precisamos enfrentar essa imoralidade. Com coragem. Sem rodeios. Sem pedir licença. Só então poderemos começar a transformar um sistema que está armado contra a grande maioria dos americanos e que destrói milhões de vidas.

Confrontar essa realidade e mobilizar as pessoas para a transformação necessária não é fácil. Por isso escrevi este livro. Precisamos não só entender as forças poderosas que nos controlam hoje, mas, igualmente importante, mirar onde queremos estar no futuro.

Estou convicto de que, no país mais rico da história do mundo, com um progresso tecnológico explosivo que aumentará bastante a produtividade do trabalhador, podemos finalmente acabar com a economia de austeridade e alcançar o sonho humano há muito buscado de proporcionar um padrão de vida decente para todos. No século XXI, podemos pôr fim à economia brutal do cada um por si em que a grande maioria luta para sobreviver, enquanto um punhado de bilionários tem mais riqueza do que poderia gastar em mil vidas.

OS OLIGARCAS SÃO OS DONOS DOS ESTADOS UNIDOS

Sejamos claros. Enquanto a classe média continua em declínio, o sistema atual está indo muito bem para quem o comanda. Esses oligarcas têm riqueza e poder enormes. Na verdade, para o 1%, as coisas estão melhores do que nunca. Têm mansões no mundo todo, ilhas particulares, obras de arte caras, iates, jatinhos próprios. Alguns deles têm naves espaciais que, algum dia, poderão levá-los a Marte. Esses oligarcas gostam do jeito que as coisas funcionam e, com recursos ilimitados à disposição, farão todo o possível para defender suas posses e manter o status quo.

Sim. Vivemos numa "democracia" — mas eles são os donos dela. Contribuem com dezenas de bilhões de dólares na campanha para os dois principais partidos a fim de comprar políticos que cumpram suas ordens. Gastam outros bilhões em empresas de lobby para influenciar decisões federais, estaduais e municipais. É por isso que, nos últimos cinquenta anos, vimos sistematicamente políticas públicas que beneficiam os muito ricos em detrimento de todos os outros.

Sim. Temos liberdade de expressão e uma "imprensa livre". No entanto, em grau significativo, os oligarcas são os donos da mídia. Desse modo, as "personalidades" que eles empregam na TV, no rádio, nos jornais e nas redes sociais não fazem perguntas constrangedoras e quase nunca levantam questões que possam prejudicar a posição privilegiada de seus patrões. É por isso que, apesar de suas muitas redes de televisão, estações de rádio e sites, há pouca discussão pública sobre o poder da América corporativa e como os oligarcas o exercem para beneficiar seus interesses à custa de famílias trabalhadoras.

A boa notícia é que enquanto os oligarcas e as instituições controladas por eles trabalham freneticamente para manter o status quo, começamos a ver rachaduras no sistema. Milhões de americanos passaram a encarar a sociedade em que vivem de uma perspectiva diferente. A pensar grande, não pequeno. A fazer perguntas difíceis e exigir respostas que os levem além da política gradual e da ideologia dominante de hoje. Muitos têm encontrado respostas na organização sindical, pois buscam ter mais voz no local de trabalho, além de benefícios e melhores salários e condições.

OPOSIÇÃO AO ESTABLISHMENT ECONÔMICO E POLÍTICO

Sei um pouco sobre tudo isso, tendo realizado duas das campanhas populares mais progressistas para presidente da história moderna dos Estados Unidos. Em 2016, uma delas chocou o establishment político ao conquistar 22 estados e mais de 13 milhões de votos nas primárias democratas, nas quais enfrentei o candidato ungido do partido. Isso não era esperado. Não eram esses os interesses do chamado "Big Money".* Não era isso que as empresas de mídia queriam. Não era esse o desejo dos Super PACS** e dos doadores de campanha ricos nem dos superdelegados. Mas foi o que aconteceu.

Quatro anos depois, em 2020, vencemos por voto popular vários candidatos nas três primárias iniciais do Partido Democrata, em Iowa, New Hampshire e Nevada. O resultado: o establishment político, em pânico, aderiu a Joe Biden, segundo eles o único candidato que poderia nos derrotar. Os outros foram convidados a desistir.

A lição mais importante dessas campanhas não foi a lista de estados onde saímos vencedores ao enfrentar a ganância e a irresponsabilidade da classe dominante nem o total de votos recebidos. Foi *de onde* vieram os votos. Eles vieram, em número avassalador, de jovens com menos de quarenta anos — o futuro do país.

Estado após estado e em pesquisas nacionais, conquistamos o apoio dos jovens em proporções esmagadoras. Esses eleitores — negros, brancos, latinos, asiático-americanos e nativo-americanos — entenderam, graças a sua vivência, que o sistema supercapitalista não funcionava para eles. Não funcionava economicamente, pois tinham um padrão de vida inferior ao dos pais. Não funcionava do ponto de vista ambiental, porque havia diante deles um planeta cada vez mais insalubre e inabitável em consequência das mudanças climáticas, nem no combate ao racismo, ao sexismo, à homofobia e à xenofobia sistêmicos que abomina-

---

* O termo "Big Money", não tão utilizado no Brasil, se refere ao dinheiro de grandes investidores institucionais e de bancos de investimento. (N. E.)
** Super PACS: comitês de ação política criados em 2010 que arrecadam doações ilimitadas para candidatos. (N. T.)

vam. Durante nossas campanhas, milhões de jovens americanos deixaram claro: queriam mudanças, mudanças de verdade.

Esses americanos entendem que propostas superficiais são uma resposta insuficiente para as enormes crises que enfrentamos. Para eles, há um reconhecimento cada vez maior de que o país tem problemas *sistêmicos* profundos e que lidar apenas com os sintomas do problema não basta. É preciso chegar às origens deles, enfrentar a destrutividade do supercapitalismo moderno. Temos que mudar o sistema. Embora as pesquisas mostrem que a maioria dos americanos ainda vê o capitalismo de modo favorável, o nível de apoio tem caído constantemente nos últimos anos e chegou bem abaixo de 60% numa pesquisa da Axios-Momentive realizada em junho de 2021. Entre pessoas de 18 a 34 anos, as opiniões negativas sobre o capitalismo aumentaram de 38% em 2019 para 49% apenas dois anos depois. Entre os americanos da Geração Z — aqueles de 18 a 24 anos que estão se formando e entrando no mercado de trabalho —, 54% dizem ter uma visão negativa.

Mas a realidade política desse momento da história não se resume à necessidade de lutar por uma sociedade mais democrática, justa e humana. Agora é a hora em que, com toda a nossa energia, também devemos nos opor às forças reacionárias e neofascistas que estão minando a nossa democracia e nos levando ao autoritarismo e à violência enquanto usam minorias como bodes expiatórios e tentam nos dividir com base em raça, gênero, orientação sexual ou etnia.

É por isso que, depois de ter perdido a indicação democrata em 2020, trabalhei com o movimento progressista a fim de fazer todo o possível para derrotar Trump e eleger Joe Biden à presidência. Embora Biden e eu tenhamos visões políticas muito diferentes, o conheço há anos e o considero um amigo e um ser humano decente.

Nessa campanha, ocorrida durante a pandemia de covid, organizei dezenas de transmissões ao vivo e comícios para Biden e Harris que foram vistos por centenas de milhares de pessoas. Além disso, focamos, trabalhando com várias organizações de base, o registro de eleitores e o aumento da participação eleitoral entre jovens, sindicalistas e eleitores não tradicionais. E deu certo. Uma das razões pelas quais Biden venceu e os democratas se saíram bem em 2020 foi a participação sem precedentes que vimos entre os eleitores novos e mais jovens. Para surpresa dos especialistas e das pesquisas, o mesmo quase aconteceu nas eleições de meio de mandato de 2022, quando o apoio esmagador dos eleitores jovens ajudou os democratas a desafiar as expectativas e manter o controle do Senado. Infelizmente, perderam a Câmara e, com isso, a capacidade de fazer avançar grande parte da agenda do presidente Biden.

Em 2020, e novamente em 2022, fiz o possível para alertar o povo americano de que Trump não era uma figura política normal e que aquelas não eram eleições normais. A campanha de 2020 não foi um "choque de ideias". Foi uma batalha para saber se continuaríamos a ser uma democracia. Muitas vezes deixei claro que Trump não era apenas um mentiroso e déspota patológico, mas que, se perdesse, era improvável que cumprisse a Constituição, aceitasse a derrota e deixasse o cargo voluntariamente. A insurreição de 6 de janeiro de 2021 e as revelações posteriores escancararam de modo trágico que minhas preocupações se justificavam e que grande parte do Partido Republicano caiu no extremismo antidemocrático de direita. Isso ficou ainda mais evidente em 2022, quando os negacionistas das eleições, apoiados por Trump, concorreram em estados de todo o país pelo lado republicano. E perdurará em 2024, assim que Trump concorrer outra vez à indicação de seu partido e à presidência.

DIREITOS ECONÔMICOS SÃO DIREITOS HUMANOS

Um dos debates fundamentais e contínuos na política tem a ver com o papel que o governo deve desempenhar em nossa vida. E essa discussão deve necessariamente envolver a questão dos direitos humanos. Dito de maneira simples: numa democracia e num "governo do povo, pelo povo e para o povo", que *direitos* os cidadãos têm como seres humanos? E como o governo pode fazer cumprir esses direitos?

Na longa história do país, o conceito de direitos humanos passou por uma evolução radical. Vivemos a barbárie da escravização. Vivemos a subjugação brutal dos nativo-americanos. Vivemos uma "democracia" em que somente homens brancos ricos tinham direito ao voto. Vivemos centenas de anos em que as mulheres eram consideradas, legal e socialmente, cidadãs de segunda classe, privadas do controle sobre o próprio corpo. Vivemos períodos de grande intolerância e ódio contra imigrantes. Vivemos uma época duradoura em que era ilegal casais gays expressarem abertamente seus sentimentos.

Também vivemos, durante a história, com uma profunda separação entre direitos políticos e direitos econômicos. Sim. Nossa Constituição e a Declaração de Direitos nos garantem o direito ao voto, à liberdade de expressão, à prática de crenças religiosas, ao exercício de reunião e muitos outros direitos políticos importantes.

No entanto, não nos garantem o direito a um trabalho decente, saúde, educação, alimentação e moradia. Não nos garantem o direito às necessidades básicas que permitem aos seres humanos ter uma vida digna e segura. No amplamente ignorado discurso sobre o Estado da União de 1944, o presidente Franklin Delano Roosevelt falou sobre essa contradição. "Esta República teve início e atingiu a força atual amparada por certos direitos políticos inalienáveis — entre eles, o direito à liberdade de expressão, de imprensa e de culto, ao julgamento por júri e à proteção contra buscas e apreensões irracionais. Eram nossos direitos à vida e à liberdade", explicou FDR. "Contudo, à medida que nossa nação cresceu em tamanho e estatura — à medida que nossa economia industrial se expandiu —, esses direitos políticos se mostraram inadequados para nos garantir a igualdade na busca da felicidade. Chegamos a uma compreensão clara do fato de que a verdadeira liberdade individual não pode existir sem segurança econômica e independência."

Repito: *A verdadeira liberdade individual não pode existir sem segurança econômica e independência.*

Roosevelt estava certo quando fez essa afirmação há quase oitenta anos, e o princípio permanece válido até hoje. Os direitos econômicos são direitos humanos, e a verdadeira liberdade individual não pode existir sem eles.

Uma das grandes tragédias da história moderna dos Estados Unidos é que não conseguimos pôr em prática a visão de Roosevelt. Hoje, em nosso país "livre", 60% da população vive com o salário contado — e os salários reais ajustados pela inflação não sobem há cinquenta anos.

Cerca de 85 milhões de nós não têm seguro-saúde ou o têm com cobertura parcial, e 60 mil morrem todo ano porque não recebem a assistência médica necessária. Temos a maior taxa de pobreza infantil entre quase todas as grandes nações do mundo, desproporcionalmente entre famílias negras e pardas, e nosso sistema de assistência infantil é um desastre. O ensino superior é cada vez mais caro, e estamos atrás de muitos outros países em relação a conquistas acadêmicas dos alunos. Milhões de idosos carecem de recursos para aquecer sua casa no inverno ou comprar remédios.

Em contrapartida, enquanto as famílias trabalhadoras ficam gradualmente para trás, as pessoas no topo da escala social nunca tiveram uma vida tão boa. Há mais desigualdade de renda e riqueza do que nunca: três bilionários acumulam mais riqueza do que a parte mais pobre de nossa sociedade — 165 milhões de pessoas. Hoje, o 1% do topo tem mais riqueza do que os 92% da base, e os CEOs das grandes corporações ganham quatrocentas vezes o que os funcionários recebem.

Em nossa economia manipulada, também há muita concentração de propriedade e acordos de fixação de preços. Em todos os setores, vemos um punhado de corporações gigantescas controlar o mercado. Um exemplo chocante: hoje três empresas de investimentos de Wall Street — BlackRock, Vanguard e State Street — controlam ativos de mais de 20 trilhões de dólares e são as principais acionistas de quase todas as grandes companhias dos Estados Unidos — inclusive das maiores instituições financeiras do país, nos setores de mídia, transporte, agricultura e manufatura.

POR UM NOVO ESTADOS UNIDOS DA AMÉRICA

Este livro, no entanto, não é apenas uma crítica da sociedade americana moderna e do supercapitalismo que molda nossa vida, mas também oferece um plano para uma mudança progressiva — tanto econômica como política —, que exige uma revolução política na qual os trabalhadores se unam para lutar por um governo que represente todos os americanos, não apenas 1% deles. Abrange a crença de Roosevelt de que o governo deve garantir direitos econômicos a todo o seu povo.

Sim. É possível ter um programa de geração de empregos com salário digno, atendendo à enorme demanda de nossa sociedade. E avançar para uma democracia econômica na qual os trabalhadores tenham cada vez mais poder sobre o trabalho que realizam, sem que atuem como meras engrenagens da máquina.

Sim. É possível criar milhões de empregos liderando o mundo no combate à ameaça existencial que as mudanças climáticas representam e tornar nossos sistemas de energia sustentável tão eficientes quanto os de combustíveis fósseis. Podemos reconstruir nossa infraestrutura decadente — estradas, pontes, ferrovias, escolas, redes hídrica e de banda larga — à medida que tornarmos nossa nação mais segura e eficiente.

Sim. É possível pôr fim a nosso sistema de saúde disfuncional e avançar em direção a um sistema Medicare for All, com financiamento público, que garanta a saúde como um direito humano, não um privilégio.

Sim. Podemos assegurar o aprendizado vitalício por meio da educação pública gratuita para todos os americanos independentemente da idade, à medida que criarmos os melhores sistemas educacionais do mundo, desde a creche até a pós-graduação.

Sim. É possível acabar com a grotesca desigualdade de renda e riqueza por meio de um sistema tributário progressivo que exija que os ricos e as grandes empresas enfim paguem uma parcela justa de impostos.

Sim. Podemos preservar os direitos reprodutivos e garantir que as mulheres tenham liberdade de escolha em relação a sua vida e meios de subsistência.

Sim. É possível acabar com todas as formas de intolerância e preconceito à medida que avançarmos em direção a uma sociedade que realmente abrace as palavras maravilhosas que aprendemos na infância: *Os Estados Unidos da América são uma terra com "liberdade e justiça para todos".*

Sim. Podemos criar uma democracia vigorosa e inclusiva que ponha um ponto-final ao sistema corrupto de financiamento de campanhas e facilite, e não dificulte, a participação de pessoas diversas no processo político.

Durante os últimos anos de sua vida, o reverendo dr. Martin Luther King Jr. falou com crescente paixão sobre como a luta pelos direitos civis havia evoluído para "uma luta de classes". Em 1967, na Conferência das Lideranças Cristãs do Sul em Atlanta, o ganhador do prêmio Nobel da Paz disse: "O capitalismo esquece que a vida é social. E o reino da fraternidade não se encontra nem na tese do comunismo nem na antítese do capitalismo, mas numa síntese superior". Para alcançar essa síntese mais elevada, explicou o dr. King, "um dia devemos fazer a pergunta: 'Por que há 40 milhões de pessoas pobres nos Estados Unidos?'. E, ao fazê-la, você levanta questões sobre o sistema econômico, sobre uma distribuição mais ampla da riqueza. Ao fazê-la, você começa a questionar a economia capitalista. E digo que, cada vez mais, precisamos fazer perguntas sobre toda a sociedade...".

É o que este livro faz.

PARTE I

CONTRA O SUPERCAPITALISMO

1. Bilionários não deveriam existir

Somente pondo fim à oligarquia americana
é que poderemos começar a concretizar
a promessa dos Estados Unidos da América

Em meados de 2019, quando lancei um plano para tributar riquezas extremas, um repórter do *New York Times* perguntou se eu estava tentando eliminar bilionários. Na verdade, respondi, "acho que não deveriam existir bilionários".

Essa frase desencadeou centenas de manchetes e discussões, sobretudo na Fox News e nas rádios de direita. O CEO do Facebook Mark Zuckerberg admitiu que "de alguma forma ninguém merece ter tanto dinheiro". Elon Musk tuitou alguns comentários sarcásticos. Mas o que me impressionou foi que muitas pessoas acharam que eu estivesse brincando. Não estava.

Caso não tenha ficado explícito, minha campanha lançou um adesivo de para-choque dizendo que BILIONÁRIOS NÃO DE-VERIAM EXISTIR. Dezenas de milhares de americanos os exibi-ram porque entenderam o que a maioria dos comentaristas não entendem: que os Estados Unidos não podem se dar ao luxo de sustentar uma classe bilionária que tira muito mais do país do que devolve.

A própria existência de uma classe bilionária em rápida expansão é uma manifestação de um sistema injusto que promove a enorme desigualdade de renda e riqueza. Nesse sistema, as pessoas no topo desfrutam de privilégios extraordinários. Têm acesso a donativos do planeta suficientes para serem consumidos em mil vidas. Nenhum luxo está fora de seu alcance. São tão ricas que podem gastar fortunas comprando "experiências" — como uma viagem de foguete para além da atmosfera terrestre. Enquanto uns poucos ricos chafurdam na riqueza e enriquecem exponencialmente a cada dia que passa, a maioria dos americanos leva uma vida de desespero silencioso. Não planejam pagar por viagens ao espaço sideral. Lutam para bancar as necessidades básicas da vida aqui, na Terra.

A própria existência de bilionários não diz respeito apenas a quem tem ou não dinheiro. É também a manifestação de um sistema político corrupto, no qual um imenso poder sobre a vida da grande massa está concentrado nas mãos de um pequeno número de pessoas que, por meio de arranjos de financiamento de campanhas que só podem ser descritos como suborno legalizado, compram o controle das eleições e as políticas que decorrem delas.

São os investidores de Wall Street e os CEOS de grandes empresas que determinam se os empregos permanecerão no país ou se serão transferidos para o exterior, que tipo de renda os trabalhadores receberão e qual será o preço da gasolina, dos medicamentos e dos alimentos. E, enquanto esses oligarcas exercem enorme influência sobre nossa vida, as pessoas comuns praticamente não têm acesso ao poder, ou nem mesmo ao conceito de poder, para moldar o futuro do país. Carecem de instituições para exercer influência e estão muito ocupadas apenas vivendo.

Nesse momento sem precedentes na história americana, não há mais tempo para medidas superficiais. É hora de rejeitar a "sabedoria convencional" e o "gradualismo". É hora de repensar as bases de nossa adesão ao capitalismo irrestrito e abordar o dano indescritível que esse sistema causa a todos nós.

Em um país onde há pouco debate honesto sobre o sistema econômico, e onde se discute apenas marginalmente o sistema político que o sustenta, a ideia de rejeitar o capitalismo desenfreado — e acabar com a classe bilionária — pode parecer radical. Não é.

O objetivo de qualquer nação democrática, moral e racional, deve ser criar uma sociedade em que as pessoas sejam saudáveis, felizes e capazes de viver uma vida longa e produtiva. Não apenas os ricos e poderosos, mas todos. Nossa grandeza não deveria ser determinada pelo número de bilionários no país, pelo tamanho do PIB, pela quantidade de armas nucleares que temos ou por quantos canais recebemos na TV a cabo. Deveríamos julgar nosso sucesso como nação observando a qualidade de vida do americano médio. Quão saudável ele é? Quão satisfeito está no trabalho? Quão felizes seus filhos são? Devemos nos afastar da mentalidade econômica de escassez e austeridade rumo a uma mentalidade que busque a prosperidade para todos. Aos que dizem que, no país mais rico da história do mundo, não há o suficiente para cuidar de todas as pessoas, nossa resposta deve ser: "Isso é um absurdo. Claro que há o suficiente!". Com a explosão de novas tecnologias e produtividade que estamos experimentando, somos capazes de proporcionar uma vida digna a todos.

Nossos debates econômicos não deveriam girar em torno da questão dos recursos, mas sim da questão da intenção e da vontade.

Se realmente pretendemos tornar os Estados Unidos da América um lugar melhor, devemos nos esforçar para ser uma nação que eliminou a pobreza, a falta de moradia, o desânimo e a desesperança, onde o trabalho árduo seja recompensado com um salário digno e aqueles que são velhos ou enfermos demais para trabalhar sejam protegidos por uma rede de segurança que garanta que nenhum americano fique na miséria. Não se trata de uma visão utópica ou de algum conceito de outro mundo. Os Estados Unidos deveriam ter o melhor sistema educacional do planeta, desde a creche até a pós-graduação — acessível a todos, independentemente da renda. Deveriam ter um sistema de saúde de alta qualidade que permitisse que todas as pessoas entrassem num consultório médico e recebessem atendimento sem se preocupar com o custo, pois o sistema seria financiado com recursos públicos. Em vez de gastar mais dinheiro com militares do que as próximas dez gerações juntas, deveriam ser líderes globais em diplomacia e colaboração internacional, sobretudo quando se trata de prevenir guerras e combater as mudanças climáticas.

GANÂNCIA NÃO É BOM

Meus amigos conservadores costumam falar sobre os valores *morais* que deveriam guiar os Estados Unidos. É justo. Existem valores morais que devem guiar os americanos no futuro e sobre os quais devemos ser muito claros:

A ganância não é boa.

A enorme desigualdade de renda e riqueza não é boa.

Comprar eleições não é bom.

Lucrar com doenças não é bom.

Cobrar das pessoas os preços mais altos do mundo por medicamentos não é bom.

Explorar trabalhadores não é bom.

A monopolização da economia por um punhado de corporações não é boa.

Ignorar as necessidades dos mais vulneráveis — crianças, idosos e pessoas com deficiência — não é bom.

Racismo, sexismo, homofobia e xenofobia não são bons.

Prisões que lucram encarcerando pessoas pobres não são boas.

Guerras e orçamentos militares excessivos não são bons.

Emissões de carbono que destroem o planeta não são boas.

A simples verdade é que o capitalismo desenfreado não cria somente miséria econômica para a maioria dos americanos, mas destrói a saúde, o bem-estar, a democracia e o planeta. Se esperamos nos salvar, devemos identificar as pessoas e as políticas que engendraram essa destruição. Ao fazer isso, fica claro que já passou da hora de acabar com os bilionários, acabar com um sistema de "o vencedor leva tudo", baseado em ganância, corrupção e egoísmo desmedidos, e avançar em direção a um sistema motivado por compaixão, cooperação e interesse comum. Temos que determinar se usaremos nossa inteligência e energia para criar uma nação e um mundo em que todas as pessoas prosperem, ou se manteremos um sistema manipulado no qual poucos se beneficiam à custa de muitos. Não se trata de criar um sistema rígido que desencoraje a criatividade e a inovação. Não há nada de errado com o lucro de uma empresa ou de um empresário. Mas há algo de profundamente errado quando grandes corporações, controladas pelas pessoas mais ricas do globo, mentem, trapaceiam, subornam e roubam a fim de lucrar por meio da destruição da vida, do meio ambiente e da democracia.

Recentemente, houve muita discussão política e midiática sobre a oligarquia que cerca Vladímir Pútin, o veterano agente da KGB que se tornou o líder autoritário da Rússia. Ficamos sabendo da extraordinária riqueza dos favorecidos por Pútin, do poder ilícito deles e de sua determinação em tirar proveito de um sistema que lhes permitiu despojar uma nação de seus bens. Mas oligarquia não é um fenômeno exclusivamente russo. É uma realidade global que nossa mídia corporativa escolhe examinar apenas em parte. E os oligarcas dos Estados Unidos? E o que dizer do papel perverso e destrutivo que eles desempenham na formação de nossa sociedade? Por que não há reconhecimento, por parte de nossas elites políticas e midiáticas, de que existe uma oligarquia americana tão perigosa quanto as oligarquias que condenamos em outros países?

Se aceitamos que a verdade nos libertará, então precisamos encarar algumas duras verdades sobre os oligarcas americanos. O país chegou a um ponto na história em que deve determinar se realmente abraça as palavras inspiradoras da Declaração de Independência americana de "que todos os homens são criados iguais" e "dotados pelo Criador de certos direitos inalienáveis". Ou simplesmente aceitamos que continuaremos a ser governados por um pequeno número de pessoas muito ricas e poderosas que são motivadas pela ganância e não se importam com o bem-estar comum?

Precisamos decidir se levamos a sério o que as grandes religiões do mundo — cristianismo, judaísmo, islamismo, budismo, hinduísmo e outras — pregaram por milhares de anos. Acreditamos na fraternidade e na solidariedade humana? Acreditamos na Regra de Ouro que diz que devemos "fazer aos outros o que gostaríamos que fizessem a nós"? Ou aceitamos, como manda a ética predominante em nossa cultura, aquela norma de quem quer que tenha o controle sobre as regras de ouro — e que está tudo bem mentir, trapacear e roubar se você for poderoso o suficiente para conseguir escapar impune?

Se falharmos em fazer a escolha certa, os poucos poderosos que já controlam demais nosso destino é que vão fazê-la por nós.

A VIDA SOB A OLIGARQUIA

O establishment, por meio do sistema político, da mídia e das escolas, perpetua a mitologia de que os Estados Unidos são uma sociedade democrática na qual "o povo" é supremo e controla o destino da nação.

Será?

No início de 2022, o US Census Bureau estimou que havia 332 403 650 pessoas vivendo nos Estados Unidos. No entanto, cerca de 90% da riqueza da nação é propriedade de um décimo de 1% desse total. Assim, 332 403 americanos possuem mais do que os outros 332 071 247. Mas esse não é nem o começo da história da desigualdade de riqueza no país.

Tornemos as coisas mais concretas. Antes da pandemia, apenas três ultrabilionários — Jeff Bezos, Bill Gates e Warren Buffett — controlavam tanta riqueza quanto a parte mais pobre da população dos Estados Unidos junta. Durante a pandemia, as fortunas daqueles que já eram extremamente ricos cresceram à medida que vimos uma das mais rápidas redistribuições de riqueza para cima da história mundial. De acordo com o Instituto de Estudos Políticos, enquanto a maioria dos americanos estava engajada no "sacrifício compartilhado" imposto por uma crise global de saúde, a riqueza combinada de aproximadamente 725 bilionários dos Estados Unidos aumentou em 2,071 trilhões de dólares (70,3%) entre 18 de março de 2020 e 15 de outubro de 2021, passando de quase 2,947 trilhões para 5,019 trilhões de dólares.

Esses ricos não estão consolidando somente sua riqueza, mas sua influência sobre o governo e a vida política; as contribuições de bilionários para campanhas eleitorais dispararam de 31 milhões de dólares em 2010 — quando a decisão *Citizens United* da Suprema Corte derrubou muitas barreiras à influência da elite — para 1,2 bilhão de dólares em 2020. Esse último número mais que dobra para 2,6 bilhões de dólares quando incluímos bilionários que "autofinanciam" as próprias campanhas para altos cargos, de acordo com um estudo da Americans for Tax Fairness [Americanos pela Equidade Tributária]. E esses números não incluem os bilhões de dólares subnotificados que fluem para as campanhas de "dinheiro sujo" que decidem quem ocupará posições de poder. Assim que chegam a Washington, os candidatos favoritos da classe bilionária são recebidos por milhares de lobistas cujos contracheques são financiados pelos mesmos bilionários e seus aliados.

A oligarquia controla a economia americana. Como já mencionei, apenas três empresas controlam ativos de mais de 20 trilhões de dólares, equivalentes ao PIB dos Estados Unidos da América. São as maiores acionistas dos bancos mais relevantes do país e as principais acionistas em mais de 96% das organizações do S&P 500. Ou seja, têm influência significativa sobre centenas de empresas que empregam milhões de trabalhadores; na verdade, influência sobre toda a economia.

Falemos sobre a banca. Após a crise financeira de Wall Street em 2008, houve muita discussão sobre a riqueza e o poder dos principais bancos e como eles eram "grandes demais para falir". Ora, as três empresas de investimento de Wall Street são as acionistas centrais de alguns dos maiores bancos americanos — JPMorgan Chase, Wells Fargo e Citibank.

Falemos sobre transporte. BlackRock, Vanguard e State Street estão entre as principais proprietárias das quatro companhias aéreas mais relevantes dos Estados Unidos — American, Southwest, Delta e United.

E a assistência à saúde? Juntas, essas três instituições têm cerca de 20% das principais empresas farmacêuticas americanas.

E a mídia? Estão entre as maiores acionistas da Comcast, da Disney e da Warner Bros.

Com o controle de grande parte da política e da mídia, os bilionários estão livres para expandir exponencialmente sua riqueza e seu poder. Bill Gates é reconhecido como o maior proprietário de terras agrícolas nos Estados Unidos, com perto de 110 mil hectares em dezenas de estados, de acordo com a Associated Press. Empresas de investimento orientadas por bilionários, como a BlackRock, abocanharam 15% das residências americanas à venda no primeiro trimestre de 2021, elevando os preços — e seus lucros — nos mercados imobiliários de todo o país. Essas instituições controlam grandes fatias da indústria da saúde e farmacêutica, dos setores de energia, alta tecnologia, agricultura e transporte. Estão prestes a dominar todos os aspectos de nossa vida.

Esse é o poder e a influência de 0,0001 de 1% da população. Isso não é democracia. Isso é oligarquia.

OS OLIGARCAS SÃO DIFERENTES

Na década de 1920, F. Scott Fitzgerald escreveu sobre os muito ricos: "Eles são diferentes de você e de mim". Isso já era evidente nos anos imediatamente anteriores à Grande Depressão, e é ainda mais verdadeiro agora. Os oligarcas de hoje vivem num mundo tão apartado da experiência dos meros mortais que seu estilo de vida está além da imaginação da maioria.

Essas pessoas não moram em casas. Têm palácios — enormes mansões cercadas por gramados bem cuidados e portões altos — espalhados pelo globo. Não vão ao pronto-socorro local quando ficam doentes. Têm os melhores médicos e especialistas do mundo de plantão e, se necessário, podem embarcar num "jatinho médico" particular para receber o melhor tratamento do planeta. Os medicamentos de que precisam para se manter vivos são facilmente acessíveis, não importa o custo. Esses indivíduos não vão a lugares em carros compactos ou sedãs. Viajam em limusines com motorista e em aviões particulares. Têm equipes de pilotos de plantão a fim de levá-los para esquiar nos Alpes e mergulhar no Caribe. Alguns deles estão construindo naves espaciais para que possam passar férias na estratosfera.

Os oligarcas não ficam em hotéis de grandes redes ou acampam num parque nacional nas férias. Veraneiam em enclaves costeiros e fogem do frio do inverno em suas ilhas particulares. Não remam em lagos nem andam de caiaque em rios: cruzam os oceanos em iates que custam centenas de milhões de dólares e são tão grandes que pontes precisam ser removidas para que possam passar. Não vão a museus para ver obras de arte: compram as melhores pinturas e esculturas do mundo para a própria diversão.

Eles não compartilham sua riqueza: passam-na aos herdeiros. "As três famílias mais ricas dos Estados Unidos são os Walton, da Walmart, a família Mars, dos doces e chocolates, e os irmãos Koch, herdeiros da segunda maior empresa privada do país, o conglomerado de energia Koch Industries. Todas são organizações construídas pelos avós e pais dos ricos herdeiros e herdeiras de hoje", observou o relatório "Billionaire Bonanza", de 2021, do Instituto de Estudos Políticos. "Juntas, essas três famílias têm uma fortuna de 348,7 bilhões de dólares, que é 4 milhões de vezes maior que a riqueza média de uma família americana."

Os oligarcas não mandam seus bebês para uma creche local com professores mal pagos e sobrecarregados. Contratam babás profissionais e tutores para cuidar das crianças em casa. Seus filhos não frequentam escolas públicas superlotadas: voam para os melhores colégios particulares do mundo e contam com o apoio de equipes de instrutores especializados. Não estudam em faculdades comunitárias nem lutam para encontrar um meio de pagar as universidades públicas estaduais enquanto assumem o peso esmagador de dívidas estudantis. Entram sem esforço nas universidades da Ivy League graças ao "legado" de seus avós e às generosas doações de seus pais.

Após a formatura, os filhos dos oligarcas não enviam currículos, não preenchem formulários de emprego nem passam por rodadas de entrevistas na esperança de iniciar uma carreira. Com a ajuda dos avós e dos pais, ganham cargos para os quais suas qualificações podem ser escassas, mas suas conexões são substanciais. E, se infringirem a lei, não dependem de defensores públicos sobrecarregados e mal pagos para mantê-los fora da prisão. Os melhores advogados que o dinheiro pode comprar fazem os telefonemas necessários para resolver o "pequeno problema".

NÃO ODEIE ELON MUSK, ODEIE O SISTEMA QUE TORNOU MUSK POSSÍVEL

A questão não é demonizar os oligarcas. Muito menos invejá-los. Pessoas como Musk, Bezos, Zuckerberg, Gates, Buffett, os Walton, os Koch e seus semelhantes são geralmente inteligentes. Tendem a trabalhar duro e correr riscos; muitas vezes, são inovadores.

Prejudicamos o discurso quando nos atemos a personalidades e criamos a falsa impressão de que alguns ovos podres são o problema.

A luta contra a oligarquia americana — e os arranjos plutocráticos que a fomentam — nada tem a ver com personalidades. A desigualdade não diz respeito a indivíduos; trata-se de uma crise sistêmica.

É hora de pôr fim a uma cultura que não apenas aceita, mas na verdade cria o grau obsceno de desigualdade, injustiça e ganância incontrolável tão prejudicial aos Estados Unidos e ao mundo. Temos que nos sentir confortáveis ao reconhecer esse fato, como cidadãos e como ativistas e líderes políticos. Temos que começar dizendo:

Sim. É imoral e absurdo que o país tenha mais desigualdade de renda e riqueza hoje do que em qualquer outro momento desde a década de 1920, que 45% de toda a nova renda vá para o 1% mais rico e que os CEOS ganhem 350 vezes mais do que os funcionários médios recebem.

Sim. É inconcebível que, graças às políticas supercapitalistas dos últimos trinta anos, tenha havido uma transferência enorme de riqueza daqueles que têm pouquíssimo para os que têm muito. Não é aceitável que, durante esse curto período da história da humanidade, o 1% mais rico tenha visto um aumento de 21 trilhões de dólares em sua riqueza, enquanto a parte mais pobre do povo americano tenha sofrido um declínio de 900 bilhões de dólares na sua.

Sim. É vergonhoso que, apesar da explosão tecnológica e do enorme aumento de produtividade, o trabalhador americano médio hoje não ganhe mais do que ganhava cinquenta anos atrás em dólares reais ajustados pela inflação. É assustador saber que a maioria dos novos empregos atuais é de baixa qualificação e remuneração, e muitas vezes de meio período e que, se nada mudar, a próxima geração terá um padrão de vida inferior ao dos pais.

DERRUBAR UM SISTEMA QUE ATACA NOSSOS VALORES E DESTROÇA PRIORIDADES

Nenhuma luta faz sentido até que saibamos contra o que lutamos. Então expliquemos com clareza.

Nossa luta é para acabar com um sistema que avalia o "valor" como medida de lucratividade do mercado, um sistema no qual nos pedem para acreditar — com base nos salários pagos — que o atleta famoso que ajuda o dono de um time bilionário a aumentar seus resultados financeiros "vale" mais do que mil professores que ajudam crianças a sair da pobreza.

Nossa luta é contra um sistema em que os 25 maiores gestores de fundos de hedge dos Estados Unidos embolsam mais dinheiro do que 350 mil professores de educação infantil juntos. Quando foi que nós, o povo, tomamos essa decisão? Quando foi que decidimos que um executivo da empresa farmacêutica Moderna pode receber um "paraquedas de ouro" avaliado em 926 milhões de dólares para *não* trabalhar, enquanto técnicos de emergência médica que labutam dia e noite para salvar vidas ganham apenas 40 mil dólares por ano?

A resposta evidente é que o povo americano nunca aprovou essas escolhas brutais que insultam nossos valores. A grande maioria reconhece que Eugene Victor Debs estava certo quando disse, há um século, que "me oponho a uma ordem social na qual é possível para um homem que não faz absolutamente nada de útil acumular uma fortuna de centenas de milhões de dólares, enquanto milhões de homens e mulheres que trabalham todos os dias de sua vida conseguem apenas o suficiente para uma existência miserável".

A fala de Debs foi em um momento diferente. Mas a luta continua a mesma.

Trata-se de uma luta contra a cultura da competição sem escrúpulos, do cada um por si, na qual a riqueza e o dinheiro são adorados. Precisamos reconhecer, de uma vez por todas, que, para quem está no topo, o bastante nunca basta. De quanto eles precisam? A resposta é sempre "Mais!". Uma riqueza de 1 bilhão de dólares não é suficiente. Cinco bilhões não são suficientes. Cem bilhões não são suficientes. Como os viciados em heroína, os oligarcas nunca estão satisfeitos com o que têm. Precisam de uma nova dose. Mais, mais e mais, não importa quais sejam as consequências de sua ganância. A única diferença real é que, enquanto os viciados em heroína acabam mortos ou na prisão, destruindo a própria vida e a daqueles ao redor, os viciados em ganância nunca acabam atrás das grades. Em vez de se autodestruírem, destroem nossas comunidades, instituições, sociedade.

Nossa luta é para garantir o respeito merecido pelas dezenas de milhões de americanos da classe trabalhadora que, dia após dia, fazem o trabalho árduo que salva e melhora vidas e mantém a economia e a nação funcionando. Como vimos com mais clareza do que nunca durante a pandemia, não são os oligarcas que são essenciais. São médicos, enfermeiros, professores, cuidadores de crianças, bombeiros, policiais, carteiros, balconistas de mercearias, operários de fábricas, empacotadores e empregados de armazéns, agricultores e trabalhadores rurais, pilotos, motoristas de ônibus e caminhoneiros que fazem o trabalho importante de fato. No entanto, a maioria desses trabalhadores ganha uma pequena fração do que os especuladores de Wall Street obtêm em um único dia de negociação.

Nossa luta é para acabar com as injustiças de um sistema econômico em que mais da metade da população ganha apenas o suficiente para pagar as contas, e milhões estão ficando cada vez mais para trás enquanto tentam sobreviver com salários de fome. Não deveríamos ter 500 mil pessoas sem-teto e 18 milhões de cidadãos gastando metade de sua renda limitada com moradia. Não deveríamos ter centenas de milhares de jovens brilhantes sem condições de pagar por uma educação superior e 45 milhões de pessoas lutando para saldar dívidas estudantis. Não deveríamos ter quase 100 milhões de americanos sem seguro-saúde ou com seguro de cobertura parcial e 60 mil cidadãos morrendo por ano porque não vão ao médico a tempo. Não deveríamos ter a estimativa de que um em cada quatro pacientes não pode pagar por seus medicamentos. Não deveríamos ter 40% dos trabalhadores mais velhos se aposentando sem nenhuma poupança e 10% dos idosos vivendo na pobreza. Não deveríamos ter uma das taxas mais altas de pobreza infantil entre os principais países. Não deveríamos ter uma expectativa de vida em declínio quando as pessoas em nações comparáveis têm uma vida mais longa e saudável.

PRECISAMOS DE UM NOVO SENSO DE MORALIDADE

Quando um criminoso entra numa loja e dá um tiro no balconista, fazemos o julgamento moral de que esse comportamento é socialmente inaceitável e que o atirador deve ser punido. Quando um funcionário público usa de modo indevido e rouba o dinheiro do contribuinte, fazemos o julgamento moral de que o fraudador deve perder o emprego e, talvez, ser preso.

No entanto, quando os ricos e poderosos tomam decisões calculadas que são destrutivas e ameaçam a vida de milhões de pessoas — ou do planeta —, nos dizem que "são apenas negócios" e que de alguma forma é inapropriado fazer julgamentos morais com base nessas ações. Não importa o quão hediondas elas possam ser. Os executivos não só ficam impunes ao prejudicar seus trabalhadores e suas comunidades, como, em nosso sistema supercapitalista, os crimes nem são reconhecidos. Dizem-nos que tudo o que a "mão invisível do mercado" permite é aceitável, não importa quanta dor ela cause. No supercapitalismo, onde os ricos e poderosos fazem as leis e moldam a cultura, o comportamento deles raramente ou nunca é considerado ilegal — muito menos passível de punição.

Eis alguns exemplos:

Já no fim da década de 1950, o físico Edward Teller e outros cientistas alertaram os executivos da indústria de combustíveis fósseis de que as emissões de carbono estavam "contaminando a atmosfera" e causando um "efeito estufa" que poderia eventualmente levar a aumentos de temperatura "suficientes para derreter a calota polar e submergir Nova York". Há mais de sessenta anos, esses empresários sabiam que provocavam o aquecimento global e, portanto, ameaçavam a própria existência do planeta. No entanto, em busca de lucro, não só se recusaram a reconhecer publicamente o conhecimento obtido, como, ano após ano, mentiram sobre a ameaça existencial que a mudança climática representava para a Terra.

Hoje, em todo o mundo, o nível do mar está subindo, o que resulta em inundações cada vez maiores. Os oceanos têm se tornado mais ácidos, e com isso os peixes morrem. As ondas de calor estão matando milhares de pessoas, e as secas impossibilitam os agricultores de cultivar os alimentos de que precisamos. Distúrbios climáticos extremos com alta destruição de propriedades e incêndios florestais que consomem milhões de hectares têm sido tão comuns que vemos "eventos com intervalo de cem anos" ocorrendo ano após ano. Nos próximos trinta anos, enquanto o aquecimento global continuar, o Banco Mundial estima que mais de 200 milhões de pessoas serão forçadas a migrar devido a eventos climáticos extremos e declínio ambiental constante.

Encaramos um futuro em que pessoas desesperadas procurarão água potável e novas terras para plantar. Essa migração em massa lançará as bases para futuras tensões internacionais e mais guerras. No entanto, tudo isso era evitável. Os executivos dos combustíveis fósseis tomaram uma decisão calculada para enganar o mundo sobre o aquecimento global. Determinaram que seus lucros de curto prazo eram mais importantes do que o bem-estar do planeta e a vida de bilhões de indivíduos. Pecaram contra a humanidade e contra o futuro da maneira mais suja possível.

Então, o que aconteceu com os CEOs que traíram o povo americano e a comunidade internacional? Foram demitidos? Foram condenados por comentaristas da TV e pelos conselhos editoriais dos principais jornais? Foram processados? Foram para a cadeia por seus crimes? Não. De modo algum. Nenhum deles. Esses CEOS ficaram ricos. Desfrutaram de sua posição de membros proeminentes e respeitados de suas comunidades. Quando os bilionários do petróleo e CEOS da indústria de combustíveis fósseis morrem numa velhice confortável, os obituários os identificam como "gênios financeiros", "capitães da indústria" e "filantropos".

Não há nenhuma responsabilização.

O mesmo vale para outros setores industriais.

O exemplo clássico da impunidade dos CEOS vem da indústria do tabaco. Década após década, especialistas dessa área mentiram sobre o que sabiam a respeito dos perigos do fumo. Mesmo quando foram postos contra a parede, continuaram mentindo, perpetuando práticas comerciais que levaram à morte de centenas de milhares de pessoas todos os anos nos Estados Unidos e milhões no mundo inteiro. Em 2018, 480 mil americanos morreram em consequência do tabagismo. Quatrocentos e oitenta mil: quase o mesmo número de vidas perdidas no primeiro ano da pandemia de coronavírus. Essas mortes resultaram de uma recusa deliberada em respeitar a ciência. Tal como na indústria de combustíveis fósseis, os dirigentes da indústria do tabaco sabiam exatamente o que estavam fazendo. Não é mais nenhum grande segredo médico que seus produtos são projetados para causar o vício em nicotina e outros produtos químicos causadores de câncer, enfisema, doenças cardíacas e muitas outras moléstias potencialmente fatais. Também não é segredo que as empresas desse setor gastam bilhões nos Estados Unidos e em todo o mundo para atrair os jovens, por meio de cigarros eletrônicos e afins, a hábitos que levam a uma vida abreviada de vício e sofrimento.

Ou seja, há uma grande indústria americana (e mundial) cujo modelo de negócio é planejado para atrair jovens para seus produtos, viciá-los, causar-lhes sofrimento e morte terríveis e depois repassar aos contribuintes centenas de bilhões por ano em custos médicos.

E há também a indústria farmacêutica. Deveríamos ficar horrorizados com a fixação de preços combinados e o conluio na indústria, que faz com que os americanos paguem os preços mais altos do mundo por medicamentos — em alguns casos, dez vezes mais do que em outros países. Além disso, deveríamos nos horrorizar com o fato de quase um em cada quatro americanos não poder arcar com o custo exorbitante de medicamentos prescritos, enquanto os laboratórios farmacêuticos lucram dezenas de bilhões. No entanto, o que deveria nos deixar ainda mais furiosos são os meios pelos quais as principais empresas de medicamentos e gerentes de benefícios farmacêuticos (PBMs) se utilizaram para empurrar *de modo consciente* centenas de milhões de comprimidos de opiáceos altamente viciantes para comunidades em todo o país. Com isso, geraram uma epidemia que matou pelo menos 600 mil americanos — entre eles, mais de mil de meus conterrâneos de Vermont. A Purdue Pharma, fabricante do OxyContin, um dos opiáceos mais vendidos, reconheceu décadas atrás que seu produto era extremamente viciante e provocava um grande número de overdoses. Qual foi a reação dos bilionários donos da empresa? Retiraram o medicamento do mercado e trabalharam com médicos e cientistas para determinar a melhor maneira de tratar os vícios que causaram? Não exatamente. De acordo com uma reportagem do *New York Times* de 29 de maio de 2018, "uma cópia de um relatório confidencial do Departamento de Justiça mostra que os promotores federais que investigam a empresa descobriram que a Purdue Pharma sabia sobre o abuso 'significativo' de OxyContin nos primeiros anos após a introdução da droga em 1996 e ocultou essa informação".

No entanto, fizeram mais do que esconder a informação. Reconhecendo que vício equivalia a lucro, contrataram mais vendedores, venderam mais produtos e obtiveram lucros ainda maiores. Acabaram sendo apanhados, e a Purdue Pharma foi obrigada a pagar bilhões aos governos estaduais. Mas essas multas não trarão de volta a vida daqueles que morreram devido aos medicamentos da organização nem curarão a dor das famílias que foram devastadas. E não chegarão nem perto de compensar os contribuintes pelas contas médicas gerada por essa epidemia. Tampouco resultarão em responsabilização genuína, já que nenhum dos oligarcas bilionários da família Sackler, dona da Purdue Pharma, ou qualquer outro executivo da empresa, foi preso.

O maior produtor de oligarquia dos Estados Unidos é financiado pelos contribuintes americanos. Estamos falando, é claro, do setor de bancos de investimento.

Em 2008, depois que venderam conscientemente carteiras de investimento com base em hipotecas subprime quase sem valor, os principais bancos de Wall Street quebraram a economia global, criando uma recessão enorme que acabaria sendo entendida como a pior crise financeira desde a Grande Depressão. Trata-se do maior ato de fraude criminosa da história dos Estados Unidos. Eles causaram a falência de grandes empresas, o colapso do mercado de ações e uma crise econômica angustiante que roubou de milhões de americanos emprego, casa e economias.

O que aconteceu com os "senhores do universo" que perpetraram esse crime brutal contra o povo americano e a economia global? O governo Bush e as maiorias bipartidárias num Capitólio controlado pelos democratas resgataram esses bancos "grandes demais para falir" no valor de centenas de bilhões de dólares. No governo Obama, nenhum executivo sênior de Wall Street foi preso ou processado. Na verdade, em 2014, depois que o JPMorgan Chase fez um acordo extrajudicial com o Departamento de Justiça, o conselho de administração do banco concedeu ao CEO Jamie Dimon um aumento salarial de 74%.

Estamos chocados com isso? Claro que não. A maioria da população do país entende que a função básica do atual sistema de justiça criminal é encarcerar os pobres, as minorias raciais e étnicas, e as pessoas que sofrem de vícios e doenças mentais. Executivos brancos ricos, com exércitos de advogados e recordes de doações de campanha para pessoas em cargos importantes, não vão para a cadeia.

O supercapitalismo tem uma mensagem muito clara para o povo americano. A mensagem da classe bilionária e dos CEOs das empresas associadas a ela é: "Cara, eu ganho. Coroa, você perde". Os supercapitalistas atuam com impunidade. Não há ação, por mais flagrante ou repreensível, que seja punível. Sob nosso atual sistema de valores, essas empresas não fazem nada de "errado". Na realidade, fazem exatamente o que deveriam fazer. É assim que o sistema funciona. Elas obtêm lucros imensos, pagam enormes dividendos a seus acionistas e recompensam os CEOs com pacotes de remuneração extravagantes. São bem-sucedidas. E, se ultrapassarem alguma linha, forem "apanhadas" e tiverem que pagar uma multa, é "apenas o custo de fazer negócios".

Mas a verdade é que elas não precisam se preocupar muito em serem "apanhadas", porque a maior parte do que fazem é perfeitamente legal. E é legal porque seus peões políticos escrevem as leis.

NÃO PODEMOS PERMITIR QUE OS BILIONÁRIOS
COMPREM A DEMOCRACIA

Donald Trump tem pelo menos duas distinções principais. Foi o primeiro bilionário a ocupar o Salão Oval. E foi o presidente mais antidemocrático da história dos Estados Unidos. Isso deveria servir de lição para nós.

Trump é a expressão mais medonha de um fenômeno crescente no qual bilionários no país e em todo o mundo não apenas entregam enormes quantias para apoiar a campanha de candidatos e partidos, mas estão eles mesmos concorrendo a cargos públicos — e vencendo.

A influência do dinheiro na política americana não é nova, sempre existiu. Mas desde a decisão da Suprema Corte *Citizens United* de 2010, essa influência se tornou muito mais insidiosa. Nessa decisão, o tribunal revogou a lei de financiamento de campanha de longa vigência e argumentou que as restrições aos gastos dessa natureza eram uma violação das garantias da Primeira Emenda à liberdade de expressão. Essa conclusão mal pensada levou à criação dos superPACs, adotados por empresas e bilionários para "expressar sua liberdade" gastando quantias ilimitadas a fim de influenciar os resultados de campanhas eleitorais.

A maioria dos americanos manifesta suas opiniões políticas por meio do voto. Alguns fazem contribuições modestas para o candidato de sua escolha, e estou extremamente orgulhoso de que, em minhas duas campanhas para presidente, milhões de cidadãos tenham feito doações de menos de cinquenta dólares.

Mas um punhado de americanos — bilionários — participa das eleições de forma diferente. Eles tentam comprá-las mediante a transferência de enormes quantias em disputas para todos os cargos, desde a câmara municipal até a presidência. Os bilionários compraram a entrada nos dois principais partidos. Em 2019 e 2020, o megadoador republicano Sheldon Adelson e sua esposa Miriam contribuíram com 218 milhões de dólares. No início de 2020, a ABC News observou em uma reportagem sobre a candidatura presidencial do ex-prefeito de Nova York Michael Bloomberg, um republicano que se tornou um megadoador democrata, que, "nas últimas duas décadas, Bloomberg canalizou mais de 160 milhões de dólares para vários candidatos e grupos em todo o espectro político". Isso é ultrajante. Mas hoje existem multibilionários que afirmam estar preparados para gastar até 1 bilhão de dólares em campanhas.

Nas eleições presidenciais de 2020, os bilionários desempenharam um papel importante nas primárias e nas eleições gerais. De acordo com a revista *Forbes*, 230 bilionários fizeram doações para a campanha de Biden, enquanto 133 bilionários para a de Trump e 61 bilionários para a do Pete Buttigieg, ex-prefeito de South Bend. Mais recentemente, jornais da Flórida noticiaram que 42 bilionários contribuíram para a campanha de 2022 do governador da Flórida Ron DeSantis. E a mesma publicação informou que 25 bilionários haviam feito doações para o senador da Virgínia Ocidental Joe Manchin, enquanto 21 bilionários haviam contribuído para outra candidatura democrata alinhada às grandes corporações, a senadora do Arizona Kyrsten Sinema. Além dessas contribuições, existem obviamente as infusões maciças de "dinheiro sujo" não revelado que fluem para os superPACs e os assim chamados grupos de despesa independentes.

As contribuições de campanha do Big Money nem sequer são ideológicas. Alguns dos maiores doadores contribuem para democratas *e* republicanos. Grandes empresas e grupos de interesse em Wall Street, a indústria farmacêutica, seguradoras, organizações do setor de defesa militar e companhias de combustíveis fósseis doam paralelamente para os dois principais partidos políticos. Tanto faz ser democrata ou republicano, os bilionários e os interesses do Big Money querem ambos por perto. Entendem que alguns milhões de dólares em doações de campanha são ninharias em comparação com a cláusula de uma lei — ou a remoção de cláusulas, como veremos na luta do projeto Build Back Better [Reconstruir melhor] — que poderia lhes abrir caminho para colher bilhões em bem-estar empresarial ou deduções fiscais.

Todo esse dinheiro importa? As grandes doações realmente influenciam o rumo das candidaturas e do governo que se estende a partir das campanhas? Perguntas bobas, claro. Vou dar alguns exemplos pessoais.

Quando concorri à presidência em 2020, um de meus principais oponentes era Michael Bloomberg. Durante aquela campanha, não havia nada de excepcional nas opiniões defendidas por ele. Tratava-se de um democrata moderado, assim como vários outros candidatos. O que havia de extraordinário nele eram a riqueza e a quantidade de dinheiro do próprio bolso que estava disposto a gastar para ganhar a indicação democrata. Segundo a *Forbes*, Bloomberg era a oitava pessoa mais rica do mundo na época em que anunciou sua candidatura. (Trump ocupava um patético 275º lugar.)

Bloomberg entrou na campanha tarde, meses depois dos outros contendores. Mas no período relativamente curto em que concorreu, gastou cerca de 900 milhões de dólares — quatro vezes mais do que minha campanha desembolsou em um período bem maior e muito mais do que qualquer outro candidato. Nas primárias, Bloomberg gastou milhões para encher as rádios com publicidade. O resultado: embora não tenha vencido a indicação, Bloomberg passou, em pouquíssimo tempo, de candidato relativamente desconhecido a um dos principais concorrentes. Só havia uma razão pela qual sua campanha chegara tão longe: ele era um multibilionário que podia abrir o talão de cheques e gastar 100 milhões de dólares, depois outros 100 milhões, e então outros 100 milhões, até chegar a quase 1 bilhão — até que os debates revelassem que ele estava lamentavelmente despreparado.

Porém darei crédito a Bloomberg. Pelo menos em 2020, gastou seu dinheiro aberta e honestamente consigo mesmo.

Uma manifestação muito mais medonha da política plutocrática que toma conta dos Estados Unidos ocorre quando bilionários e milionários gastam dinheiro sub-repticiamente para obter resultados que os anúncios comprados por eles nem mencionam.

Durante a temporada das primárias democratas de 2022, envolvi-me em várias disputas parlamentares em apoio a candidatos progressistas ao Congresso, como Summer Lee na Pensilvânia e Jessica Cisneros no Texas. Na primária para um cargo vago, Summer, uma jovem e brilhante legisladora estadual, derrotou um advogado metido até o pescoço com o establishment do partido, enquanto Jessica perdeu para um democrata conservador que buscava a reeleição. Mas, de certo modo, ambas enfrentaram o mesmo oponente: um superPAC externo financiado por doadores ricos que queriam derrotar os progressistas que apoiavam a classe trabalhadora do país.

Do lado republicano do voto, o cofundador do PayPal Peter Thiel comprava indicações ao Senado para seus amigos — e os amigos de Donald Trump. Em maio de 2022, após as primárias republicanas do Senado federal em Ohio, a CNN informou que Thiel, que tem um patrimônio líquido estimado em mais de 7 bilhões de dólares, doou 15 milhões a um grupo chamado "Protect Ohio Values", um superPAC apoiador de um candidato: seu ex-funcionário e associado de longa data J. D. Vance. Concorrendo contra um ex-tesoureiro estadual e ex-presidente do Partido Republicano de Ohio, Vance, que nunca ocupara um cargo público e passara grande parte da vida adulta fora de Ohio, ganhou a indicação com facilidade. Ele então venceu a eleição de novembro e permanecerá no Senado nos próximos seis anos. Você acha que o senador Vance alguma vez dirá "não" a Peter Thiel? Eu não acho.

O atual sistema de financiamento de campanha dos Estados Unidos é um desastre e uma vergonha para qualquer um que acredite de fato na democracia. Se alguém amanhã oferecesse cem dólares a um senador para votar a favor ou contra um projeto de lei, isso seria considerado, por qualquer tribunal, um "suborno". Aceitá-lo pode levar a pessoa que o oferece — e o senador que o aceita — à prisão. Caso essa mesma pessoa colocasse 100 milhões de dólares em um superPAC para aquele senador, seus gastos seriam considerados perfeitamente legais. Além disso, se bem-sucedido, esse suborno conquistaria para o doador um relacionamento bem próximo e agradecido com uma autoridade eleita muito poderosa.

O papel do Big Money na política é tão absurdo que é cada vez mais comum os superPACS gastarem mais dinheiro em campanhas do que os candidatos. Na verdade, há disputas para a Câmara e o Senado em que a verdadeira competição se resume aos anúncios de TV veiculados pelos superPACS concorrentes. Os candidatos são espectadores de suas próprias campanhas.

Do mesmo modo, com bastante frequência, são os pormenores que importam. No topo da lista delas há uma que os oligarcas estão mais entusiasmados em manter fora da mesa: a tributação dos ricos e das corporações controladas por eles.

TRIBUTEM OS RICOS!

Tributar os ricos sempre foi uma boa ideia. Hoje, num momento de rápida expansão da desigualdade econômica, é uma das ideias mais necessárias de nosso tempo. É por isso que tenho proposto muitas vezes estratégias para tributar a classe dos bilionários. As mais ambiciosas delas foram duas propostas para 2021: a Lei dos 99,5% e a Lei de Prevenção da Evasão Fiscal Corporativa.

A Lei dos 99,5% propôs uma nova estrutura progressiva de imposto imobiliário para os 0,5% mais ricos dos americanos — a pequena parcela de nossa população que, por acidente de nascimento ou casamento, herdou mais de 3,5 milhões de dólares de patrimônio. De acordo com esse plano, 99,5% dos americanos não pagariam um centavo a mais em impostos. Por sua vez, as famílias bilionárias nos Estados Unidos — que têm um patrimônio líquido combinado de mais de 5 trilhões de dólares — deveriam até 3 trilhões em impostos imobiliários. Especificamente, essa legislação imporia uma alíquota de 45% sobre propriedades no valor de 3,5 milhões de dólares e uma alíquota de 65% sobre propriedades no valor de mais de 1 bilhão de dólares. A medida também delineou planos para acabar com os incentivos fiscais para fundos de dinastias e fechar brechas na tributação sobre heranças e doações, visando garantir que os mais ricos deixem de usar truques legais para burlar o pagamento de seu imposto devido.

De que tipo de dinheiro falamos? Quando propus o projeto de lei, com o apoio de vários de meus colegas do Senado, estimamos que ele arrecadaria 430 bilhões de dólares de receitas em uma década. Em especial:

- A família Walton, proprietária da Walmart, pagaria até 85,8 bilhões a mais em impostos sobre sua fortuna de 221,5 bilhões de dólares.

- A família de Jeff Bezos, o fundador da Amazon, pagaria até 44,4 bilhões a mais em impostos sobre sua fortuna de 178 bilhões de dólares.

- A família de Elon Musk pagaria até 40,4 bilhões a mais em impostos sobre sua fortuna de 162 bilhões de dólares.

- A família de Mark Zuckerberg, CEO do Facebook, pagaria até 25,3 bilhões a mais em impostos sobre sua fortuna de 101,7 bilhões de dólares.

A Lei de Prevenção da Evasão Fiscal Corporativa era ainda mais ambiciosa. Pretendia arrecadar mais de 2,3 trilhões de dólares em receita, impedindo que as instituições transferissem lucros para o exterior a fim de não pagar impostos nos Estados Unidos. Também propôs restaurar a alíquota máxima do imposto das empresas para 35% — o que não se tratava de uma ideia radical, pois voltava ao que era antes de Donald Trump e seus aliados reestruturarem a política tributária visando tornar mais fácil para as empresas burlar o pagamento de quaisquer impostos.

Reverter o que Trump e republicanos como o ex-presidente da Câmara Paul Ryan fizeram para beneficiar as corporações é de fato apenas um primeiro passo. É essencial, contudo, pois desfaz uma brecha que — no primeiro ano após Trump sancionar a lei tributária republicana de 2017 — permite que mais de noventa empresas da *Fortune 500* não apenas burlem o pagamento de impostos federais, mas também recebam enormes quantias de restituição do IRS [Receita Federal]. Surpreendentemente, em 2018:

- A Amazon recebeu uma restituição de 129 milhões de dólares do IRS depois de obter lucros de 10,8 bilhões.
- A Delta recebeu uma restituição de 187 milhões de dólares do IRS depois de obter lucros de 5,1 bilhões.
- A Chevron recebeu uma restituição de 181 milhões de dólares do IRS depois de obter lucros de 4,5 bilhões.

Com texto que impede as corporações de proteger lucros em paraísos fiscais como Bermudas e ilhas Cayman, a Lei de Prevenção da Evasão Fiscal Corporativa foi criada para impedir a concessão de isenções fiscais a empresas — e seus proprietários — que enviam empregos ao exterior. Também delineou planos para:

- Acabar com a regra que permite que empresas paguem uma alíquota de imposto menor ou 0% sobre ganhos de fundos offshore em comparação com a renda interna.

- Fechar brechas que facilitam que organizações transfiram renda entre países estrangeiros para evitar impostos nos Estados Unidos.

- Revogar as brechas "check the box" para dinheiro transferido ao exterior.*

- Impedir que corporações multinacionais retirem receitas dos Estados Unidos manipulando as despesas da dívida.

- Dificultar que empresas americanas afirmem ser estrangeiras usando uma caixa postal de paraíso fiscal como endereço.

Fiquei orgulhoso dessas propostas detalhadas, não só porque faziam sentido, mas porque abriram uma discussão sobre o uso da política tributária para lidar com a desigualdade.

As iniciativas legislativas para tributar os ricos costumam ser enquadradas como esforços de arrecadar fundos para fins nobres e necessários, como proporcionar assistência médica a todos os americanos ou tornar o ensino superior gratuito. Em minha opinião, trata-se de um bom argumento. Concordo com Gabriel Zucman, professor de economia da Universidade da Califórnia em Berkeley que diz: "O que torna as nações prósperas não é a santificação de um pequeno número de indivíduos extremamente ricos; é o investimento em saúde e educação para todos". Mas os benefícios decorrentes da tributação dos mais ricos vão além das considerações orçamentárias. A tributação justa e progressiva, que visa à redistribuição dos donativos da nação de um punhado de bilionários para a grande massa, é uma das melhores maneiras de combater a desigualdade de riqueza, lidar com os da-

---

* Check the box: possibilidade que alguns tipos de empresas têm de escolher como serão classificadas para fins de tributação. (N. T.)

nos de longo prazo causados pelo racismo e liberar os trabalhadores para criar, inovar e fortalecer os Estados Unidos.

A história e o bom senso nos dizem que o mercado não vai corrigir isso. Mais de um século atrás, o ex-presidente Theodore Roosevelt, um republicano que tinha uma fortuna considerável, reconheceu que tributar riquezas extremas era necessário não só para coletar receitas, mas para preservar e ampliar a democracia. "A ausência de uma restrição eficaz estatal e, sobretudo, nacional sobre a obtenção injusta de dinheiro tende a criar uma pequena classe de homens muito ricos e economicamente poderosos, cujo objetivo principal é manter e aumentar seu poder", advertiu ele em 1910, no discurso sobre o "Novo Nacionalismo", no qual delineou um plano para "mudar as condições que permitem a esses homens acumular poder que não é para o bem-estar geral". No cerne do plano de Teddy Roosevelt estava um ambicioso imposto sobre a riqueza que visava tanto à renda como às propriedades dos barões ladrões de sua época.

Hoje, tributar os ricos é uma das ideias mais populares na política americana. Uma pesquisa Reuters/Ipsos de 2020 descobriu que 64% dos eleitores concordavam que "os muito ricos deveriam contribuir com uma parcela extra de sua riqueza total a cada ano para apoiar programas públicos". No entanto, os democratas permanecem cautelosos quanto ao uso da política tributária para corrigir o curso da nação. Essa cautela é equivocada. Eles deveriam se inspirar no presidente Franklin Delano Roosevelt, que explicou em 1935: "As pessoas sabem que vastas rendas particulares vêm não somente de esforço, habilidade ou sorte daqueles que as recebem, mas também graças às oportunidades de vantagem para as quais o próprio governo contribui. Portanto, recai sobre o governo o dever de restringir tais rendimentos por meio de impostos altíssimos".

Quão altos?

A lei Make Billionaires Pay que propus no auge da pandemia teria aplicado uma alíquota de 60% sobre os ganhos de riqueza obtidos por 467 bilionários entre 18 de março de 2020 e 1º de janeiro de 2021.

No entanto, por que limitar isso a um ano? E por que ver a tributação progressiva e necessária apenas como uma resposta emergencial?

Não se trata de uma ideia nova e radical. A administração do presidente Franklin Roosevelt usou um imposto sobre os ganhos inesperados dos ricos para evitar a especulação durante a Segunda Guerra Mundial. Era muito mais agressivo do que qualquer coisa proposta pelos legisladores da época: as alíquotas máximas de impostos podiam chegar a 90% sobre os lucros excedentes das corporações e 95% para os indivíduos ricos. Esses impostos funcionaram tão bem que continuaram no pós-guerra. Ao longo da presidência do republicano Dwight Eisenhower, que governou durante o boom econômico da década de 1950, a alíquota máxima para os americanos mais ricos era de cerca de 92%. O país prosperou. Os sindicatos eram fortes. Os trabalhadores podiam se sustentar e comprar casas com uma única renda. A desigualdade existia, mas não como hoje. No início dos anos 1950, os 20% mais ricos do país controlavam 42,8% da riqueza nacional. Isso era demais. Mas como sabemos, a atual concentração de riqueza está se acelerando num ritmo tão rápido que há uma discussão acalorada na imprensa financeira sobre qual desses multibilionários será o primeiro trilionário dos Estados Unidos. Não deveriam existir trilionários. E não deveriam existir bilionários.

2. Acabar com a ganância no sistema de saúde

A saúde é um direito humano, não um privilégio

Todos queremos ter uma vida longa, feliz e produtiva. Queremos a saúde e a força de que precisamos para ter uma vida profissional significativa. Queremos evitar doenças crônicas e debilitantes. Queremos ficar em movimento. Queremos ter boa visão e boa audição. Queremos que nossas faculdades cognitivas permaneçam fortes. Queremos estar no mundo tempo suficiente para receber nossos bisnetos.

A qualidade da assistência à saúde que uma nação oferece não é apenas um fator importante para determinar se atingiremos essas metas; ela tem a ver com o cerne do que um país defende e quais são seus valores. Em certo sentido, não há nada mais importante. Será que de fato endossamos as elevadas palavras de nossa Declaração de Independência de que "todos os homens são criados iguais, dotados pelo Criador de certos direitos inalienáveis, entre os quais estão a Vida, a Liberdade e a Busca da Felicidade"? Ou nossa qualidade de vida, nossa saúde e nossa longevidade são definidas por quanto dinheiro temos e pela ganância dos interesses dos muito poderosos?

UM SISTEMA QUE FUNCIONA PARA
INVESTIDORES, NÃO PARA PACIENTES

O atual sistema de saúde nos Estados Unidos funciona exatamente da maneira que foi projetado para operar — para as pessoas que são donas dele. Em 2021, o setor de saúde obteve lucros de mais de 100 bilhões de dólares, os preços das ações dispararam e os CEOs de seguradoras e companhias farmacêuticas receberam pacotes de remuneração bem generosos. Graças aos bilhões gastos com lobistas e doações de campanha, essa indústria é um dos atores políticos dominantes no Congresso e nas legislaturas estaduais, influencia os dois principais partidos políticos e, de modo significativo, a política nacional de saúde. O que mais pode ser dito? Nosso sistema de saúde é uma verdadeira história de sucesso americana.

Mas, você pode perguntar, como está o sistema de saúde para os cidadãos comuns, para as pessoas que utilizam o sistema em comparação com aqueles que são donos do sistema?

Bem, essa é uma história muito diferente. Para o americano médio, nosso atual sistema de saúde é um desastre — extremamente caro, inacessível e burocrático. Na verdade, é um sistema quebrado que precisa ser transformado por completo.

Um dos grandes desafios políticos que enfrentamos hoje é: devemos manter um sistema projetado para criar enormes lucros e riqueza para as seguradoras, as empresas farmacêuticas e os bilionários donos delas, ou precisamos criar um novo sistema baseado no princípio de que a assistência à saúde é um direito humano e que todos os homens, mulheres e crianças devem, de forma econômica, ter garantia de qualidade e equidade na assistência à saúde, independentemente de seu status econômico? Continuamos com o constrangimento nacional de ser a única grande nação do mundo a não proporcionar assistência médica para todos? Além disso, nosso sistema não deveria priorizar o bem-estar e a prevenção de doenças e a criação de uma sociedade saudável, em vez de somente o tratamento de enfermidades?

No que diz respeito ao sistema de saúde atual, eis onde estamos. De acordo com uma pesquisa da West Health-Gallup publicada em março de 2022, "cerca de 112 milhões (44%) de adultos americanos têm dificuldade de pagar por assistência médica e mais do que o dobro desse número (93%) acha que o que pagam não vale o atendimento recebido". O relatório nos diz: "Os americanos acham cada vez mais difícil pagar por serviços de saúde. No ano passado, aumentou para 30% o número de cidadãos que relataram evitar os cuidados necessários devido ao custo. Enquanto isso, outros 29% afirmam que não poderiam ter acesso à assistência viável se precisassem hoje. Contudo, a falta de viabilidade não é o único problema que afeta as experiências das pessoas com o sistema de saúde — também estão insatisfeitas com o atendimento recebido. Mais da metade do país (52%) diz que a assistência prestada simplesmente não vale o custo. E, numa pergunta aberta, 38% dos entrevistados, que representam cerca de 97 milhões de adultos, usaram a palavra 'caro' para caracterizar o sistema de saúde, enquanto outros 13% o termo 'falido', a segunda palavra mais usada".

Nos Estados Unidos, gastamos quase o dobro per capita em assistência médica do que as pessoas de qualquer outro país; mais de 12 530 dólares por ano para cada homem, mulher e criança — um total de 4 trilhões de dólares, ou cerca de 20% de nosso PIB. Trata-se de um gasto astronômico que continua a aumentar rapidamente e a devorar os recursos de indivíduos, famílias, empresas e governos a um nível insustentável.

Em comparação, o Reino Unido gasta apenas 5268 dólares per capita em saúde; o Canadá, 5370; a França, 5564 e a Alemanha, 6731 dólares. Por uma fração do que gastamos, esses países garantem assistência médica a toda a sua população.

Alguém poderia pensar que, com esse enorme desembolso de dinheiro, a qualidade da assistência médica nos Estados Unidos fosse ser a melhor do mundo. Errado. Muito errado.

A triste verdade é que, apesar da elevada quantidade de dinheiro gasta, o sistema de saúde americano está num dos últimos lugares entre as principais nações industrializadas em termos de resultados: longevidade, acessibilidade, cobertura, equidade e eficiência. Em outras palavras, obtemos um retorno terrível de nossos enormes gastos com assistência médica.

O problema essencial do "sistema" é que ele não é de fato um sistema. É uma coleção desarticulada, complicada e não transparente de milhares de entidades dominadas por forças poderosas que fizeram da saúde uma mercadoria e que buscam obter altos lucros com isso. O objetivo desse "sistema" não é curar doenças ou manter as pessoas saudáveis. É ganhar o máximo de dinheiro possível para seus donos.

Em um mundo em rápida mudança, com novos desafios e tecnologias, nenhum país tem um sistema "perfeito" — e nunca terá. A pergunta que deve ser feita, no entanto, é: qual é o *objetivo* do sistema? Deve-se permitir que toda uma camada da burocracia empresarial chamada "companhias de seguros" — que empregam centenas de milhares de pessoas que não têm absolutamente nada a ver com a prestação *real* de assistência médica — continue determinando políticas e prioridades com o único fim de maximizar lucros?

Os CEOs das principais seguradoras, cuja remuneração é de dezenas de milhões de dólares por ano, não realizam cirurgias cardíacas ou cerebrais. Não tratam pessoas que sofrem de câncer, diabetes, Alzheimer, covid ou doença mental. Não mantêm nossos filhos saudáveis e proporcionam checkups anuais. Não realizam as pesquisas de que precisamos para descobrir as causas de enfermidades terríveis que afligem milhões. Não constroem hospitais ou clínicas ou formam estudantes de medicina e enfermagem. Isso não faz deles pessoas "más" ou "terríveis". Não cabe a eles fazer essas coisas. Não é o trabalho deles. Eles são empresários, e seu único propósito na "indústria" (nome engraçado para assistência médica) é ganhar o máximo de dinheiro possível para seus acionistas e para si mesmos — e fazem isso muito bem.

Se o objetivo dos CEOs das seguradoras e de seus empregados NÃO é fornecer atendimento de qualidade para todos, se o objetivo deles NÃO é implementar um sistema que tenha uma boa relação custo-benefício, se o objetivo deles NÃO é prevenir doenças e criar uma sociedade saudável, se o objetivo deles NÃO é fazer algo que reduza suas margens de lucro, então qual tem sido o resultado de seus esforços?

SESSENTA MIL MORTES DESNECESSÁRIAS
E LUCRO DE 60 BILHÕES DE DÓLARES

Devido ao mercantilismo, à disfuncionalidade e às prioridades equivocadas do sistema atual, mais de 85 milhões de americanos não têm seguro-saúde ou o têm com cobertura parcial. De 2016 a 2020, no país mais rico do mundo, houve mais de 437 mil campanhas médicas GoFundMe para aqueles que não tinham como pagar suas contas médicas ou hospitalares. Eles tiveram que implorar por dinheiro para conseguir tratamento médico.

Na verdade, embora isso seja raramente discutido, nosso sistema de saúde é tão falho e tão ineficaz que mais de 60 mil cidadãos morrem a cada ano porque não recebem os cuidados necessários a tempo. São pessoas que adoecem e têm esperança de que seu estado de saúde melhore. Às vezes isso não acontece, e elas morrem. Às vezes, sofrem por anos. Que ultraje indescritível! Sessenta mil pessoas morrem de causas evitáveis todos os anos nos Estados Unidos, enquanto as seguradoras obtêm lucros enormes.

Entrementes, as seis maiores seguradoras de saúde do país tiveram lucros de mais de 60 bilhões de dólares em 2021, lideradas pelo UnitedHealth Group, que, sozinho, faturou 24 bilhões de dólares. Não é de surpreender que os CEOs do setor recebam grandes pacotes de remuneração. Em 2021, Michael Neidorff, CEO da Centene, faturou 20,6 milhões de dólares; Karen Lynch, CEO da CVS Health, 20,3 milhões; David Cordani, CEO da Cigna, pouco menos de 20 milhões; e Gail Boudreaux, CEO da Anthem, recebeu mais de 19 milhões de dólares.

E depois há a indústria farmacêutica.

A terapia com medicamentos é parte integrante da medicina moderna. Drogas maravilhosas e eficazes, recém-desenvolvidas e antigas, salvam vidas e aliviam o sofrimento. Mas hoje, nos Estados Unidos, quase uma em cada quatro pessoas não consegue arcar com o custo escandalosamente alto dos medicamentos receitados por seus médicos. Milhões vão a uma consulta, obtêm um diagnóstico, mas não podem comprar o remédio para o tratamento. Muitas dessas pessoas pioram e acabam no pronto-socorro ou no hospital — custando ao sistema muito mais dinheiro do que os medicamentos prescritos teriam custado, sem mencionar o sofrimento pessoal envolvido. Não é uma loucura?

Ao mesmo tempo, enquanto continuamos a pagar, de longe, os preços mais altos do mundo por remédios, a indústria farmacêutica, ano após ano, segue como um dos setores mais lucrativos do país. Em 2021, Pfizer, Johnson & Johnson e AbbVie — três gigantes dessa área — aumentaram seus lucros em mais de 90%, chegando a 54 bilhões de dólares; e, em 2020, os CEOs de apenas oito empresas do setor acumularam 350 milhões de dólares.

UM FRACASSO MORAL

Se uma nação é moralmente julgada pela forma como trata os mais fracos e vulneráveis, nosso sistema de saúde fracassa miseravelmente. As taxas de mortalidade infantil e materna nos Estados Unidos são muito altas — e para as comunidades minoritárias são equivalentes às dos países pobres do terceiro mundo. Além disso, nosso sistema de saúde atual falha em reconhecer que assistência à saúde é mais do que apenas entrar num consultório médico ou hospital. Ela diz respeito a todos os aspectos de nossa vida. Deve ser abrangente.

Sim. Assistência odontológica é assistência médica. No entanto, dezenas de milhões de pessoas, entre elas muitos idosos, não podem se dar ao luxo de ir ao dentista. Muitos perdem os dentes, incapazes de mastigar bem os alimentos ou com dores crônicas que os levam ao pronto-socorro para alívio temporário. Outros não podem sorrir, constrangidos pela falta dos dentes anteriores — um verdadeiro sinal de pobreza.

Sim. O tratamento da doença mental é assistência à saúde. Contudo, em consequência da pandemia, nossa velha crise de saúde mental está pior do que nunca. Em 2021, perdemos mais de 100 mil pessoas por overdose de drogas, ao mesmo tempo que suicídio, alcoolismo, depressão e ansiedade aumentam. A pandemia foi especialmente difícil para os jovens, cujas vidas escolares e relacionamentos com amigos foram interrompidos de modo radical. Também afetou gravemente os idosos que não conseguiam ter contato regular com amigos e familiares. Em quase todos os estados do país, americanos angustiados precisam desesperadamente de tratamento de saúde mental e não têm acesso a ele.

Sim. Proporcionar atendimento em domicílio a milhões de idosos e deficientes é assistência médica. Porém nosso sistema de saúde domiciliar, que paga salários baixíssimos a seus trabalhadores, hoje está sob enorme pressão, incapaz de atrair a quantidade de pessoal necessária. Resultado: muitos idosos e pessoas com deficiência são forçados a ir para asilos, à custa do sistema, quando prefeririam ficar em casa com a família e os amigos. Ao mesmo tempo, há pouco debate sobre o fato de que muitos de nossos lares de idosos, conforme refletido pelas taxas de mortalidade bastante altas que tiveram por causa da covid, estão com falta de funcionários, em desordem e põem em risco o bem--estar dos moradores.

É inacreditável que, apesar dos enormes gastos com assistência médica, nosso sistema mal planejado e ineficaz não consiga nem mesmo desempenhar uma de suas funções mais básicas: suprir um número adequado de médicos, enfermeiras, dentistas e outros profissionais de saúde. A atual escassez, exacerbada pelo esgotamento vivenciado por muitos desses profissionais durante a pandemia, aumentará muitíssimo, se não for imediatamente resolvida, devido ao envelhecimento e à aposentadoria iminente deles.

Nos últimos anos, trabalhei para aumentar de modo substancial o financiamento do National Health Service Corps. Esse programa federal oferece perdão de dívidas e bolsas para médicos e enfermeiros que atuam em áreas carentes de assistência à saúde. Com efeito, no Plano de Resgate Americano, triplicamos o financiamento para esse projeto de importância vital. Fizemos alguns progressos, mas não é o suficiente.

POUCOS MÉDICOS EM POUCOS LUGARES

Hoje, em mais uma manifestação de nosso sistema falido, muitos de nossos jovens profissionais de saúde saem da faculdade profundamente endividados. Nunca me esquecerei da conversa que tive com uma jovem de Iowa recém-formada em odontologia que estava com uma dívida estudantil de mais de 400 mil dólares — o que, infelizmente, não é incomum para novos dentistas, médicos e enfermeiras.

Ao contrário de muitos outros países, que proporcionam educação gratuita ou de baixo custo para estudantes de psicologia, odontologia e enfermagem, o sistema atual afeta negativamente não só os profissionais, mas também a prestação de assistência à saúde de modo geral. Recém-formados em medicina e enfermagem, sobrecarregados com centenas de milhares de empréstimos estudantis, tendem a preferir especialidades e localizações geográficas que vão lhes proporcionar os altos rendimentos necessários para saldar suas dívidas o mais rápido possível. Profundamente endividados, é muito provável que não se dirijam para áreas rurais carentes de atendimento médico, onde recebem muito menos do que seus colegas alocados nos centros urbanos.

Isso contribui para outra grande crise enfrentada pelo sistema de saúde disfuncional dos Estados Unidos: em muitas partes do país, em comunidades rurais com dificuldades econômicas, os moradores estão vendo os hospitais locais fecharem e não conseguem atendimento médico. Com efeito, hoje existem condados inteiros onde não há médicos e a atenção primária está efetivamente indisponível. Os pacientes nesses "desertos médicos" são forçados a viajar longas distâncias para dar à luz um bebê, obter tratamento para câncer ou se recuperar de um ataque cardíaco.

As salas dos prontos-socorros dos hospitais são estruturadas e equipadas para lidar com emergências — vítimas de acidentes, tiroteios e derrames. Seu objetivo não é tratar um caso de gripe ou otite. No entanto, em todo o país, esse tipo de hospital — que fornece os cuidados primários mais abrangentes — transborda de pacientes que procuram tratamento não emergencial porque não conseguem encontrar um clínico geral. A atenção primária num pronto-socorro custa dez vezes mais do que num centro de saúde comunitário. Não é um gasto inteligente.

Em termos de implicações financeiras de longo prazo para nosso sistema de saúde falido, aproximadamente metade de todas as falências de pessoa física no país — cerca de 500 mil por ano — está relacionada a dívidas médicas. Pessoas com seguro-saúde inadequado ou sem seguro saem do hospital com uma conta enorme. Depois de serem perseguidas por cobradores, sob grande pressão emocional, concluem que nunca conseguirão pagá-las e vão à falência. Então, depois de declararem falência, sua credibilidade é destruída, e enfrentam as taxas de juros mais altas do mercado, o que exacerba sua queda na pobreza e na instabilidade econômica. O sistema de saúde dos Estados Unidos faz parte de um círculo vicioso que destrói vidas quando deveria salvá-las.

POR QUE OS ESTADOS UNIDOS TORNAM
A DOENÇA TÃO COMPLICADA?

O sistema atual não só é extremamente caro, como também é tão complexo que milhões de americanos não conseguem obter o atendimento necessário — mesmo quando está disponível, mesmo quando têm direito à cobertura, mesmo quando é uma questão de vida ou morte.

A enorme quantidade de tempo e energia que os cidadãos gastam tentando navegar nesse sistema de seguro inacreditavelmente complicado leva muitos — inclusive aqueles que já estão ansiosos por causa da doença para a qual buscam tratamento — ao desespero. Há o preenchimento de formulários para determinar a elegibilidade. As discussões com a seguradora para definir se um procedimento está ou não coberto. Os debates intermináveis com algum burocrata sobre o motivo de uma conta não ter sido paga. E se por acaso você adoecer ou se acidentar fora de casa e de sua "rede", fica a dúvida de quanto será o custo adicional. A complexidade do sistema não é apenas um problema para os pacientes. Uma das coisas que mais desmoraliza médicos, enfermeiras e suas equipes são as horas gastas discutindo com seguradoras sobre como eles podem tratar seus pacientes.

No centro da crise está a realidade de que, na verdade, os Estados Unidos não têm um *sistema* de saúde como a maioria dos países industrializados modernos. O que existe é um *não sistema* enormemente complexo, burocrático e fragmentado. Isso deixa pais perplexos e cuidadores frustrados.

Comecemos pelo Medicaid. Se a pessoa tiver renda inferior a determinado índice, que obviamente pode mudar de ano para ano, pode se qualificar para esse programa federal e estadual. Como cada estado escolhe a quantia de dinheiro investida no programa, os benefícios e a cobertura a que o cidadão tem direito variam bastante, dependendo de onde mora. Além disso, não há garantia de que um médico ou dentista irá aceitá-lo, porque as taxas de reembolso do Medicaid costumam ser baixíssimas e, em algumas comunidades, médicos e dentistas muito ocupados simplesmente não querem tratar pessoas de baixa renda.

Em nossa sociedade que envelhece rapidamente, o Medicaid é a principal fonte de financiamento para lares de idosos. Infelizmente, para poder receber esse atendimento, o paciente deve primeiro esgotar as economias que pode ter acumulado durante a vida e esperava deixar para os filhos. Muitos idosos são forçados a tomar decisões angustiantes quanto a sustentar filhos e netos ou cuidar de si mesmos.

A pessoa com mais de 65 anos tem direito ao Medicare, um programa federal financiado pelo imposto Fica [Federal Insurance Contributions Act, Lei Federal de Contribuições de Seguros], pago por trabalhadores e seus empregadores. O Medicare, com coparticipação, oferece cobertura médica e hospitalar robusta e abrangente. No entanto, se a pessoa precisar de atendimento odontológico, óculos ou aparelho auditivo, terá que selecionar e pagar uma das dezenas de planos privados Medicare Advantage. Boa sorte para fazer a escolha certa.

Depois, há o Affordable Care Act (Obamacare), que expandiu o Medicaid e fornece subsídios federais para quatro níveis de cobertura de seguro-saúde privado — bronze, prata, ouro e platina. Dependendo do plano escolhido, a pessoa pagará prêmios, franquias e coparticipações maiores ou menores. Nem é preciso dizer que, à medida que a renda varia anualmente, o valor do subsídio recebido também muda.

O PROBLEMA DE VINCULAR ASSISTÊNCIA MÉDICA A EMPREGOS

Ao contrário de todos os outros grandes países do mundo, todos com cobertura universal de assistência à saúde, a maioria dos americanos tem acesso ao serviço médico por meio do emprego. Na assistência baseada no empregador, a natureza da cobertura depende do status do trabalho, da generosidade do patrão e se a pessoa é representada por um sindicato. Existem centenas de planos diferentes, cada um com graus de cobertura e custo diversos. Se você mudar de emprego, o que milhões de trabalhadores fazem todos os anos, é provável que sua cobertura de seguro mude. Isso pode significar uma nova rede de médicos e hospitais, e custos diretos. Pior ainda, você pode acabar sem nenhum seguro.

O absurdo da assistência médica vinculada ao emprego ficou muito claro durante a pandemia de covid e o colapso econômico de 2020. Como milhões de trabalhadores ficaram desempregados, perderam o seguro-saúde. Sem emprego e sem assistência médica —

no meio de uma pandemia, quando mais se precisa de atendimento médico. Isso pode fazer sentido para alguém. Não para mim.

Para milhões de trabalhadores de salário baixo em empresas como Walmart, Starbucks ou na indústria de fast-food, o tipo de cobertura oferecida costuma ser inútil — porque simplesmente não é acessível. Os prêmios são altos demais para alguém que ganha dez ou quinze dólares por hora. Entre pagar um plano de saúde ou o aluguel e a alimentação, não há muita escolha. Você opta pelo que precisa de imediato, ter um teto sobre a cabeça e comida na mesa, e torce para que você e seus filhos não fiquem doentes.

A qualidade da cobertura dos planos de saúde vinculados ao emprego varia muito. Alguns — mas não muitos — trabalhadores americanos desfrutam de uma cobertura completa e abrangente totalmente paga pelos empregadores. Outros acabam com planos ruins em que a cobertura é autorizada somente após o pagamento de uma franquia bem alta. Em certos casos, os planos cobrem somente necessidades catastróficas.

De modo geral, à medida que o custo da assistência à saúde aumenta, os empregadores transferem cada vez mais a carga financeira para os funcionários. Hoje, a maioria dos trabalhadores precisa pagar uma quantia considerável do próprio bolso — prêmios, coparticipações e franquias. Em consequência dessa despesa crescente, as disputas trabalhistas mais acirradas estão gradualmente centradas nos benefícios de assistência médica. A luta é sempre sobre quanto *mais* o empregador quer que os trabalhadores paguem. Com frequência, os sindicatos são forçados a abrir mão de aumentos salariais e outros benefícios para manter uma cobertura de seguro-saúde que preste.

Como alguém que realizou centenas de reuniões municipais em todo o país, aprendi sobre outro aspecto terrível e destrutivo do atual sistema de saúde: muitos trabalhadores permanecem no emprego não por apreço, não porque estejam felizes no trabalho, mas pela necessidade de manter uma cobertura médica decente para sua família. Essa realidade tem um impacto significativo na economia. Quantos grandes empreendedores, empresários inovadores e artistas não podem trabalhar por conta própria porque perderão o seguro-saúde? Quantos ficam amargurados, frustrados e aborrecidos porque estão presos em empregos que desejam deixar? As pessoas não deveriam ficar acorrentadas a um trabalho por causa do seguro-saúde.

AS DISPARIDADES ECONÔMICAS LEVAM A DOENÇAS DO DESESPERO

Se quisermos que os americanos tenham uma vida longeva e com qualidade, é um imperativo moral que criemos um sistema universal de saúde, de alta qualidade e de boa relação custo-benefício. Todos, independentemente da renda, devem ter acesso a tratamento médico, como um direito humano.

No entanto, para criar uma sociedade de fato saudável, isso não é suficiente. Devemos enfrentar a realidade de que milhões de pessoas de baixa renda morrem muito jovens porque vivem sob estresse enorme, às vezes debilitante. Precisamos entender que o sistema econômico atual gera uma enorme desigualdade de renda e riqueza que tem impacto devastador sobre a saúde.

Nos Estados Unidos, as pessoas ricas têm uma vida muito mais longa do que os cidadãos pobres e da classe trabalhadora. Nos Estados Unidos, as pessoas ricas sofrem menos doenças e dores crônicas do que as pobres e da classe trabalhadora. Nos Estados Unidos, as pessoas ricas têm menos doenças mentais e vícios do que os cidadãos pobres e da classe trabalhadora.

Sabemos que o fator-chave para uma expectativa de vida e

saúde dignas é o acesso fácil à assistência médica de boa qualidade. No entanto, isso não está disponível para todos os americanos como um direito. Os ricos sempre recebem os cuidados necessários. Os pobres e os trabalhadores não desfrutam dessa mesma garantia. Os ricos vão ao médico para checkups e exames periódicos. Os pobres e os trabalhadores geralmente não. Os ricos recebem atendimento médico imediato ao adoecerem ou sofrerem ferimentos. Os pobres e os trabalhadores geralmente não. Os ricos ficam internados em hospitais bem equipados e exclusivos, com médicos experientes e tecnologia de ponta. Os pobres e os trabalhadores com frequência não. Os ricos podem pagar o que for por remédios que prolongarão sua vida ou aliviarão sua dor. Os pobres e os trabalhadores com frequência não.

Dizem que a riqueza não pode comprar a felicidade. Talvez seja verdade. Mas é inegável que a pobreza pode levar ao desespero. Milhões de americanos morrem jovens e sofrem de uma miríade de enfermidades — doenças cardíacas, câncer, diabetes, asma — porque as condições sob as quais tantos são forçados a viver, dia após dia, são contraproducentes para uma boa saúde. Morrem do que os médicos chamam de "doenças do desespero". Ficam sem esperança em relação ao futuro e confiam na "automedicação" com álcool e drogas para aliviar a dor. Muitos cometem suicídio. Mais de uma década atrás, quando fui presidente do Subcomitê de Saúde Primária e Envelhecimento do Senado dos Estados Unidos, convoquei uma audiência cujo tema era: "A pobreza é uma sentença de morte?". Os testemunhos que ouvimos do painel, composto em sua maioria de médicos, foram poderosos, esclarecedores e comoventes. Isso mudou minha perspectiva e me levou a focar as doenças do desespero nos anos seguintes. Coloquei essas preocupações no centro em minhas campanhas presidenciais e na atuação como presidente do Comitê de Orçamento do Senado, porque sabia que não poderíamos mais ignorar as consequências extremas da desigualdade econômica.

Ao longo dos anos, passei muito tempo com médicos e pesquisadores que me ajudaram a entender o que é chamado de "fisiologia da pobreza", ou seja, aqueles que lutam todos os dias apenas para sobreviver, vivem sob enormes graus de estresse — dia após dia, mês após mês, ano após ano. Esse estresse sem fim afeta não apenas o bem-estar psicológico, mas também a fisiologia. O estresse nos adoece. O estresse mata. É um fator para doenças cardíacas, câncer, hipertensão, problemas gastrointestinais, enxaqueca, obesidade, padrões de sono interrompidos e, com muita frequência, dependência de álcool e drogas. Pessoas ricas e de classe média não precisam se preocupar se haverá comida na mesa, um teto sobre sua cabeça ou se conseguirão atendimento médico quando ficarem doentes. Pessoas pobres, sim. Dezenas de milhões delas. Cada dia é uma batalha dolorosa e estressante apenas para sobreviver.

Imagine o estresse de tentar manter as contas em dia quando você ganha apenas 7,25 dólares por hora. Ou até mesmo doze ou quinze dólares por hora. É uma luta diária. Como você sobrevive se não pode pagar a conta da luz ou do telefone? Como lida com uma despesa inesperada, por exemplo, a necessidade de um exame médico ou um medicamento para um filho? O que acontece se a criança estiver tão doente que você precise perder um dia de trabalho? Seu chefe vai entender? E se o carro que você usa para chegar ao trabalho quebrar? Você será demitido se não aparecer? Talvez você pudesse trabalhar mais horas; mas quantas horas semanais de trabalho você consegue suportar e ainda ser um bom pai? Você poderá continuar em seu apartamento se o proprietário aumentar o aluguel? Caso precise se mudar, como seu filho vai reagir ao precisar ir para uma nova escola? O estresse só aumenta. Em desespero, você pega um empréstimo de curto prazo para quitar no dia em que cai seu salário? São apenas quinhentos dólares, mas a taxa de juros é de 50%. Como você vai pagar as contas? Vai afundar ainda mais na pobreza?

Já passei por momentos na vida, principalmente quando era um jovem pai em Burlington, em que tive dificuldade de ganhar o suficiente para pagar as contas. Mas esses períodos passaram até que rápido. Quando imagino como seria viver sempre nessa circunstância, posso sentir a tensão crescendo dentro de mim. Há uma sensação de desesperança e desespero.

Isso é algo que outros países se esforçam para aliviar, com um Estado de bem-estar social, como o que pode ser visto nas nações escandinavas e asiáticas, líderes mundiais em termos de expectativa de vida.

A CRISE DE EXPECTATIVA DE VIDA EM DECLÍNIO NOS ESTADOS UNIDOS

No Senado, ouço meus colegas falarem muito sobre o custo da saúde. Mas nunca discutem o maior custo de todos: o fato de que os americanos não vivem tanto quanto quem vive nos países com os quais escolhemos nos comparar.

A expectativa de vida não é a única medida dos sucessos e fracassos dos sistemas de saúde. Contudo, é uma muito boa. E, se olhamos para os números, logo reconhecemos que os Estados Unidos estão passando por uma crise de expectativa de vida.

Mesmo antes da pandemia de covid, que atingiu o país com mais força do que em outros locais no mundo, porque carecemos de um sistema nacional de saúde coerente, a expectativa de vida nos Estados Unidos estava atrás da de outros países desenvolvidos. Mas a perda de mais de 1 milhão de vidas para o coronavírus foi devastadora. Como vários dos que morreram eram trabalhadores essenciais, relativamente jovens e muitas vezes no auge da carreira, a expectativa de vida no país caiu de 78,86 anos em 2019 para 76,99 anos em 2020. No segundo ano da pandemia, continuou caindo, para 76,6 anos, uma perda líquida de 2,26 anos, de acordo com um estudo abrangente publicado no início de 2022 — a maior queda desde 1943, o ano mais mortal da Segunda Guerra Mundial. Esse declínio foi horrível. Mas ainda mais terrível foi o fato de que, como observou o dr. Steven Woolf, um dos autores do estudo, "enquanto outros países de alta renda viram sua expectativa de vida aumentar em 2021, recuperando cerca de metade de suas perdas, a dos Estados Unidos seguiu em queda". Isso, concluiu Woolf, "diz muito sobre as consequências de como nosso país lidou com a pandemia". Também diz muito sobre o fato de os Estados Unidos terem entrado na pandemia numa posição fraca.

Há décadas, nações de todo o mundo têm superado os Estados Unidos quando se trata de expectativa de vida. O americano médio vive hoje seis anos a menos que o norueguês e o sul--coreano médio, e cinco anos a menos que o indivíduo médio na França, na Espanha, na Itália e na Nova Zelândia. No geral, a expectativa de vida nos Estados Unidos está quatro anos atrás da média de todos os países comparáveis que os especialistas analisaram.

Reflita. O simples fato de você ser americano significa que pode esperar viver 48 meses a menos do que alguém nascido e criado na Alemanha; sessenta meses a menos que alguém na França; 72 meses a menos que alguém na Noruega. Como americano médio, você morrerá 2200 dias antes do sul-coreano médio. São 2200 dias a menos para curtir a aposentadoria, viajar, ficar com os netos.

"Gastamos uma fortuna em assistência médica e somos um país de alta renda", disse Noreen Goldman, demógrafa da Universidade de Princeton, depois que os números relativos da expectativa de vida nos Estados Unidos e em países comparáveis foram publicados em 2022. "Deveríamos ser capazes de fazer muito melhor." A conclusão de Goldman foi direta: "Que vergonha!".

Mas a vergonha não se encontra somente na comparação entre nosso país e os outros. Pode ser encontrada dentro dos Estados Unidos.

RICOS VIVEM, POBRES MORREM

Em relação ao tempo de vida, abriu-se uma distância enorme e crescente entre os americanos ricos e as pessoas de baixa renda e da classe trabalhadora. Essa disparidade revela muito mais sobre a desigualdade nos Estados Unidos do que as medidas usuais de pobreza e dificuldades econômicas. Não tem relação com o que possuímos e quanto conforto material temos. Quando se trata de assistência médica e saúde, a privação, as lutas e a dor dos pobres e dos trabalhadores são questões de vida ou morte. Se você é rico, provavelmente terá uma vida longa. Se você for pobre, sua vida será mais curta. Ponto.

Caso você seja um homem comum que mora no condado de McDowell, Virgínia Ocidental, um dos mais pobres do país, viverá até os 64 anos. Caso você seja um homem comum que mora no condado de Fairfax, na Virgínia, um dos mais ricos do país, viverá até os 82 anos. Apenas 560 quilômetros separam os dois locais, porém, se você mora na jurisdição mais rica, ganha dezoito anos a mais de vida. Se mora na reserva indígena Pine Ridge, em Dakota do Sul, comunidade de renda muito baixa onde realizei uma reunião em 2016, a expectativa de vida masculina é de apenas 62 anos. Isso é quinze anos a menos do que teria um homem não nativo que mora a 120 quilômetros de distância, em Rapid City, Dakota do Sul.

Essas disparidades enormes no que diz respeito à expectativa de vida não são vistas somente quando comparamos diferentes regiões dos Estados Unidos. Podemos encontrá-las nos bairros de uma mesma cidade. Em Washington, DC, por exemplo, um estudo de 2014 do Centro de Sociedade e Saúde da Virginia Commonwealth University constatou que a expectativa de vida era de 27 anos a menos para aqueles que viviam no bairro de Trinidad, perto da Gallaudet University, em relação aos que moravam no bairro de Foxhall, em Georgetown. A diferença entre os bairros de Suitland e Tysons, na área metropolitana do Distrito de Colúmbia, era de dezenove anos a menos em comparação com o primeiro. Os leitores não ficarão surpresos ao saber que as comunidades de Trinidad e Suitland são predominantemente negras e de baixa renda. Os moradores de Foxhall e Tysons são, em sua maioria, brancos e ricos.

Em setembro de 2019, a meu pedido, o General Accountability Office (GAO)* divulgou um relatório sobre os impactos da desigualdade de renda e riqueza nos Estados Unidos. O estudo examinou americanos com idades entre 51 e 61 anos em 1992 e observou quantos sobreviveram às décadas seguintes. Menos da metade das pessoas dos 20% mais pobres da distribuição de riqueza sobreviveu até 2014. Entre os 20% mais ricos, 75,5% ainda estavam vivos. Em sua maioria esmagadora, os ricos viveram e os pobres morreram.

Essa verdade ficou evidente durante a pandemia de covid. Graças a um vírus letal que tirou a vida de centenas de milhares de pessoas e se espalhou rapidamente por todo o país, milhões de trabalhadores se depararam com duas perguntas simples, mas de-

---

* General Accountability Office: órgão do Congresso americano com funções equivalentes às do Tribunal de Contas da União no Brasil. Em 2021, passou a ser o Government Accountability Office. (N. T.)

vastadoras: *Vou trabalhar, interagir com outras pessoas e correr o risco de pegar o vírus? Ou fico em casa, me isolo e protejo minha saúde e minha vida?*

A realidade, porém, é que nem todo trabalhador pode se dar ao luxo de fazer essas perguntas ou de escolher. Mais da metade dos trabalhadores americanos vive com o salário contado. Não ir trabalhar não era uma opção. Em um sistema supercapitalista, se você não trabalha, não recebe. Se você não for pago, não poderá alimentar sua família ou pagar o aluguel. Milhões de cidadãos resolveram essa terrível equação indo para o trabalho. Não o fizeram com a confiança de que estariam protegidos — havia funcionários do trânsito da cidade de Nova York tão certos de que adoeceriam que dormiam no carro ou em quartos alugados em vez de voltar para casa e infectar a família. Essas pessoas iam trabalhar não por escolha, mas por desespero. E dezenas de milhares delas — enfermeiras, comissários de bordo, motoristas de ônibus, funcionários dos correios e de restaurantes, operários de fábricas, balconistas de mercearias — morreram porque não tinham a riqueza e o privilégio que lhes permitiriam escolher ficar seguras em casa.

As tensões relacionadas à insegurança econômica desempenham um papel bastante importante na causa das doenças que atingem muitas pessoas de baixa renda e da classe trabalhadora. Mas não são os únicos fatores que causam estragos na vida dos trabalhadores. Milhões de americanos em dificuldades, tanto em áreas urbanas como rurais, vivem em comunidades onde o ar é poluído, a água não é de fato potável e o solo e os prédios estão cheios de toxinas. Estima-se que cerca de 200 mil cidadãos morram de enfermidades causadas somente pela poluição do ar, e esse número vem desproporcionalmente de comunidades de baixa renda e negras. Os ricos não costumam morar perto de fábricas que emitem altos níveis de poluentes atmosféricos. Não vivem em bairros com altos níveis de chumbo na água.

Nosso trabalho, portanto, ao construirmos um novo país, não é apenas prover assistência médica gratuita para todos, mas também enfrentar as razões profundas de nosso sistema econômico atual ser tão destrutivo para a saúde humana. É uma demanda que fica mais urgente a cada dia. Com efeito, para milhões de americanos pobres e da classe trabalhadora, trata-se de uma questão de vida ou morte.

Algumas das melhores respostas sobre como lidar com a crise podem ser encontradas do outro lado da fronteira, no Canadá.

NA FRONTEIRA ENTRE A VIDA E A MORTE

Durante minha campanha presidencial de 2020, quis destacar o alto custo dos medicamentos receitados nos Estados Unidos. Então, levei um ônibus cheio de pessoas de Detroit, Michigan, a Windsor, Ontário. Esses indivíduos eram diabéticos que precisavam de insulina. Durante a viagem de uma hora, fiquei sabendo sobre a vida deles. Havia um jovem que jogara futebol americano na faculdade e se recusara a contar para a família com problemas financeiros que não tinha dinheiro para comprar a quantidade de insulina necessária. Ele racionou o medicamento, como fazem milhões de americanos, ficou doente e quase morreu. Em Windsor, numa pequena farmácia de bairro, ele e os outros que estavam no ônibus puderam comprar exatamente os mesmos produtos de insulina por um décimo do valor que pagariam nos Estados Unidos. O Canadá, como qualquer outro grande país, negocia preços de medicamentos com a indústria farmacêutica. Nós não fazemos isso, e pagamos até dez vezes mais do que os canadenses.

A situação da saúde em nosso país hoje é tão absurda, tão bárbara, que há pessoas extremamente doentes ou que sofreram acidentes graves que hesitam em ir ao hospital ou chamar uma ambulância em caso de emergência por temerem o custo inacessível. Preocupam-se com o rombo que essas despesas causarão no orçamento familiar e com os muitos anos necessários para quitá--las. Elas não podem se dar ao luxo de adoecer ou se ferir. Recentemente, conversei com uma colega minha que mencionou que sua sobrinha recebeu uma cobrança de 1 milhão de dólares por uma operação complexa, mas sem risco de vida, nas costas. Um milhão de dólares.

E, quando falamos de contas hospitalares dentro do sistema irracional e perdulário de hoje, entenda-se que o custo de um procedimento médico num hospital varia muito dependendo de onde a pessoa mora. A despesa ao ter um bebê, fazer uma ressonância magnética, uma colonoscopia ou uma cirurgia de substituição de quadril não depende principalmente de problemas clínicos, mas da "participação no mercado hospitalar", localização e natureza da cobertura do seguro. Uma investigação do *New York Times* descobriu que, até no mesmo hospital, procedimentos idênticos eram cobrados a preços drasticamente diferentes para planos de seguro diversos.

A diferença de custo dos procedimentos hospitalares nos Estados Unidos em comparação com outros países, todos com sistemas nacionais de saúde, é inacreditável. Segundo Tom Sackville, executivo-chefe da Federação Internacional de Planos de Saúde, os Estados Unidos gastam "duas, três ou cinco vezes mais do que deveriam, pelos padrões internacionais". A federação constatou, por exemplo, que "o custo médio de uma ressonância magnética (nos Estados Unidos) era de 1119 dólares, em comparação com 811 dólares na Nova Zelândia, 215 dólares na Austrália e 181 dólares na Espanha".

O QUE ACONTECE QUANDO A ASSISTÊNCIA
À SAÚDE É RECONHECIDA COMO UM DIREITO

A Noruega é considerada um dos países mais avançados do mundo. Isso significa, de acordo com o governo norueguês, que as autoridades estaduais e municipais são responsáveis por garantir que todos os habitantes do país tenham acesso à assistência médica e a outros itens essenciais. De acordo com a política do governo, "todo membro da sociedade deve desfrutar desses benefícios; eles não são apenas para pessoas ricas nem somente auxílio de emergência para os mais pobres da sociedade".

Em abril de 2022, quando fiz uma transmissão ao vivo nas redes sociais com Anniken Krutnes, embaixadora da Noruega nos Estados Unidos, vários milhões de pessoas a ouviram explicar que "apreciamos uma sociedade onde temos uma rede de apoio, onde sabemos que, se acontecer algo com nosso vizinho, nossa família ou nossos amigos, eles ficarão bem. Temos muita confiança na sociedade. Sabemos que não precisamos nos preocupar com as grandes coisas da vida, exceto com nossa própria saúde. Claro que a saúde é uma preocupação, mas os aspectos econômicos que a envolvem não são um problema. Sabemos que podemos dar um futuro brilhante a nossos filhos, com boa educação, saúde, creche. Estou tão feliz que meus três filhos podem ter bebês se quiserem, e eles têm um trabalho interessante e a possibilidade de se desenvolver. Dão muito valor a isso. Nesse ponto, isso é mais importante para nós do que uma riqueza enorme".

Na Noruega, as pessoas entendem que têm a garantia de receber as necessidades básicas da vida de modo gratuito ou a um custo mínimo. Isso contribui muito para reduzir o estresse e fazê-las felizes. A Noruega não desfruta apenas de alta expectativa de vida: ela é com frequência classificada como um dos países mais felizes do mundo. Por quê? "O grau de felicidade com nossa vida muitas vezes está intimamente ligado ao grau de segurança que sentimos, a nossas condições financeiras e a nosso grau de acesso a trabalho e relações sociais significativas", explica o psicólogo Ragnhild Bang Nes, que estuda bem-estar no Instituto Norueguês de Saúde Pública. "Na Noruega, temos um sistema de bem-estar social que cuida de nós e nos livra de muitas preocupações. A desigualdade é baixa quando se trata do padrão de vida. Sentimo-nos seguros e livres, e temos um forte sentimento de pertencimento."

Esse sentimento de pertencimento se equipara não só à saúde, mas também à felicidade.

Estudos também relatam consistentemente que a população da Dinamarca está entre as mais felizes do mundo. Quando perguntei ao parlamentar dinamarquês Dan Jørgensen qual o motivo disso, ele explicou: "A resposta curta é que se deve ao Estado de bem-estar. Temos assistência médica gratuita, então você não gasta dinheiro quando vai a uma consulta de rotina. [...] A educação não custa nada. Não pagamos mensalidades na Dinamarca; na verdade, se você é estudante, recebe uma bolsa do governo". Sim, isso custa dinheiro, explicou Jørgensen. "É verdade que pagamos muitos impostos, mas o retorno também é alto. Você tem a segurança de saber que se algo acontecer, se perder o emprego, existe a Previdência Social. Se você ficar doente, receberá assistência médica. Quando se olha para os ganhos, a maioria dos dinamarqueses fica feliz em pagar os impostos."

A Dinamarca não é perfeita. Jørgensen reconhece que, para o 1% mais rico, talvez seja melhor morar nos Estados Unidos. Mas, para os outros 99%, a Dinamarca oferece salários médios mais altos, melhores serviços, mais segurança e, sim, mais felicidade.

Com demasiada frequência, os americanos não têm a sensação de segurança e pertencimento desfrutada por pessoas em países com um sistema de saúde robusto que, em todos os casos, baseia-se num programa de saúde universal. Não surpreende que tantos de nós sucumbam a doenças do desespero.

O QUE NÃO SABEMOS PODE NOS MATAR

O povo americano, em geral, desconhece os benefícios que as principais nações do mundo oferecem aos cidadãos. Não sabem o quanto estamos atrasados em relação a creche, licença médica e familiar remunerada, férias garantidas e outros benefícios sociais. A maioria certamente não sabe que somos a única grande potência a não garantir assistência à saúde como um direito humano, que gastamos muito mais com cuidados médicos do que outros países e que, em diversos aspectos, a qualidade de nossos serviços não é tão boa.

Essa ignorância não é um acidente. Quanto menos soubermos sobre o que está disponível para os cidadãos de outros países, menos provável será que exijamos assistência à saúde e outros serviços como um direito. Quando as pessoas nem sabem o que pedir, a classe dominante fica tranquila. Para combater o apagão da mídia em relação aos sistemas internacionais de saúde, fiz o possível para educar os americanos sobre o que outras nações alcançaram. Às vezes sou criticado por fazer tantas comparações internacionais. Mas trata-se de um caso em que o conhecimento de fato nos libertará.

Em novembro de 2017, viajei para Toronto, Canadá, com vários médicos, enfermeiras e jornalistas americanos. Reunimo-nos com médicos canadenses, visitamos um grande hospital e nos encontramos com o primeiro-ministro de Ontário. O que mais me impressionou na visita foi o quão forte os canadenses acreditavam que a assistência à saúde fosse um direito, que todas as pessoas deveriam ser tratadas igualmente e que não deveria haver nenhum custo associado a uma internação hospitalar ou a uma consulta médica.

Nos Estados Unidos, há muita desinformação intencional sobre o sistema de saúde canadense. Em seu desespero para bloquear os esforços de criar um sistema de saúde universal, políticos e muita gente na mídia simplesmente endossam o setor de saúde e se recusam a reconhecer a força e a popularidade do que existe no Canadá. Ou seja, eles mentem.

Em março de 2014, convidei a médica canadense Danielle Martin para explicar o sistema em que ela trabalha, numa audiência que presidi no Comitê de Saúde do Senado. Durante o evento, o senador Richard Burr, um republicano conservador da Carolina do Norte, divulgou a habitual desinformação sobre o sistema canadense. Dessa vez, no entanto, havia uma profissional de saúde experiente do Canadá que poderia responder — e de forma eficaz. A interação entre o senador Burr e a dra. Martin atraiu considerável atenção da mídia, tanto na imprensa canadense como na americana. Fiquei surpreso quando mais de 1,7 milhão de pessoas assistiram ao vídeo do debate no site do grupo Physicians for a National Health Program [Médicos por um Programa Nacional de Saúde]. Outras centenas de milhares sintonizaram no YouTube e em outras plataformas.

O *Los Angeles Times* postou a gravação sob o título "Assista a uma especialista ensinar um senador presunçoso dos Estados Unidos sobre a saúde canadense". Uma reportagem da rádio CBC do Canadá declarou: "Médica canadense ensina senador dos Estados Unidos sobre assistência à saúde pública". A manchete do *National Post* do Canadá dizia: "Doutora de Toronto nocauteia o questionamento de senador americano sobre mortes de pacientes na lista de espera canadense".

Foi uma conversa convincente. O senador Burr perguntou: "Em média, quantos pacientes canadenses em uma lista de espera morrem a cada ano?". Martin respondeu: "Não [sei], senhor, mas sei que há 45 mil nos Estados Unidos que morrem esperando porque não têm seguro-saúde algum".

Suspeito que muitos dos milhões de americanos que viram minha transmissão ao vivo de 2022 com o embaixador Krutnes — ou cortes dela — ficaram surpresos ao saber que, na Noruega, não importa quanto tempo uma pessoa passe num hospital, não importa quantas consultas médicas faça, não importa quantos medicamentos prescritos use, seus gastos em assistência médica não podem ultrapassar mais de 350 dólares por ano.

Nem um centavo a mais.

DEVERÍAMOS COMEÇAR A OUVIR AS ENFERMEIRAS

Em 12 de maio de 2022, como presidente do Comitê de Orçamento do Senado, realizei uma audiência sobre a necessidade de reformar o sistema de saúde nos Estados Unidos e mudá-lo para um sistema Medicare for All. Uma das palestrantes desse evento foi Bonnie Castillo, presidente do National Nurses United, que com 225 mil membros é o maior sindicato de enfermeiras do país.

Tal como um número crescente de profissionais da saúde, Castillo vê todos os dias as frustrações que as enfermeiras com quem trabalha sentem ao tentar fornecer atendimento de qualidade aos pacientes num sistema em ruínas.

"Em meu depoimento de hoje", explicou ela, "vou usar as experiências de enfermeiras registradas de todo o país para ilustrar como as bases do sistema de saúde atual são incapazes de fornecer os cuidados terapêuticos dignos que nossos pacientes precisam e merecem. Ao erguer barreiras financeiras para o atendimento, essa estrutura presta suporte totalmente díspar para diferentes pessoas e comunidades e, para muitos, não oferece atendimento algum. Além disso, é financeiramente ineficiente e um desperdício para o país como um todo."

Castillo juntou as peças do quebra-cabeça ao explicar que:

As enfermeiras observam como um grande número de pacientes renuncia a medicamentos, procedimentos ou serviços porque não pode arcar com os custos. Veem as seguradoras se recusarem a cobrir os cuidados intensivos necessários para a saúde e o bem-estar das pessoas. As seguradoras ignoram o julgamento de profissionais de saúde licenciados, e as enfermeiras pouco podem fazer a respeito quando os pacientes não recebem atendimento. Elas observam os pacientes que chegam ao pronto-socorro com estágios avançados de doenças ou moléstias que poderiam ter sido evitadas se tivessem tido acesso ao tratamento mais cedo. O sistema atual está comprometido com os interesses empresariais que determinam quem recebe tratamento e de qual tipo. Ele é profundamente ineficiente e insustentável porque prioriza retornos financeiros de curto prazo em vez de investimentos de longo prazo em nossa saúde, o que leva a um sistema inacessível para o país e para os pacientes.

As enfermeiras estão na linha de frente da crise na saúde. Mais de 5 mil delas morreram cuidando de nós durante a pandemia. Temos uma enorme dívida de gratidão com elas. Podemos começar a pagá-la ouvindo seus argumentos em favor de um sistema Medicare for All, onde todos são assegurados — como um direito — por um sistema de fonte pagadora única administrado pelo governo, semelhante ao que existe em outros países ao redor do mundo.

Com efeito, se começarmos a ouvir os profissionais de saúde, logo reconheceremos que o movimento por um sistema Medicare for All já ganhou amplo apoio entre as pessoas que trabalham em nosso atual sistema de assistência médica.

Além do National Nurses United, entre os defensores de um programa de fonte pagadora única estão o Médicos por um Programa de Assistência à Saúde Nacional, que tem mais de 20 mil membros. O mesmo acontece com o Colégio Americano de Médicos. Na prática, de acordo com a revista *Becker's Healthcare*, entre os grupos que apoiam alguma forma de sistema médico de fonte pagadora única estão:

Associação Americana de Psiquiatras Comunitários

Associação Médica Americana — Seção de Estudantes de Medicina

Associação Americana de Estudantes de Medicina

Associação Americana de Médicas

Associação Americana de Enfermeiras

Associação Americana de Saúde Pública

Assistência à Saúde para os Sem-Teto

Associação Latina de Estudantes de Medicina

Associação Nacional de Assistentes Sociais

Conselho Nacional de Assistência à Saúde dos Sem-Teto

Associação Médica Americana

Colégio Porto-Riquenho de Médicos e Cirurgiões

"Houve uma mudança radical na maneira como falamos sobre a reforma do sistema de saúde", disse recentemente à revista *Time* o dr. Adam Gaffney, instrutor da Escola de Medicina de Harvard e presidente do Médicos por um Programa de Assistência à Saúde Nacional. Gaffney afirma que o apoio ao Medicare for All está crescendo entre jovens médicos, enfermeiros e profissionais de saúde. Eles sabem que uma mudança é necessária.

TORNAR O MEDICARE FOR ALL UMA REALIDADE

Em 1965, o presidente Lyndon Baines Johnson sancionou o Medicare and Medicaid Act, declarando que havia enfim chegado o momento de acabar com "a injustiça que nega o milagre da cura aos velhos e aos pobres". Hoje, quase seis décadas depois, o Medicare é o programa de saúde mais popular dos Estados Unidos, oferecendo uma cobertura médica abrangente para todos aqueles com 65 anos ou mais. É também o melhor modelo para a reforma do sistema de saúde no país.

Diante de uma estrutura disfuncional e falha, já passou da hora de melhorarmos e expandirmos a cobertura do Medicare para todos os americanos, e foi isso que propus com a legislação do Medicare for All, que proporcionaria para cada homem, mulher e criança no país, independentemente de idade, renda familiar ou localização geográfica, assistência médica gratuita. É um sistema baseado em atender às necessidades de saúde da população, e não às de lucro das seguradoras e da indústria farmacêutica.

Com o Medicare for All, não haverá mais prêmios, franquias ou coparticipações. Chega de se preocupar se você pode pagar por uma consulta médica, chega de discutir com corretores de seguros sobre a natureza da cobertura de seu plano, chega de ser perseguido por cobradores devido a dívidas médicas, chega de perder o sono com receio de ir à falência devido a uma conta hospitalar.

Essa legislação não só expande a cobertura do Medicare para todos os americanos, como também melhora significativamente os serviços para idosos e pessoas com deficiência resguardados pelo programa Medicare existente, oferecendo cobertura para atendimento odontológico, auditivo e oftalmológico.

Com o Medicare for All, não haverá mais "redes" privadas, que limitam a escolha de onde as pessoas podem obter seus cuidados médicos. Em vez disso, haverá algo que falta nos Estados

Unidos: total liberdade de escolha quanto ao médico e hospital desejado. A cobertura abrangente do Medicare for All inclui atendimento hospitalar para pacientes internados e ambulatoriais; serviços de emergência; cuidados primários e preventivos; medicamentos prescritos; tratamento de saúde mental e de abuso de substâncias; assistência à maternidade e ao recém-nascido; pediatria; serviços e suportes de longo prazo domiciliares e comunitários; atendimentos de odontologia, audiologia e oftalmologia.

Essa legislação seria implementada gradualmente ao longo de cinco anos. O primeiro ano expandiria a cobertura do Medicare para as áreas de odontologia, oftalmologia e audiologia, e para todos os jovens com menos de dezoito anos, além de reduzir a idade de elegibilidade para 55 anos e eliminar franquias. O segundo ano diminuiria a idade de elegibilidade para 45 anos. No terceiro ano, ela cairia para 35 anos. No fim do quarto ano, todas as pessoas estariam resguardadas.

A abrangência e a simplicidade de um sistema Medicare for All não beneficiam apenas indivíduos e famílias; ele auxilia a comunidade empresarial e a economia como um todo ao acabar com o dispendioso e desigual sistema de assistência médica vinculada ao empregador. Visto que todos os americanos teriam acesso a serviços médicos como um direito, as pequenas e médias empresas estariam livres para se concentrar em seus principais objetivos de negócios em vez de desperdiçar energia e recursos preciosos tentando se orientar num mercado absurdamente complexo para oferecer seguro-saúde aos funcionários. As grandes organizações também iam se beneficiar, pois não estariam mais em desvantagem com concorrentes estrangeiros onde os trabalhadores são resguardados por sistemas universais de saúde.

Para os trabalhadores de nossa economia, o Medicare for All significa que, se a pessoa mudar de emprego, não precisará trocar de plano de seguro ou se preocupar em perder a cobertura da qual ela e a família dependem.

Além disso, o Medicare for All beneficiará significativamente os provedores de assistência à saúde, que podem passar mais tempo com seus pacientes e menos tempo cuidando da papelada. Jovens atenciosos vão se formar em escolas médicas e de enfermagem sabendo que sua responsabilidade é melhorar a vida dos pacientes — não discutir com seguradoras. Um sistema universal de saúde também permitirá que o país invista mais recursos na educação e no treinamento de provedores. Com uma estrutura racional implantada, podemos acabar com a enorme escassez atual de médicos, enfermeiros, dentistas e outros profissionais. E faremos investimentos inteligentes para fornecer pessoal adequado às áreas carentes e garantir que as comunidades tenham acesso aos cuidados necessários, sobretudo as regiões rurais que se tornaram "desertos médicos" sob o sistema atual.

PODEMOS PAGAR POR UM PAÍS SAUDÁVEL

A principal razão pela qual o atual sistema de saúde nos Estados Unidos é tão caro é que ele funciona com um modelo supercapitalista voltado para as necessidades das seguradoras, não dos pacientes. Extrair o máximo de lucro possível das pessoas requer uma estrutura extremamente complexa e burocrática que gera centenas de bilhões em custos administrativos. Em hospitais que muitas vezes carecem de um número adequado de médicos e enfermeiras, há porões cheios de profissionais ociosos. Tudo o que fazem é faturar, faturar e faturar. Durante o auge da pandemia de covid, os hospitais deixaram de prestar serviços médicos eletivos porque não tinham pacientes suficientes. Mas de algum modo a indústria da saúde nunca deixa de lucrar.

Livrar-se de toda a burocracia das seguradoras e de todo o faturamento resultaria em enorme economia para os americanos, argumenta o dr. Gaffney. Como ele disse ao Comitê de Orçamento do Senado em depoimento escrito: "Em 2017, 34% dos gastos com saúde nos Estados Unidos foram dedicados à administração — aproximadamente o dobro da proporção gasta em administração no sistema nacional de seguro-saúde de fonte pagadora única do Canadá. Grande parte dessa despesa administrativa decorre da burocracia perdulária inerente aos planos de saúde privados. Em comparação com uma seguradora pública como o Medicare tradicional, as seguradoras privadas infligem inúmeros custos adicionais, como lucros para os acionistas, salários inflados de executivos, design de produtos e benefícios, marketing e processos onerosos para contestar pedidos de pagamento (necessários para maximizar a arrecadação)".

O dr. Gaffney afirmou ainda que "reduzir as despesas gerais do sistema de saúde dos Estados Unidos para o Medicare tradicional poderia resultar em enormes economias — fundos que poderiam então ser usados para uma generosa expansão da cobertura médica para todos. E, com efeito, o Congressional Budget Office (CBO) — a agência apartidária que analisa questões orçamentárias para o Congresso — estimou essa redução nos custos de seguro-saúde em mais de 400 bilhões de dólares por ano".

Com o Medicare for All, médicos, enfermeiras e hospitais poderiam eliminar obstáculos burocráticos que desperdiçam dezenas de bilhões por ano. Nos Estados Unidos, observou o dr. Gaffney, "os consultórios médicos gastam mais de 80 mil dólares anualmente, por médico, para cobrir os custos de interações com seguradoras — quase quatro vezes mais do que no Canadá".

Bilhões podem ser economizados com o controle da especulação e da burocracia associadas ao setor de seguros. Dezenas de bilhões podem ser economizados enfrentando os grandes laboratórios. Isso aconteceria com um sistema Medicare for All, que faria o que qualquer outro grande país faz: negociar preços com a indústria farmacêutica. Em vez de pagar os valores mais altos do mundo por medicamentos, poderíamos economizar centenas de bilhões em dez anos por meio do plano de duras negociações com as empresas farmacêuticas que minha legislação delineia. Fazer apenas o que a Administração de Veteranos faz em termos de negociação de preços de remédios reduziria os gastos com eles pela metade.

Todas essas economias se somam.

Em 2020 e 2022, o Congressional Budget Office considerou quatro opções de mudança para um sistema de fonte pagadora única. Descobriu-se que, em todas as quatro hipóteses, um programa de fonte pagadora única economizaria para o povo americano entre 42 bilhões e 743 bilhões de dólares todos os anos, a partir de 2030.

A opção que mais se assemelha ao projeto de lei Medicare for All que apresentei economizaria 650 bilhões de dólares por ano para o sistema de saúde, a partir de 2030, ao mesmo tempo que daria cobertura a todos sem prêmios, franquias e coparticipações. Essas economias incluem uma redução de 14 bilhões de dólares em custos administrativos e uma redução de 508 bilhões de dólares em pagamentos a provedores de assistência médica e empresas farmacêuticas — contrabalançada por 272 bilhões de dólares em gastos adicionais em consequência do aumento do uso do sistema de assistência médica.

É mentira dizer que os Estados Unidos não podem se dar ao luxo de oferecer um serviço de saúde de qualidade para todos os americanos. A verdade é que não podemos arcar com a indústria de seguros que nega assistência médica aos doentes enquanto desperdiça centenas de bilhões de dólares para manter uma burocracia desnecessária e enriquecer os investidores.

PODEMOS SUPERAR UM SISTEMA SUPERCAPITALISTA QUE COLOCA O LUCRO À FRENTE DA SAÚDE

Apesar das enormes quantias de dinheiro gastas para impedir uma discussão honesta do Medicare for All, apesar da compra de políticos de ambos os partidos políticos, apesar da omissão das empresas de mídia na defesa do Medicare for All, apesar do fracasso narrativo da mesma mídia de como funciona o sistema universal de saúde em outros países, os americanos entendem, a partir das experiências do dia a dia, que o sistema atual é um desastre e deve ser mudado. Várias pesquisas mostram um apoio esmagador ao Medicare for All. Em agosto de 2020, por exemplo, uma delas, a Hill-HarrisX, relatou que o nível de apoio era de 67%.

A luta pelo Medicare for All é de fato uma luta por nossa saúde, e para o restante de nossa vida. Como tal, é parte integrante — talvez a parte mais essencial — da revolução política necessária para colocar o país no caminho certo. Um caminho que não seja mais dominado por uma classe bilionária que não poderia se importar menos com a saúde dos americanos comuns.

Traçar o caminho certo, o caminho humano e saudável para os Estados Unidos, não será fácil. Lutamos contra as forças econômicas e políticas mais poderosas do mundo. Mas não tenho dúvidas de que conseguiremos fazer da saúde o que ela deve ser: um direito humano totalmente reconhecido e apoiado.

Nesse dia, todo americano poderá entrar em um consultório médico quando adoecer e receber os devidos cuidados, sem precisar preencher pilhas de formulários, sem precisar estourar os cartões de crédito.

Nesse dia, os americanos poderão se internar em um hospital, fazer a cirurgia necessária e se concentrar em ter um rápido restabelecimento, sem o estresse de ter que se preocupar se a recuperação os levará à falência.

Nesse dia, os americanos, independentemente da renda, poderão garantir os medicamentos prescritos por seus médicos. Não terão que racionar comprimidos que custam mais do que podem pagar. E os cientistas ficarão livres para se concentrar no desenvolvimento de remédios inovadores em vez de adaptar as pesquisas para que as empresas farmacêuticas possam manter lucros recordes. Haverá médicos, enfermeiras e dentistas suficientes em todas as regiões do país para fornecer o atendimento de qualidade de que o povo precisa, e os jovens não precisarão se endividar profundamente porque querem cuidar de seus semelhantes, homens, mulheres e crianças.

Nesse dia, teremos um sistema de saúde baseado nas necessidades humanas, não na especulação supercapitalista. Começaremos a ficar saudáveis como nação — de fato saudáveis — e passaremos a viver uma vida mais longa e gratificante que deve ser universalmente entendida a partir de nosso direito de nascença como americanos.

3. De que lado você está?

A escolha pelo lado da classe trabalhadora
numa época de desigualdade mortal

Eugene Victor Debs, o líder sindical dos ferroviários que foi o grande articulador e candidato presidencial do Partido Socialista nas primeiras décadas do século XX, declarou há mais de cem anos que "os frutos do trabalho devem ser usufruídos pela classe trabalhadora". Debs tem sido meu herói desde a juventude, quando levei a sério sua mensagem de que "no momento em que um trabalhador começa a pensar por conta própria, entende a questão primordial, separa-se do político capitalista e se alinha com a própria classe no campo de batalha político. A solidariedade política da classe trabalhadora significa a morte do despotismo, o nascimento da liberdade, a aurora da civilização".

Fiquei tão impressionado com Debs, sua vida e obra extraordinárias, que criei um pequeno documentário sobre ele na década de 1970, quando dirigi uma pequena empresa de mídia sem fins lucrativos. O vídeo foi vendido para faculdades e escolas de ensino médio. A Folkways Records lançou posteriormente a trilha sonora em disco. Fiquei motivado a fazer o projeto porque era angustiante para mim, embora não seja surpreendente, dada a natureza de nossa cultura e mídia, que poucos americanos estivessem familiarizados com Debs.

Sindicalista, ele lançou as bases para a ascensão do sindicalismo industrial nos Estados Unidos e o eventual desenvolvimento do Congresso das Organizações Industriais. Foi um candidato a presidente que recebeu milhões de votos e cujo programa de governo influenciou muito o New Deal de FDR, além de um homem bastante corajoso que se manifestou contra a participação dos Estados Unidos na Primeira Guerra Mundial — o que resultou em sua prisão por três anos. Embora esteja morto há quase cem anos, sua vida, obra e ideologia continuam sendo uma ameaça tão grande para o mundo corporativo que ele foi praticamente apagado de nossa consciência histórica. Há uma lição importante a ser aprendida com esse apagamento.

Debs acreditava fervorosamente na democracia de base e se opunha ao autoritarismo e ao culto à personalidade. "Eu não seria um Moisés para conduzi-los à Terra Prometida, porque, se pudesse conduzi-los a ela, outra pessoa poderia conduzi-los para fora de lá", disse ele. Compartilho de sua visão. A mudança real só vem de baixo para cima, quando milhares, depois centenas de milhares e em seguida milhões se unem e exigem um acordo melhor. Nunca de cima para baixo. As autoridades eleitas devem ser solidárias com os trabalhadores e fazer o possível para empoderá-los. Não "liderá-los".

Essa é minha missão. Assumo-a com prazer.

Nunca fui neutro a respeito de direitos dos trabalhadores. Na grande luta entre a classe trabalhadora e a classe empresarial, estou do lado da primeira. Nenhuma mudança real no país pode ocorrer a menos que os trabalhadores estejam preparados para lutar por seus direitos. Parte do meu trabalho, como prefeito, deputado, senador e candidato à presidência, sempre foi apoiá-los na batalha por justiça econômica. Não cruzo as linhas de piquete:

me junto a eles. É um privilégio marchar com os trabalhadores corajosos de se contrapor aos interesses dos poderosos que dominam a vida econômica e política da nação.

Mas minha responsabilidade não termina aí. Como presidenciável e, mais recentemente, como presidente do Comitê de Orçamento do Senado, apoiei as lutas dos trabalhadores americanos em tempos difíceis e batalhei para dar a eles mais voz no controle de seu destino. E, francamente, estou frustrado com os políticos que discursam sobre os direitos dos trabalhadores durante a campanha, mas depois falham quando chegam ao poder.

Isso é má política pública e má política partidária. Os democratas cometeram um erro enorme e de longo alcance na década de 1990, quando o presidente Bill Clinton se aliou a Wall Street para aprovar os chamados tratados de livre-comércio, como o Acordo de Livre-Comércio da América do Norte (Nafta). Os trabalhadores se sentiram traídos, o que custou caro ao partido nas desastrosas eleições de meio de mandato de 1994, quando o controle da Câmara e do Senado passou para os republicanos de direita, que cinicamente exploraram a abertura que Clinton lhes dera. Os trabalhadores compreenderam que não se pode ser ao mesmo tempo pró-Wall Street e pró-trabalhadores. Para muitos americanos da classe trabalhadora, a escolha de Clinton de ficar do lado de Wall Street foi o fim de sua lealdade ao Partido Democrata, uma tendência que só cresceu ao longo dos anos.

Os democratas deveriam ter aprendido a lição. No entanto, há pouquíssimo indício de que isso tenha acontecido. Muitos deles ainda não entendem que as políticas de um partido que deveria representar os trabalhadores devem realmente fazê-lo quando estão no poder.

A PANDEMIA DA DESIGUALDADE

Embora o establishment de ambos os partidos possa imaginar o contrário, não há nada de radical em ficar do lado dos trabalhadores. Franklin Roosevelt fez isso nas décadas de 1930 e 1940. Foi muito benéfico para o país. Também foi uma política extremamente boa para o Partido Democrata. Não me importo de ser radical, no verdadeiro sentido da palavra, quando se trata de abordar as causas profundas de nossos problemas. É necessário forjar um futuro onde os locais de trabalho sejam democratizados e todo trabalhador americano tenha um emprego seguro, gratificante e bem remunerado. A classe bilionária e os CEOS podem reclamar o quanto quiserem. No que me diz respeito, a próxima década deve ser um momento de superação do poder das elites e de ampliação do poder da classe trabalhadora. Precisamos acabar com a tendência à oligarquia e criar uma sociedade que funcione para muitos, e não apenas para poucos.

Como alguém que vem de uma família da classe trabalhadora, a necessidade de justiça econômica não é novidade para mim. É minha experiência de vida. Está no meu DNA. Mas, nos últimos anos, essa luta ganhou um sentido de urgência ainda maior.

Mais do que qualquer ocorrência na história moderna dos Estados Unidos, a pandemia de coronavírus expôs a fealdade do supercapitalismo americano contemporâneo. Enquanto bilionários e CEOS sentavam-se em segurança em casa, em seus iates ou em seus aviões particulares e os lucros das empresas disparavam, milhões de americanos da classe trabalhadora não tinham escolha a não ser trabalhar em hospitais, escolas, mercearias, depósitos e frigoríficos. Milhões desses trabalhadores essenciais ficaram doentes. Dezenas de milhares morreram desnecessariamente. Fomos lembrados de que, como os reis e as rainhas de épocas passadas, os muito ricos não sabem nada sobre a vida concreta, não se importam com pessoas reais e acreditam firmemente que têm o direito divino de governar.

Enquanto a pandemia exacerbava as crises econômicas enfrentadas pelas famílias trabalhadoras, o caos que vimos em 2020 apenas cristalizou o que os cidadãos comuns vivenciaram por décadas.

Você não ouvirá essa discussão na CBS ou nas páginas do *New York Times*, mas uma das maiores histórias de nosso tempo é como, ao longo dos últimos cinquenta anos, o país testemunhou uma transferência maciça de riqueza de famílias de baixa e média renda para os muito ricos. Hoje temos mais desigualdade de renda e riqueza do que nunca.

Posso dizer, como senador dos Estados Unidos, que a questão da desigualdade quase nunca é debatida nos plenários do Congresso. Enquanto somos muito bons em renomear agências dos correios e reconhecer os vencedores do Super Bowl, nunca chegamos a discutir a realidade de que, após o ajuste pela inflação, o trabalhador médio nos Estados Unidos ganha hoje 44 dólares por semana a *menos* do que ganhava há cinquenta anos. Reflita. Pense nos enormes aumentos na produtividade do trabalhador que vimos nas últimas cinco décadas. Pense no fato de que, em 1981, quando assumi a prefeitura de Burlington, Vermont, a maior cidade de meu estado, não tínhamos computador na prefeitura nem celular. Não enviávamos e-mails nem tínhamos impressoras. A situação era a mesma, para todos os efeitos, em quaisquer locais de trabalho nos Estados Unidos.

Com máquinas mais eficientes, o desenvolvimento da internet e das comunicações digitais, a automação, a robótica e a inteligência artificial, a economia americana aumentou sua produtividade e o trabalhador americano médio produz exponencialmente mais do que nunca.

A PROMESSA ROUBADA DE PROSPERIDADE

Do fim da Segunda Guerra Mundial até o fim da década de 1970, de acordo com o Instituto de Política Econômica, o aumento da produtividade e o aumento dos salários dos trabalhadores ocorreram de modo mais ou menos paralelo. Desde então, eles se separaram. Entre 1979 e 2020, a produtividade do trabalhador aumentou 61,8%, enquanto seu salário cresceu apenas 17%. O que aconteceu? "A partir do fim dos anos 1970, os formuladores de políticas começaram a desmantelar todos os baluartes políticos que ajudavam a garantir que os salários dos trabalhadores típicos crescessem com a produtividade", explicam os analistas do IPE. "O excesso de desemprego foi tolerado para manter qualquer chance de inflação sob controle. Os aumentos do salário mínimo federal tornaram-se menores e mais raros. A legislação trabalhista não conseguiu acompanhar a crescente hostilidade dos empregadores em relação aos sindicatos. As alíquotas de imposto sobre os rendimentos superiores foram reduzidas. E as pressões pela desregulamentação antitrabalhista — da desregulamentação dos setores de transporte rodoviário e aéreo ao recuo da política antitruste, ao desmantelamento das regulamentações financeiras e muito mais — foram bem-sucedidas repetidas vezes." Em vez de o crescimento da produtividade se traduzir em aumento de salário e semanas de trabalho mais curtas, os investidores de Wall Street levaram o dinheiro, num dos maiores assaltos da história da economia americana.

O roubo transformou a vida dos muito ricos, permitindo-lhes perseguir seus sonhos mais loucos — mesmo que isso envolvesse construir foguetes e voar para o espaço. No entanto, para as famílias trabalhadoras que ficaram na Terra, os horizontes se estreitaram. Elas tiveram que trabalhar mais por menos. Vivem à margem, lutando para sobreviver. Quando a inflação disparou em 2022, muitos descobriram que não conseguiriam mais sobreviver. Uma pesquisa com quinhentos pais realizada pela organização sem fins lucrativos de defesa à criança ParentsTogether Action constatou que 41% precisaram arranjar um segundo emprego ou trabalhar mais horas para segurar as pontas. Quarenta e oito por cento disseram que não tinham mais como comprar comida suficiente para a família — e quase metade dos pais que trabalhavam nesse grupo afirmaram que pulavam refeições para que os filhos pudessem ter o que comer.

É alguma surpresa que, na mesma época em que a pesquisa da ParentsTogether Action foi lançada, um estudo do Decision Lab de agosto de 2022 descobriu que 77% dos americanos diziam sentir-se ansiosos com sua situação financeira? Para muitas famílias, há uma sensação de que, não importa o quanto trabalhem, a conta nunca fechará. Quando os americanos dizem que os melhores dias de nosso país já passaram, é isso que os perturba.

Em minha infância, nas décadas de 1940 e 1950, a maioria das famílias americanas tinha um membro que conseguia ganhar dinheiro suficiente para pagar as despesas. Certamente não éramos ricos em minha família. Mas meu pai, que imigrou para os Estados Unidos aos dezessete anos, um jovem que não falava uma palavra em inglês, acabou encontrando trabalho como vendedor de tintas. Ele nunca ganhou muito dinheiro. Minha mãe ficava em casa cuidando de meu irmão, Larry, e de mim. Muitas vezes meus pais lutaram para manter as coisas sob controle em nosso apartamento alugado de três cômodos e banheiro, na rua 26 Leste, 1525, no Brooklyn. Discussões sobre dinheiro eram constantes. Usávamos roupas de segunda mão, tênis e luvas de beisebol esfarrapados. E minha mãe, que morreu aos 46 anos, nunca realizou o sonho de ter a casa própria. No entanto, nunca ficamos sem abrigo, comida e o básico para viver.

Hoje, a ideia de que uma família de quatro pessoas poderia

sobreviver na cidade de Nova York com o salário de um vendedor de tintas não particularmente bem pago é inimaginável.

A INJUSTIÇA ECONÔMICA ESTÁ NOS MATANDO

Abordar as disparidades grotescas no país e as tensões associadas a elas não é um exercício acadêmico. Estamos falando de muito mais do que dinheiro e posses. Estamos falando sobre quem vive e quem morre. Vimos como as "doenças do desespero" fazem com que as pessoas recorram às drogas, ao álcool e até ao suicídio. Não é difícil identificar as fontes desse desespero. A desigualdade é mais do que uma questão abstrata de "equidade", mais do que uma métrica contábil. É algo que entra em nosso coração e nossa alma. Ela dói. Mata. Os trabalhadores americanos sabem que vivem numa nação imensamente rica, mas não compartilham da riqueza. Podem literalmente ver a distância crescendo entre sua própria vida e a de seu chefe. Na década de 1950, quando meu pai vendia tintas, os CEOs ganhavam cerca de vinte vezes mais do que o trabalhador médio. Na década de 1980, quando eu era prefeito de Burlington, os CEOs recebiam 42 vezes mais do que o trabalhador médio. Em 2000, dez anos depois de meu mandato na Câmara dos Deputados, os CEOs acumulavam cerca de 120 vezes mais do que o trabalhador médio. Hoje, arrecadam quase quatrocentas vezes o que o trabalhador médio ganha.

O STATUS QUO NÃO ESTÁ FUNCIONANDO

Onde tudo isso termina? Para milhões de trabalhadores, a resposta foi apenas largar empregos que não são seguros, economicamente compensadores ou satisfatórios em nível pessoal. Uma nova expressão entrou no vocabulário no fim de 2021, quando a economia dos Estados Unidos começava a reiniciar após os golpes sofridos durante a pandemia de coronavírus: "a grande demissão". Políticos de direita alegaram que "ninguém mais quer trabalhar". Contudo, o buraco era mais embaixo. As pessoas não ficaram subitamente tão ricas a ponto de não precisarem trabalhar; na verdade, muitos dos que se demitiram precisaram raspar suas economias, recorrer a contas de aposentadoria ou morar com parentes. Nem abandonaram a ética do trabalho e de repente se tornaram preguiçosos.

Pesquisas mostraram que entre aqueles que deixavam o emprego, e sobretudo entre os que pensavam em desistir — quase 50% de todos os trabalhadores —, havia uma profunda frustração com os chefes que durante a pandemia chamaram os trabalhadores de "essenciais", mas nunca os trataram como tais. Se estivéssemos falando de um chefe, ou mesmo de uma área, isso seria significativo, porém, como relatou a *Forbes*, "a grande demissão" varreu muitos setores da economia. Funcionários de hotéis e restaurantes pediram demissão aos montes. O mesmo acontecia com os funcionários de mercearias e lojas de varejo. E educadores. E enfermeiras e outras pessoas que se cansaram de cuidar dos doentes e moribundos na pior fase da pandemia. O que a crise da covid mostrou foi que os trabalhadores estavam cansados de ser explorados, cansados de se sacrificar para que outros enriquecessem.

Esses americanos não pararam de trabalhar. Em sua maioria, pretendiam encontrar novos empregos. Como disse Paul Constant, coapresentador do podcast *Pitchfork Economics*, "a verdade sobre a chamada escassez de mão de obra é que ninguém quer trabalhar pelos baixos salários e pelas péssimas condições que os empregadores oferecem".

Todas as indicações, dos anos que antecederam a pandemia e

depois que ela começou, são de que chegamos a um momento crítico no país, em que o futuro do trabalho está em jogo. O status quo não está funcionando. Precisamos de mudanças estruturais.

O CAPITALISMO DESENFREADO NUNCA TORNARÁ O TRABALHO HUMANO

Na mídia e na cultura política de hoje, o trabalho é tratado como algo "dado" e raramente discutido de forma significativa. Mas deveria ser. O trabalho, em grande medida, define quem somos, qual é nosso status social e quem são nossos amigos. Muitos de nós passamos mais tempo no trabalho do que com nossa família. O trabalho tem o potencial de nos deixar felizes e satisfeitos, ou deprimidos e ansiosos. O verdadeiro debate não é sobre se as pessoas vão trabalhar ou não, e sim se seremos capazes de dizer "*quero* ir trabalhar" em vez de "*tenho* que ir trabalhar".

Não pretendo compreender tudo sobre a natureza humana, mas acredito que, no fundo da alma da maioria dos indivíduos, está o desejo de fazer parte de sua comunidade e contribuir para o bem-estar dela. As pessoas querem ser produtivas e ter impacto positivo na vida de sua família, amigos, vizinhos e, por fim, em seu país e no mundo. O trabalho é uma manifestação desse desejo. Isso vale para um zelador. Vale para um professor. Vale para o presidente dos Estados Unidos.

Para a maioria dos americanos, manter um emprego é mais do que "ganhar o sustento". Os seres humanos anseiam por essa sensação de realização. Isso lhes dá respeito próprio e uma profunda satisfação por serem parte integrante de sua comunidade.

Quando eu era jovem, em 1963, passei vários meses em Israel. Morei e trabalhei no kibutz Sha'ar HaAmakim, uma pequena comuna fundada em 1935 por imigrantes judeus da Romênia e da antiga Iugoslávia. Colhi grapefruit como membro de uma comunidade agrícola pertencente a pessoas, muitas delas socialistas, que haviam fugido da pobreza e da repressão na Europa e criado uma vida na qual moldaram o próprio destino econômico. Embora o mundo obviamente tenha mudado muito desde a criação do kibutz na década de 1930, e desde que trabalhei lá nos anos 1960, o que não mudou é o sentimento de empoderamento que cresce quando os trabalhadores são tratados não como "empregados", mas como "proprietários" que compartilham a responsabilidade de definir o escopo e o caráter de suas funções. O senso de comunidade e empoderamento do trabalhador que existia no kibutz era algo de que nunca me esqueci. Ele confirmou minha visão de que há muitas maneiras de organizar os locais de trabalho e que cabe a nós identificar os modelos que respeitam os trabalhadores como seres humanos e permitem que eles realizem todo o seu potencial.

Um trabalho precisa ser mais do que apenas um trabalho. Como senador dos Estados Unidos e candidato a presidente, visitei locais de trabalho em quase todos os estados do país. Ao longo do percurso, estive com milhares de trabalhadores de todas as esferas da vida. O que aprendi é que sim, claro, os trabalhadores querem bons salários, bons benefícios e boas condições de trabalho. Mas também aprendi que querem mais — algo que a maioria não consegue atualmente. Querem dignidade. Querem respeito. Querem ter voz no processo de tomada de decisão. Eles são seres humanos e desejam ser tratados como tais.

Seja trabalhando numa fazenda ou numa fábrica de automóveis, seja num hospital ou numa escola, ou entregando correspondência ou escrevendo um livro, as pessoas querem saber que o que fazem é significativo e benquisto. Querem opinar sobre a natureza de seu trabalho e como ele é feito. Não importa o tipo, as pessoas prosperam quando têm um trabalho recompensador.

Sentimo-nos bem quando sabemos que estamos contribuindo com nossa comunidade e quando temos oportunidade de encontrar maneiras mais criativas e eficazes de dar essa contribuição. Mas, com demasiada frequência, no sistema supercapitalista que se desenvolveu nos Estados Unidos, os cidadãos não têm esse sentimento de satisfação. Acham, com razão, que são engrenagens da máquina — exploradas, impotentes e descartáveis. Com efeito, para grandes empregadores como Amazon, Walmart e toda a indústria de fast-food, a exploração bruta e o descarte de trabalhadores é a base de seu modelo de negócio. Nessas empresas, a taxa de rotatividade é extremamente alta, pois cidadãos desesperados por um emprego entram, trabalham demais, ganham salários de fome, seguem em frente e são substituídos por outros trabalhadores impotentes de baixa renda.

NÃO PODEMOS MAIS TRATAR TRABALHADORES
COMO SERES HUMANOS DESCARTÁVEIS

Quando discutimos a desindustrialização nos Estados Unidos, referimo-nos em geral às estatísticas — as dezenas de milhares de fábricas que fecharam desde que o Acordo de Livre-Comércio da América do Norte (Nafta) e as Relações Comerciais Normais Permanentes com a China (PNTR) foram implementados, e os milhões de empregos que foram perdidos. No entanto, com demasiada frequência perdemos a noção do lado humano da história.

Não falamos sobre o trabalhador que passa trinta anos de sua vida numa fábrica e um dia fica sabendo que algum CEO, em um lugar distante, tomou a decisão de fechar a lucrativa empresa em que trabalha e transferi-la para o México ou a China, onde as pessoas podem ser exploradas por uma fração do salário que esse funcionário ganhava. Talvez ele até seja solicitado a treinar alguns desses trabalhadores estrangeiros, ou de fato desmontar o maquinário da fábrica, viajar milhares de quilômetros para outro país e remontá-lo para os trabalhadores que o substituirão. Ninguém falou com ele sobre essa decisão, nem pediu sua opinião. É assim que o sistema funciona quando a classe trabalhadora não tem poder. Conversei com trabalhadores que passaram exatamente por essa situação. Estão indignados e enojados por sua impotência. Trata-se de uma experiência esmagadora. Muitos nunca se recuperam totalmente.

Aqui estão dois meses de indenização. Tenha um bom dia. Que pontapé no traseiro! Você dá o sangue para a empresa. Você tem tido uma vida digna e está planejando a aposentadoria. Está produzindo coisas boas. Orgulha-se de seu trabalho. Então, sem ter culpa, sem ter dado qualquer contribuição, é tomada uma decisão que muda tudo em sua vida. Você não tem um salário nem plano de saúde. E, a propósito, se tiver cinquenta anos ou mais, talvez não consiga outro trabalho decente.

É realmente demais, no século XXI, no país mais rico do mundo, começar a criar uma economia na qual as pessoas de fato tenham algum poder sobre o que fazem por quarenta horas ou mais por semana?

O triste é que milhões de americanos não só se sentem impotentes em relação ao trabalho, mas também estão em empregos que, na verdade, odeiam. É doloroso levantar-se de manhã e ir trabalhar. Eles fazem isso pela assistência à saúde. Fazem isso apenas para sobreviver. Sabem que são explorados, no entanto não têm alternativa. Seus péssimos trabalhos afetam sua saúde e sua autoestima. Eles gostariam de poder dizer: "Pegue este emprego e enfie naquele lugar". Mas a realidade econômica é que não podem fazer isso. Precisam do salário.

Dostoiévski estava profundamente correto quando escreveu:

"Se alguém quisesse esmagar e destruir um homem por completo, infligir-lhe o mais terrível castigo, tudo o que teria que fazer seria obrigá-lo a realizar um trabalho completa e totalmente desprovido de utilidade e significado". E assim, de modo trágico, é a vida de milhões de americanos. Sentem-se esmagados e destruídos por seus empregos. Não têm esperança para o futuro.

DIREITOS ECONÔMICOS SÃO DIREITOS HUMANOS

O capitalismo desenfreado nunca alcançará o objetivo de trazer dignidade ao trabalho. O sistema econômico americano, com excessiva ganância empresarial e concentração de propriedade e poder, destrói qualquer coisa que se interponha em sua busca por lucros. Destrói o meio ambiente. Destrói nossa saúde. Destrói nossa democracia. Descarta os seres humanos sem pensar duas vezes. Jamais proporcionará aos trabalhadores a satisfação de direito que os americanos têm de esperar de sua carreira. Instintivamente, sabemos disso. Mas não falamos sobre isso nesses termos — os termos que podem expressar um argumento que aponte para algo diferente. Algo melhor.

Para conseguir esse algo melhor, as pessoas precisam confrontar o próprio sistema.

O presidente Roosevelt sabia disso. É por esse motivo que, no discurso sobre o Estado da União de 1944 ao qual nos referimos na introdução deste livro, ele defendeu o estabelecimento e o reconhecimento dos direitos econômicos. Infelizmente, por ter sido apresentado em plena Segunda Guerra Mundial, o argumento de FDR nunca recebeu a atenção que merecia. Mas o que ele falou naquela ocasião continua relevante: "Chegamos a uma compreensão clara do fato de que a verdadeira liberdade individual não pode existir sem segurança econômica e independência".

Os americanos se orgulham de que a Constituição garante a liberdade de religião, expressão, reunião, imprensa e outros direitos. Entendemos que nunca podemos ter liberdade política a não ser que estejamos livres da tirania autoritária.

Mas, como Roosevelt explicou há quase oitenta anos, se levamos a sério a criação de uma sociedade de fato livre, devemos dar o próximo passo e garantir a cada homem, mulher e criança no país direitos econômicos básicos: o direito a assistência à saúde de qualidade, a uma boa educação, a uma moradia digna e acessível, a uma aposentadoria segura e a viver num ambiente limpo.

E o direito a um emprego seguro, bem remunerado e significativo.

A visão de Roosevelt influenciou a política de seu tempo e das décadas que se seguiram a sua morte em 1945. Mas nunca se consolidou tanto quanto ele esperava. A negligência dos direitos econômicos acabou assombrando os Estados Unidos, à medida que os sindicatos se enfraqueceram, as grandes empresas se fortaleceram, os salários reais estagnaram e os americanos comuns se tornaram cada vez mais alienados de um processo político que os deixava na mão.

Fui inspirado a concorrer à presidência em 2016 e 2020 porque acreditava que o povo americano queria uma mudança fundamental em nossa economia. Tenho certeza de que o sucesso alcançado nessas campanhas resultaram do fato de oferecermos aos cidadãos uma visão alternativa a um sistema que não estava funcionando para eles.

Em 2016, e ainda mais em 2020, a luta pelos direitos econômicos esteve no centro da minha mensagem. Expliquei isso num discurso que fiz na Universidade George Washington em junho de 2019. Nele, colocava algumas questões para nossa nação que praticamente nunca são abordadas pelo establishment político, econômico ou midiático.

Fiz uma pergunta muito simples:

O que significa ser verdadeiramente livre?

Você é livre de fato se não pode ir a um médico quando está doente ou quando se vê diante de uma falência financeira ao sair do hospital?

Você é livre de fato se não pode pagar pelos medicamentos prescritos de que precisa para se manter vivo?

Você é livre de fato quando gasta metade de sua renda limitada em moradia e é forçado a pedir dinheiro emprestado a um prestamista com taxas de juros de 200%?

Você é livre de fato se tem setenta anos e precisa continuar trabalhando porque não tem pensão ou dinheiro suficiente para se aposentar?

Você é livre de fato se não pode frequentar a faculdade ou uma escola técnica porque sua família não tem renda?

Você é livre de fato se é forçado a trabalhar sessenta ou oitenta horas semanais porque não consegue encontrar um emprego que pague um salário digno?

Você é livre de fato se é mãe ou pai de um recém-nascido, mas é forçado a voltar ao trabalho imediatamente após o nascimento da criança porque não tem licença remunerada?

Você é livre de fato se é um pequeno empresário ou um agricultor familiar que foi expulso do mercado pelas práticas monopolistas das grandes empresas?

Você é livre de fato se é um veterano que colocou a vida em risco para defender o país e agora dorme nas ruas?

Desde o fim da campanha, reconheço que há mais perguntas que devem ser feitas e respondidas:

Você é livre de fato se é forçado a trabalhar durante uma pandemia em condições que podem deixá-lo doente ou até mesmo matá-lo?

Você é livre de fato se é forçado a trabalhar num emprego em que não tem nenhuma influência sobre a adoção de sistemas de automação que poderiam eliminar sua vaga?

Você é livre de fato quando as decisões mais importantes sobre nosso progresso tecnológico — em tudo, desde as comunicações ao comércio e à saúde — são feitas nas salas de reuniões de corporações multinacionais que sempre escolhem lucros rápidos e fáceis em vez do bem-estar da população?

Minha resposta a todas essas perguntas é que os americanos não são tão livres quanto pensam que são, ou como deveriam ser.

Para alcançar a liberdade genuína a que temos direito como seres humanos, não podemos nos contentar apenas com a democracia política — sobretudo num momento em que a própria democracia está sob ataque feroz. Precisamos da democracia econômica tanto quanto precisamos da democracia política.

A única maneira de obtê-la é romper os grilhões do velho pensamento que diz que não há alternativa ao capitalismo desenfreado. Temos que derrubar a mentira que nos contaram por décadas, aquela que diz:

> É assim que o sistema funciona. É assim que a globalização funciona. É assim que o capitalismo funciona. É assim que empregadores e empregados sempre se relacionarão.
>
> Não há nada que você possa fazer a esse respeito.
>
> Então cale a boca e volte ao trabalho.

Em um mundo em que economia e tecnologias mudam rapidamente, não podemos continuar a manter estruturas econômicas centenárias. O status quo não está funcionando para a grande maioria de nosso povo.

Já passou da hora de enfrentar a ganância exacerbada, a desigualdade e a destrutividade que estão sendo causadas pelo capitalismo desenfreado em que vivemos. Precisamos de um sistema econômico que sirva a humanidade em vez de explorá-la. Pode haver debates honestos sobre a melhor forma de atingir esse objetivo, mas, a meu ver, há pelo menos quatro etapas a serem seguidas:

As duas primeiras devem ser feitas no curto prazo, a fim de aliviar a dor imediata dos americanos da classe trabalhadora:

1. Criar uma economia de pleno emprego na qual todo trabalhador tenha direito a um trabalho decente.

2. Fortalecer o movimento sindical, capacitar os trabalhadores e fazer dos sindicatos um verdadeiro contrapeso ao poder corporativo.

As duas etapas seguintes, que discutiremos no capítulo 4, são necessárias para moldar nossa abordagem de longo prazo do trabalho:

3. Remover as barreiras à participação acionária dos trabalhadores nas organizações e aumentar a presença deles nos conselhos de empresas privadas.

4. Abordar a realidade de que a mudança tecnológica está transformando rapidamente o trabalho no século XXI, da mesma forma que o livre-comércio fez no século XX. Tecnologias novas e inovadoras podem ser uma força para o bem ou extremamente destrutivas. É imperativo garantir que essas mudanças radicais na força de trabalho beneficiem os americanos comuns, e não apenas o 1% que tem acesso à tecnologia.

OS ESTADOS UNIDOS PRECISAM DE
UMA ECONOMIA DE PLENO EMPREGO

Havia uma razão pela qual o reverendo Martin Luther King Jr., o líder trabalhista A. Philip Randolph e articuladores como Bayard Rustin e Eleanor Holmes Norton convocaram em 1963 a "Marcha sobre Washington por Empregos e Liberdade", manifestação que daria início a uma era de transformações nos Estados Unidos. Eles compreendiam a conexão direta entre igualdade racial e igualdade econômica e sabiam que os americanos precisavam de direitos iguais e liberdade econômica para desfrutar desses direitos. "O negro vive numa ilha solitária de pobreza em meio a um vasto oceano de prosperidade material", declarou o reverendo King dos degraus do Lincoln Memorial, enquanto os manifestantes exigiam, nas palavras do programa divulgado pelos organizadores do evento, "um amplo programa federal de obras públicas para empregar a todos os desempregados e uma legislação federal para promover uma economia em expansão". Seus cartazes diziam: DIREITOS CIVIS + PLENO EMPREGO = LIBERDADE.

Nunca me esquecerei de ter sido uma das 250 mil pessoas que marcharam em Washington naquele dia extraordinário. Jamais esquecerei aquela mensagem. Não há liberdade de verdade sem justiça econômica. Devemos enfrentar a pobreza, mas não podemos parar por aí. Precisamos reconhecer que "pleno emprego para todos" e "salários dignos para todos os trabalhadores" — como King e Randolph propuseram em 1967 em seu visionário Orçamento de Liberdade para Todos os Americanos — farão dos Estados Unidos um país mais forte e justo.

É claro que uma economia de pleno emprego beneficiaria os desempregados. Mas também serviria aos milhões de americanos que têm trabalhos precários e estão ameaçados de desemprego. Isso beneficiaria os jovens que procuram um primeiro emprego que lhes proporcione renda e experiência para melhorar sua vida. E beneficiaria dezenas de milhões de cidadãos que têm empregos seguros, mas seus salários são inadequados.

Há ainda outros benefícios. O dr. King sabia que a segurança que vem de uma economia de pleno emprego pode aliviar as divisões na sociedade, estabilizar as comunidades e abordar o que os organizadores da Marcha em Washington entendiam como "os males gêmeos da discriminação e da privação econômica". A luta para eliminar esses males tornou-se o foco principal dos últimos cinco anos de ativismo de King, que culminaram no anúncio da Campanha dos Pobres de 1968.

Essa campanha visava reunir negros, brancos, latinos, asiáticos e indígenas americanos para renovar o apelo de Franklin Roosevelt por uma Declaração de Direitos Econômicos. Também exigia que a Guerra à Pobreza declarada por Lyndon Johnson ganhasse significado com programas concretos para fornecer pleno emprego com um salário digno. Com urgência crescente nos últimos meses de vida, King convocou um movimento que "confrontasse massivamente a estrutura de poder" com demandas enraizadas no entendimento de que "se um homem não tem emprego ou renda, ele não tem vida nem liberdade nem a possibilidade de buscar a felicidade. Apenas existe".

O movimento do qual King falou era por empregos garantidos. Sua visão era verdadeira. Devemos renová-la.

A GARANTIA DE EMPREGO FAZ MAIS DO
QUE COLOCAR AS PESSOAS PARA TRABALHAR

Em 2020, propus uma garantia de empregos em nível federal que estabeleceria, de uma vez por todas, que todo americano tem direito a um emprego. Para mim, essa rejeição da economia da austeridade não era apenas discurso ou uma aceitação casual do populismo. Tornou-se um dos principais focos de minha campanha porque acredito que a garantia de empregos será transformadora para nossa sociedade. Sejamos claros: esse conceito significa muito mais do que apenas dar trabalho e rendimento a pessoas desempregadas, por mais importante que isso seja. A garantia de emprego vai nos ajudar a reconstruir o país, será muito útil para acabar com a insegurança econômica, melhorar a saúde mental e criar um senso de comunidade mais forte. Criará uma nação muito mais saudável e feliz.

Como funcionaria a garantia de empregos? Não é difícil descobrir por onde começar.

Precisamos de mais médicos, enfermeiras, dentistas, profissionais de saúde domiciliar, funcionários em lares de idosos, assistentes sociais e outros especialistas da área médica — um número que precisará aumentar radicalmente depois que adotarmos um programa nacional de saúde e todos os americanos puderem acessar a assistência à saúde necessária.

Precisamos de mais educadores nas creches, professores e instrutores universitários, um número que também aumentará à medida que melhorarmos a qualidade da educação pública no país, expandirmos as oportunidades educacionais e enfrentarmos a crise de saúde mental. E, ao passo que a nação envelhecer, precisaremos de milhões de trabalhadores para oferecer serviços de apoio aos idosos a fim de ajudá-los a viver confortavelmente em suas casas e comunidades, que é onde querem estar.

Vamos precisar de milhões de novos trabalhadores da construção civil, pois teremos que construir um grande número de unidades de habitação a preços acessíveis e reconstruir nossa infraestrutura em ruínas — estradas, pontes, rede hídrica, estações de esgoto e transporte público. Também aumentaremos as vagas disponíveis no setor industrial para fornecer todos os produtos que as novas moradias e infraestrutura exigem.

E ainda há a pequena questão de salvar o país e o planeta dos efeitos devastadores das mudanças climáticas e dos danos catastróficos que ocorrerão se não nos afastarmos logo dos combustíveis fósseis.

Durante a campanha de 2020 e em meu trabalho na presidência do Comitê de Orçamento do Senado, lutei por um New Deal verde conforme delineado por jovens ativistas do Movimento Sunrise e vários de nós no Congresso. Se levarmos a sério a mudança para a eficiência energética e a energia sustentável e reduzir substancialmente as emissões de carbono, precisaremos de milhões de trabalhadores para nos ajudar a fazer essa transição histórica e essencial.

Podemos atender a todas essas necessidades — e às que surgirem no futuro — se criarmos uma garantia de emprego que seja visionária e financiada o suficiente. "O objetivo é eliminar completamente a pobreza dos trabalhadores e o desemprego involuntário", explica Darrick Hamilton, economista da New School for Social Research, que me assessora nessas questões há vários anos. "Trata-se de uma oportunidade para algo transformador, além dos ajustes que temos feito nos últimos quarenta anos, na qual todos os ganhos de produtividade foram para a elite da sociedade."

Adotar a garantia de emprego custará dinheiro? É óbvio. Mas deixar de investir no futuro nos custa ainda mais. Qual é o custo atual para nossa nação de um sistema de saúde e uma rede de creches disfuncionais? Qual é o custo para o país de ter uma das taxas mais altas de pobreza infantil entre as nações industrializadas do mundo? Qual é o custo de estradas e pontes deterioradas e uma rede hídrica que não fornece água potável aos residentes? E qual é o custo se formos malsucedidos no combate às mudanças climáticas e o planeta se tornar inabitável? Quanto vale o futuro da Terra?

É PRECISO MUDAR AS PRIORIDADES NACIONAIS

Na década de 1960, o dr. King reconheceu que para criar "novas formas de trabalho que melhorem o bem-estar social" as prioridades orçamentárias do governo federal precisariam ser reordenadas. Isso era verdade naquela época e é ainda mais verdadeiro hoje.

Tomemos o orçamento militar. Atualmente, gastamos mais de 775 bilhões de dólares por ano com as forças armadas, mais da metade do orçamento discricionário do governo dos Estados Unidos. Isso é mais do que gastam os outros dez países mais ricos juntos. No entanto, apesar de seu volumoso orçamento, o Pentágono continua sendo a única agência federal que não concluiu com sucesso uma auditoria independente. Ninguém duvida que dentro desse orçamento há uma enorme quantidade de desperdício, fraudes, sistemas de armas desnecessários e estouros de orçamentos ultrajantes. Podemos cortar despesas militares anuais em dezenas de bilhões de dólares e usar esses fundos para investir nas necessidades sociais do país, inclusive na criação de uma economia de pleno emprego.

Mas não são apenas gastos militares. Temos um sistema tributário corrupto e regressivo. Em qualquer ano, grandes empresas lucram bilhões e não pagam um centavo em impostos federais. Um sistema tributário justo e progressivo poderia gerar um grande aumento nas receitas federais, que melhorariam a vida das pessoas.

Numa nação com uma riqueza tão extraordinária, não deixe ninguém lhe dizer que não temos recursos para manter uma economia de pleno emprego e garantir um trabalho bem remunerado a todo trabalhador americano.

Mas isso é apenas o começo.

Se quisermos criar justiça econômica nos Estados Unidos, uma economia na qual os trabalhadores tenham controle sobre sua vida e sejam tratados com respeito e dignidade — e em que tenham poder coletivo nas urnas —, teremos que reconstruir o movimento sindical.

A UNIÃO FAZ A FORÇA

Durante minha campanha de 2020, eu disse que, como presidente, não seria apenas comandante em chefe, mas também articulador-chefe. Usaria o cargo de presidente para mobilizar as bases do país contra a ganância empresarial, apoiar os esforços de organização sindical e ajudar os trabalhadores a obter contratos decentes, a fim de transferir o poder político do 1% mais rico para as mãos da classe trabalhadora.

Antes de eu nascer, Florence Reece, esposa de um articulador do sindicato United Mine Workers no condado de Harlan, Kentucky, compôs a música "Which Side Are You on?", sobre os proprietários de uma mina no condado que pagaram ao xerife local, J. H. Blair, para contratar uma gangue de bandidos a fim de ameaçar os mineiros sindicalizados. "Dizem que lá no condado de Harlan ninguém fica em cima do muro", escreveu Florence Reece. "Ou você é um sindicalista ou um capanga de J. H. Blair. De que lado vocês estão, rapazes? De que lado vocês estão?"

De que lado você está? Os tempos mudaram, mas essa pergunta é a questão econômica e política mais profunda de nossa era.

De que lado você está? Hoje em dia, corporações como Starbucks e Amazon não contratam capangas armados. Em vez disso, contratam consultores e pesquisadores contra a sindicalização e lobistas com conexões políticas — muitos deles democratas — para impedir a organização sindical. Mas a premissa fundamental permanece: ou você está do lado dos trabalhadores e da organização deles no local de trabalho, ou não está.

É por isso que, na década de 1960, quando eu era estudante universitário em Chicago, trabalhei para o United Packinghouse Workers of America — um dos sindicatos mais progressistas da época. É por isso que me envolvi fortemente com o Sindicato dos Trabalhadores em Vermont durante uma greve prolongada e amarga contra uma construtora antissindicalista nos anos 1970. É por isso que quando fui prefeito de Burlington, apesar das objeções da maioria da câmara de vereadores, trabalhei com os sindicatos municipais, não contra eles. É por isso que, durante minhas duas campanhas presidenciais, participei de piquetes sindicais em Iowa, Nova York e outros estados, e me reuni com trabalhadores em sindicatos de todo o país.

É também por isso que, depois do fim da minha campanha presidencial de 2020, virou uma grande prioridade minha apoiar os trabalhadores em greve em todo o país que enfrentavam interesses corporativos muito poderosos: trabalhadores da John Deere em Iowa; trabalhadores da Kellogg's em Michigan e na Pensilvânia; metalúrgicos de metais especiais na Virgínia Ocidental; trabalhadores de panificação da Rich Products na Califórnia; mineradores da Warrior Met Coal no Alabama; trabalhadores da mercearia Kroger's no Colorado; enfermeiras na Califórnia e em Nova York; estudantes de pós-graduação no MIT; médicos residentes em Vermont.

O que me impressionou toda vez que participei de um piquete e toda vez que me sentei com trabalhadores num sindicato foram cinco realidades:

1. As fábricas, os depósitos e as lojas onde os trabalhadores se viram forçados a entrar em greve eram subsidiárias de grandes empresas multinacionais.

2. Os proprietários dessas empresas espremiam os funcionários impiedosamente, apesar dos lucros enormes.

3. A resposta dos trabalhadores a essa ganância foi uma profunda e poderosa corrente de solidariedade entre eles. Os trabalhadores e suas famílias permaneceram unidos nos tempos difíceis que se desenrolaram durante as greves, garantindo que o seguro-saúde das pessoas com doenças crônicas fosse mantido, que todos tivessem comida suficiente e que os filhos dos sindicalistas ganhassem presentes de Natal.

4. As comunidades, não importa em que região do país, mostraram forte apoio aos grevistas.

5. Em comunidades e sindicatos, uma parcela substancial dos trabalhadores havia desistido do Partido Democrata e se tornado republicana.

Meus aliados e eu não só apoiamos os grevistas, como também fizemos o possível para ajudar o crescente número de americanos que estavam se organizando nos locais de trabalho. A esse respeito, fiquei encantado por estar ao lado de alguns jovens trabalhadores corajosos que tiveram sucesso, pela primeira vez, na organização de sindicatos na Starbucks. Esse esforço, que desafiou Howard Schultz, o proprietário multibilionário dessa empresa, começou em algumas lojas de Buffalo, Nova York, e rapidamente se espalhou para centenas de lugares em todo o país. Esses "colaboradores" da Starbucks eram mal pagos, tinham benefícios ruins e horários pouco confiáveis. E, apesar dos intensos esforços para acabar com os sindicatos, eles reagiram com sucesso.

As reuniões que tive com funcionários da Starbucks em

Richmond, Virgínia, em Pittsburgh, Pensilvânia, e em Boston, Massachusetts, foram imensamente inspiradoras. Os jovens trabalhadores faziam as perguntas certas. Por que, apesar dos lucros crescentes, a Starbucks não estava disposta a pagar salários dignos? Por que, se conseguia pagar um paraquedas de ouro de 60 milhões de dólares para um CEO que se aposentava, a companhia não poderia fornecer benefícios de assistência médica acessíveis? Por que, já que se autodenominava "progressista", a empresa estava engajada numa cruel campanha contra a sindicalização?

Também viajei para Bessemer, Alabama, em meados de 2021, a fim de me reunir com os trabalhadores da Amazon que estavam engajados num esforço histórico para organizar um sindicato num enorme depósito naquele assim chamado estado do Direito ao Trabalho. Numa reunião a portas fechadas com vários funcionários, fiquei sabendo das péssimas condições de trabalho de lá e dos depósitos da Amazon no país inteiro, e de todos os esquemas ardilosos em que a empresa havia se envolvido para derrotar o esforço de organização dos trabalhadores. Posteriormente, descobriu-se que as ações contra a sindicalização da Amazon eram tão flagrantes e ilegais que, depois que o sindicato perdeu aquela eleição, o Conselho Nacional de Relações Trabalhistas (NLRB) ordenou uma nova.

Embora o projeto de sindicalização no Alabama não tenha dado certo, o esforço de organização dos trabalhadores em Staten Island, Nova York, mostrou que os funcionários da Amazon podem vencer as campanhas multimilionárias de intimidação promovidas pela empresa. Em abril de 2022, tive o orgulho de participar da comemoração da vitória do Sindicato dos Trabalhadores da Amazon numa votação de reconhecimento sindical no depósito JFK8, uma ampla instalação que emprega mais de 8300 pessoas. Foi uma vitória histórica. Pela primeira vez nos 27 anos de história da empresa, os trabalhadores da Amazon nos Estados

Unidos organizaram um sindicato. O aspecto notável e profundamente encorajador foi que os articuladores de base, liderados por Christian Smalls e Derrick Palmer, fizeram isso por conta própria. Com recursos financeiros limitados, um sindicato independente assumiu com sucesso a empresa de varejo mais poderosa do mundo. Ao fazer isso, inspiraram milhões de trabalhadores — não apenas os de depósitos da Amazon, mas os que trabalham em circunstâncias opressivas e perigosas em frigoríficos, oficinas mecânicas e metalúrgicas em todo o país.

Vencer a Amazon foi importante, porque ela se tornou a face do supercapitalismo no século XXI.

A AMAZON E JEFF BEZOS: O QUE É O SUPERCAPITALISMO

Quando tratamos sobre o supercapitalismo em sua forma mais crua — sobre a ganância sem limites, empresas que se opõem ferozmente ao direito dos trabalhadores de se organizar, abusos de riqueza e poder que destroem nossa sociedade —, estamos falando sobre a Amazon, uma empresa imensamente lucrativa que é a maior varejista do mundo fora da China e emprega quase 1 milhão de pessoas nos Estados Unidos. E, ao falar da Amazon, falamos de Jeff Bezos.

Em 2021, a empresa teve uma receita de quase 470 bilhões de dólares e um lucro recorde de 36 bilhões — um aumento de 453% em relação ao período antes da pandemia. Devido a seu poder político e sua capacidade de tirar proveito de nosso sistema tributário regressivo, a Amazon não pagou nada em impostos federais em 2017 e 2018. O principal beneficiário dessa especulação é Jeff Bezos, que hoje é o segundo ser humano mais rico do planeta, com patrimônio líquido de 170 bilhões de dólares. Isso é mais do que possui a maioria dos países emergentes. Durante o primeiro ano da pandemia, quando trabalhadores essenciais, inclusive alguns nos próprios depósitos da Amazon, estavam literalmente morrendo no trabalho, Jeff Bezos ficou 65 bilhões mais rico — um aumento de 57% em sua fortuna.

Bezos é a personificação da extrema ganância corporativa que molda nossos tempos. Enquanto fica mais rico, seus funcionários lutam para sobreviver.

Como discursei no plenário do Senado em 26 de abril de 2022, "o sr. Bezos tem dinheiro suficiente para ser dono de um megaiate de 500 milhões de dólares e 417 pés (127 metros). Tem dinheiro suficiente para pagar uma propriedade de 175 milhões de dólares em Beverly Hills, que inclui uma mansão de mais de 1200 metros quadrados. Tem dinheiro suficiente para comprar uma propriedade de mais de cinco hectares de 78 milhões de dólares em Maui. Tem dinheiro suficiente para comprar uma mansão de 23 milhões de dólares em Washington, DC, com 25 banheiros. Tem dinheiro suficiente para adquirir um foguete para lançar William Shatner até a borda do espaço sideral. E, no entanto, embora o sr. Bezos possa pagar por todas essas mansões, iates e foguetes, ele se recusa a pagar salários dignos a seus trabalhadores, proporcionar benefícios dignos ou oferecer condições de trabalho dignas. Essa é a cara da ganância excessiva. E é por isso que os trabalhadores da Amazon lutam para organizar sindicatos em depósitos de todo o país.

"Desde o início do esforço de organização sindical até hoje, o sr. Bezos e a Amazon fizeram todo o possível, legal e ilegalmente, para derrotar o sindicato", continuei. "Na verdade, a Amazon não consegue nem aceitar a realidade de que os trabalhadores de Staten Island venceram as eleições sindicais de forma justa. Para interromper o processo, os advogados da empresa recorreram do resultado da eleição ao NLRB." E por fim: "A estratégia é obviamente usar sua incrível riqueza para protelar, protelar e protelar. De todas as formas possíveis, o sr. Bezos e a companhia estão se recusando a negociar um primeiro contrato justo com o Sindicato dos Trabalhadores da Amazon".

Como Bezos fica rico? Enquanto acumula dinheiro, a Amazon continua classificando erroneamente os motoristas de entrega como contratados sem vínculo empregatício, em vez de funcionários, a fim de escapar das responsabilidades de impostos, salários e benefícios. As políticas inadequadas de segurança no trabalho da empresa representam graves riscos para os trabalhadores. De acordo com uma investigação do *New York Times*, a Amazon tem uma taxa de rotatividade de aproximadamente 150%. Os trabalhadores entram nos depósitos, extrai-se deles o máximo de trabalho humanamente possível e eles vão embora. E todo um conjunto de novos funcionários chega para substituí--los. Isso não é uma aberração. Esse é o modelo de negócio que Bezos celebra. Em algumas regiões, as taxas de acidentes de trabalho da Amazon são mais de 2,5 vezes a média do setor. Em dezembro de 2021, seis trabalhadores da empresa morreram após serem obrigados a continuar a trabalhar durante condições climáticas inseguras num depósito em que não havia instalações ou políticas de segurança adequadas.

Em abril de 2022, realizei uma audiência do Comitê de Orçamento que contou com a presença de Chris Smalls, presidente do Amazon Union, e Sean O'Brien, presidente do Teamsters Union. Queria saber a opinião deles sobre se o governo federal deveria fechar contratos de dezenas de bilhões de dólares com empresas que descaradamente infringiam a lei em suas relações trabalhistas. Também enviei uma carta ao presidente Biden instando-o a assinar uma ordem executiva para proibir empresas, como a Amazon, que violaram as leis trabalhistas, de receber contratos federais pagos pelos contribuintes americanos.

Em minha carta a Biden, escrevi:

Como deve se lembrar, durante a campanha presidencial, você [presidente Biden] prometeu "instituir uma exclusão federal plurianual para todos os empregadores que se opõem ilegalmente a sindicatos" e "garantir que contratos federais sejam concedidos apenas a empregadores que assinem acordos de neutralidade, comprometendo-se a não fazer campanhas contra sindicalização".

Essa promessa de campanha estava exatamente certa. Hoje, peço a você [presidente Biden] que a cumpra.

Até agora, enquanto escrevo estas palavras, alguns meses depois, ele não respondeu.

RECONSTRUIR O MOVIMENTO SINDICAL

Durante grande parte do século XX, houve um entendimento compartilhado do papel que os sindicatos precisavam desempenhar, não apenas para melhorar a situação dos trabalhadores, mas também para contrabalançar os poderosos interesses empresariais. Democratas como Franklin Roosevelt entenderam isso. Ficou famosa a frase que um trabalhador têxtil da Carolina do Norte disse a um repórter: "O sr. Roosevelt é o único homem que já tivemos na Casa Branca que entenderia que meu patrão é um filho da puta". No decorrer da presidência de FDR, a porcentagem de trabalhadores do setor privado sindicalizados aumentou de 11% para 35%. O crescimento da organização dos trabalhadores continuou na década de 1950, quando o presidente republicano Dwight Eisenhower declarou: "Hoje, nos Estados Unidos, os sindicatos têm um lugar seguro em nossa vida industrial. Apenas um punhado de reacionários recalcitrantes acalenta a ideia lamentável de quebrar sindicatos. Só um tolo tentaria privar homens e mulheres trabalhadores do direito de se filiar ao sindicato de sua escolha".

O apoio aos sindicatos não era de fato um ponto discutível. Sindicatos fortes estavam associados a um país forte.

Tragicamente, aqueles dias terminaram na época em que Ronald Reagan demitiu controladores de tráfego aéreo em greve, em 1981.

Nas últimas décadas, os sindicatos foram atacados e desmoralizados de forma tão agressiva e, em muitos casos, ilegal, que hoje menos de 11% dos americanos são sindicalizados — e no setor privado o número está próximo de 6%.

Isso não aconteceu por acaso. O mundo empresarial — a Câmara de Comércio, a Associação Nacional de Fabricantes, a Mesa-Redonda de Negócios e outros grupos empresariais poderosos — sabia o que estava fazendo. Eles entenderam perfeitamente que sindicatos fortes podem controlar os tipos de ganância, exploração e tomada de decisão unilateral que existem em empresas não sindicalizadas. Esses titãs corporativos sabiam que um bom contrato sindical significa que uma parcela maior dos lucros empresariais vai para as necessidades dos trabalhadores, não apenas para altos dividendos de acionistas ricos, recompra de ações e remuneração ultrajante do CEO. Isso é exatamente o que não queriam ver, e agiram de acordo essa ideia.

Segundo dados compilados pelo Instituto de Política Econômica:

- Quando os trabalhadores se interessam em formar sindicatos, 75% dos empregadores do setor privado contratam consultores externos para realizar campanhas contra a sindicalização, 63% forçam os funcionários a participar de reuniões a portas fechadas para ouvir propaganda contra a sindicalização e 54% dos patrões ameaçam os trabalhadores nesses eventos.

- Um funcionário que participa de campanhas de organização sindical tem uma chance em cinco de ser demitido.

- Quase 60% dos empregadores ameaçam fechar ou realocar seus negócios se os trabalhadores optarem por formar um sindicato.

- Mesmo quando os trabalhadores superam esses enormes obstáculos e vencem as eleições sindicais, mais da metade daqueles que votam a favor da criação de um sindicato não tem um contrato de filiação um ano depois e 37% ainda não têm o primeiro contrato dois anos após a eleição, devido a brechas nas leis trabalhistas.

Em 2022, os Estados Unidos tinham níveis mais baixos de sindicalização do que em qualquer outra época desde que FDR imaginou o projeto do New Deal, em 1932. Os 57 sindicatos que compõem a Federação Americana do Trabalho e Congresso de Organizações Industriais (AFL-CIO) têm agora somente 12 milhões de membros.

O declínio dos sindicatos custou caro aos trabalhadores americanos, sobretudo aos jovens e às pessoas de cor. Não é de admirar que tantos cidadãos estejam frustrados. Estão sofrendo, mas não têm as ferramentas para revidar.

A ironia é que, embora os sindicatos estejam no ponto mais fraco da minha vida, as pesquisas de opinião pública mostram que eles estão mais populares do que em qualquer outro momento em décadas. Uma pesquisa da Gallup realizada em agosto de 2022 constatou que 71% dos americanos aprovavam os sindicatos. É o maior nível de apoio desde 1965 e é mais alto do que em alguns períodos da presidência de FDR. Numa época em que a classe média continua encolhendo e mais da metade do povo vive com o salário contado, o americano médio sabe que, se vamos reconstruir a classe média, precisamos reconstruir o movimento sindical.

Não é apenas a forte oposição do mundo empresarial que torna a organização sindical cada vez mais difícil. São os aliados que as empresas têm na esfera política, onde tanto os republicanos como os democratas têm seguido uma agenda antitrabalhadora.

Nos últimos quinze anos, governadores e legisladores republicanos em estados com sindicatos historicamente fortes, como Wisconsin, Michigan e Indiana, adotaram as chamadas leis de direito ao trabalho. Essas medidas impedem os sindicatos de cobrar contribuições dos trabalhadores que representam, tornando mais difícil para os trabalhadores negociar coletivamente por melhores salários e benefícios e locais de trabalho seguros.

No Sul, as leis de Right to Work (For Less) — ou seja, o direito de trabalhar sem aderir a um sindicato ou pagar as contribuições sindicais — estão em vigor há quase 75 anos. O nome é uma mentira. Essas leis não têm nada a ver com dar às pessoas o direito de trabalhar. Elas são criadas para tornar mais difícil aos trabalhadores organizar sindicatos fortes que possam negociar bons contratos e ter voz ativa na política nos níveis municipal, estadual e nacional. Na verdade, são leis que reduzem os salários e enfraquecem as proteções aos trabalhadores, e sua presença nos estatutos dos estados do Sul remonta aos dias em que os políticos segregacionistas de ambos os partidos temiam que os sindicatos integrados promovessem a causa dos direitos civis e dos direitos econômicos. O dr. King disse em 1961: "Onde quer que essas leis tenham sido aprovadas, os salários são mais baixos, as oportunidades de emprego são menores e não há direitos civis".

O declínio dos sindicatos não só tem um grande impacto econômico, como também prejudica a política progressista. Os sindicatos protegem os trabalhadores em seus empregos, ao mesmo tempo que lhes possibilitam a união contra os interesses corporativos para eleger candidatos que representem os interesses da classe trabalhadora em geral. O estabelecimento de leis de Direito ao Trabalho e o enfraquecimento dos sindicatos foram algumas das razões pouco discutidas pelas quais a população de tantos estados onde Barack Obama venceu em 2008, como Indiana, Michigan e Wisconsin, mudou o voto para Trump e os republicanos em 2016, e por que essas pessoas podem apoiá-lo ou a outro republicano novamente em 2024.

O desequilíbrio que se desenvolveu na economia e na política devido ao enfraquecimento dos sindicatos teve impacto extremamente negativo sobre a classe trabalhadora americana. E esse processo destrutivo não mudará até que fiquemos muito mais agressivos ao enfrentar as empresas e os políticos que tornaram a organização sindical nos Estados Unidos tão difícil.

NOS ESTADOS UNIDOS, NÃO SE DISCUTE A REALIDADE DA LUTA DE CLASSES

Há uma guerra de classes acontecendo nos Estados Unidos que nunca é discutida em nossa mídia e raramente mencionada nas campanhas políticas. Isso é bom para os patrões. Quanto menos discussão sobre conflito de classes, melhor para eles.

Os CEOS não fazem muito barulho sobre seu papel na luta de classes. Raramente são tão diretos quanto Gordon Gekko, o personagem semelhante a Trump no filme *Wall Street*, que livremente descrevia sua postura agressiva no capitalismo como "guerra de trincheiras" e declarava que "a ganância, por falta de uma palavra melhor, é boa. A ganância está certa, a ganância funciona". Mas, não tenha dúvidas, os CEOS de hoje seguem o manual de Gordon Gekko. Estão envolvidos naquela guerra de trincheiras e lutam com ferocidade. No entanto, uma vez que a mídia e as elites políticas evitam mencionar a luta de classes — assim como em geral evitam usar o termo "classe trabalhadora" —, os conflitos de interesse entre os proprietários e os trabalhadores são obscurecidos.

Nos últimos quarenta anos, a classe dominante nos Estados Unidos entrou em guerra contra a organização de trabalhadores e, como parte dessa guerra, eviscerou todo o conceito de classe e consciência de classe no país. Nos Estados Unidos de hoje, temos mais desigualdade de renda e riqueza do que em qualquer outro momento da história moderna, e houve uma redistribuição imensa de riqueza na direção errada. É alguma surpresa, portanto, que os donos da nação se recusem até mesmo a reconhecer — e muito menos a discutir com sinceridade — a rígida estrutura de classes que molda nossa sociedade? A realidade do conflito de classes não só foi removida do discurso público na mídia e no mundo político, como a classe dominante também teve grande sucesso em eliminar a classe trabalhadora de nossa história. E do nosso presente.

Consideramos "normal", por exemplo, que a mídia e as grandes empresas nos estimulem a nos identificar com o New England Patriots, o Chicago Bulls ou o Los Angeles Dodgers. Milhões torcem fervorosamente por "seus" times — times que geralmente pertencem a bilionários que se mudariam para outra cidade no dia seguinte se pudessem ganhar alguns dólares a mais. No entanto, não somos encorajados a torcer por nossa classe — nossos irmãos e nossas irmãs que passam pelo mesmo aperto econômico que nós e compartilham esperanças e sonhos por um futuro melhor. Dezenas de milhões de americanos sabem o nome de grandes atletas nacionais — pessoas que aparecem na TV todos os dias. Eu ficaria surpreso se pelo menos 1% da população soubesse o nome da atual presidente da AFL-CIO — Liz Shuler —, embora ela seja a líder de uma organização com 12 milhões de membros.

Essa negação da consciência de classe permeia todos os aspectos da sociedade. Apesar dos melhores esforços de historiadores como Howard Zinn, as aulas de história nas escolas ainda tendem a contar o percurso histórico dos Estados Unidos com pouquíssima menção aos trabalhadores ou a seus sindicatos. Os jornais têm seções sobre negócios, e na TV há canais sobre negócios. Onde estão as seções destinadas aos trabalhadores? Os canais que se concentram nos trabalhadores? Houve um tempo em que a maioria dos jornais tinha uma "ronda trabalhista" e cobria as lutas da classe trabalhadora. Hoje não mais. Embora os salários reais no país estejam estagnados há cinquenta anos, a mídia evita meticulosamente discussões sérias sobre a condição dos trabalhadores — e o trabalho dos sindicatos para melhorar essa condição, dando aos trabalhadores um lugar à mesa.

Se você deseja manter o status quo e a estrutura de poder existente, só não fale sobre as crises enfrentadas pela classe trabalhadora, a desigualdade econômica atual ou como a vida dos trabalhadores poderia ser melhorada se ingressassem em sindicatos e se organizassem no local de trabalho. A realidade de que milhões de americanos trabalham por salários de fome, que a classe média continua encolhendo e que um grande número de pessoas odeia seu emprego não é "novidade" para redes empresariais como CBS, NBC, ABC, CNN, MSNBC e, é claro, a Fox News, de Rupert Murdoch.

A HISTÓRIA NÃO CONTADA DO TRABALHO

Certamente não sou o primeiro a ressaltar que, se quisermos entender onde estamos hoje, precisamos ter um senso de história. E isso inclui a história do movimento trabalhista americano.

O Sindicato Unificado dos Trabalhadores em Eletricidade, Rádio e Maquinário da América (UE), uma das organizações sindicais progressistas mais destacadas do país — e, devo acrescentar, o primeiro sindicato internacional a endossar minha campanha presidencial de 2020 —, produziu um livro intitulado *A história não contada do trabalho*. Nessa obra, os sindicalistas mostram corretamente que, "fundamentalmente, a história do trabalho é a história do povo americano".

No entanto, a maioria dos cidadãos não sabe muito sobre essa história. Não conhecem os heroicos trabalhadores que enfrentaram capangas das empresas e, às vezes, foram presos e mortos enquanto lutavam por salários e condições de trabalho decentes. Não sabem que houve um tempo em que crianças eram forçadas a trabalhar em fábricas e fazendas, e que os sindicatos foram a força motriz para eliminar o trabalho infantil. Não sabem que a semana de trabalho de quarenta horas e os 50% de acréscimo pago a cada hora normal para compor as horas extras não foram presentes dos patrões, mas vitórias duramente conquistadas do movimento sindical. Não sabem que o movimento sindical lutou e teve sucesso na redução dos acidentes de trabalho, obrigando os empregadores a eliminar as ameaças físicas e ambientais nas empresas de todo o país; ou que, graças a seus milhões de membros, forneceu a força política que criou a seguridade social, o Medicare, o Medicaid, o salário mínimo e uma série de outras leis progressistas. Não sabem que os sindicatos progressistas, como o United Auto Workers e o Retail, Wholesale and Department Store Union, eram parte integrante do movimento dos direitos civis e da luta pela justiça racial — e que o principal articulador da Marcha sobre Washington por Empregos e Liberdade de 1963, o homem que convidou o dr. King para fazer o discurso "Eu tenho um sonho", foi o líder trabalhista A. Philip Randolph, da Irmandade dos Carregadores de Vagões-Leitos. Não sabem que o próprio dr. King era um forte aliado do movimento sindical e que foi assassinado em Memphis, Tennessee, quando apoiava o esforço da Federação Americana de Funcionários Estaduais, de Condados e

Municipais para garantir melhores condições de trabalho aos trabalhadores do saneamento.

Essa ignorância da história da classe trabalhadora não é acidental, e sim projetada para enfraquecer o povo, para fazê-lo acreditar que não há alternativa ao status quo e ao capitalismo irrestrito. É projetada para fazê-lo se sentir impotente.

POR QUE A UNIÃO NOS FORTALECE

Não deveria ser assim. Os trabalhadores não deveriam ter que passar por obstáculos legais e atravessar campos de burocracia apenas para opinar em seus locais de trabalho. Não deveriam se preocupar em perder o emprego porque são a favor do movimento sindical, ou serem forçados a participar de reuniões de propaganda contra a sindicalização. Não deveriam ter que lidar com ameaças de que sua empresa fecharia ou se mudaria para a China se o sindicato vingasse.

Não é assim nos grandes países comparáveis aos Estados Unidos. Na maior parte da Europa, no Canadá, na Austrália, no Japão e em outros lugares, as barreiras à organização da classe trabalhadora são menores e os níveis de sindicalização são muito maiores. É mais fácil negociar contratos que melhorem salários, benefícios e condições de trabalho. Os trabalhadores também têm o poder de influenciar a política do governo de uma forma que não existe no país. Uma das manifestações de um sindicato fraco é que estamos muito atrás de outras nações em relação a programas nacionais de saúde, educação superior gratuita ou barata, assistência infantil de qualidade e acessível, programas de aposentadoria robustos, férias e licença médica e familiar remuneradas. Simplificando, quando os sindicatos são fortes, os governos respondem às necessidades dos trabalhadores e a vida da classe trabalhadora melhora substancialmente.

Alguns dos países mais sindicalizados do mundo estão na Escandinávia — Dinamarca, Suécia, Noruega, Finlândia e Islândia. Não surpreende que esses lugares também tenham o padrão de vida mais alto do mundo e experimentem muito menos desigualdade de renda e riqueza do que nações supercapitalistas como os Estados Unidos.

Na Dinamarca, onde 67% dos trabalhadores são sindicalizados, os funcionários do McDonald's ganham mais de vinte dólares por hora e, se tiverem mais de vinte anos, a empresa começa a lhes pagar um fundo de pensão. Como todos os outros trabalhadores na Dinamarca, desfrutam de seis semanas de férias anuais remuneradas — e, claro, estão resguardados pelo plano nacional de saúde robusto e de alta qualidade do país.

A Dinamarca não tem um salário mínimo definido; mas tem sindicatos fortes o suficiente para garantir que os trabalhadores, mesmo em indústrias que nos Estados Unidos pagam salários baixos, sejam remunerados de forma muito mais generosa do que os americanos. E qual é o custo para os clientes? Uma pesquisa da revista *Economist* descobriu que um Big Mac na Dinamarca custava 76 centavos *a menos* do que o mesmo hambúrguer nos Estados Unidos.

Sabemos que "felicidade" é um estado de espírito não facilmente quantificado. Mas há projetos de pesquisa, como o Relatório Mundial da Felicidade, patrocinado pelas Nações Unidas, que tentam fazer exatamente isso todos os anos. E eis o que foi concluído em 2021: o país mais feliz do mundo era a Finlândia, seguido por Dinamarca, Suíça, Islândia, Holanda, Noruega e Suécia. De fato, ano após ano, as nações escandinavas ocupam o topo da lista de 146 países. Os Estados Unidos ficaram em 19º lugar em 2021.

É óbvio que um salário mais alto nem sempre é sinônimo de

felicidade. Nem a garantia de assistência médica de qualidade, ensino superior gratuito, seis semanas de férias remuneradas e licença médica e familiar paga. Mas ajuda. Esses benefícios, disponíveis para todos, reduzem substancialmente os níveis de estresse e ansiedade econômica que afetam a vida de tantas pessoas.

Podemos ter certeza de que há pelo menos alguns funcionários infelizes do McDonald's em Copenhague. No entanto, se os trabalhadores dinamarqueses estão infelizes, têm muito mais poder para melhorar sua vida — graças a sindicatos fortes e a um governo e setor privado que respeitam o papel da organização dos trabalhadores.

O resultado é que, quando existe um movimento sindical forte, tem-se um padrão de vida mais alto para os trabalhadores e menos desigualdade de renda e riqueza. Quando existe um movimento sindical fraco, como é o caso atual nos Estados Unidos, milhões de trabalhadores vivem com renda, assistência médica, oportunidades educacionais e pensões inadequadas. E, por sua fragilidade política, são impotentes para mudar essa realidade.

QUANDO FORTALECEMOS OS SINDICATOS, FORTALECEMOS O PAÍS

Quando essa conexão fica clara, o curso de ação necessário também fica. Não precisamos reinventar a roda. Só temos que lembrar o que FDR fez durante a Grande Depressão, no momento em que ele e democratas como o senador de Nova York Robert Wagner conseguiram aprovar uma legislação que derrubou as mais flagrantes barreiras à organização sindical. Em 1932, ano em que Roosevelt foi eleito, o número de trabalhadores sindicalizados era de cerca de 2,8 milhões. Ao final de sua presidência, somavam mais de 12 milhões, e essa quantia estava aumentando.

Os esforços de FDR para pôr o governo do lado dos trabalhadores foram eficazes, não só para os sindicatos e seus membros, mas para o país como um todo. A produtividade cresceu e a prosperidade também. Isso pode voltar a funcionar.

Durante a campanha de 2020, desenvolvi um plano para fortalecer os sindicatos e aumentar a filiação sindical. Declarei:

O declínio da sindicalização alimentou o aumento da desigualdade. Hoje, os lucros empresariais estão no nível mais alto de todos os tempos, enquanto os salários como porcentagem da economia estão próximos do nível mais baixo do que nunca. A classe média está desaparecendo, e o fosso entre os muito ricos e todos os outros aumenta cada vez mais. Há muitas razões para a crescente desigualdade na economia, mas uma das razões mais significativas para o desaparecimento da classe média é que os direitos dos trabalhadores de se unir e negociar por melhores salários, benefícios e condições de trabalho foram severamente prejudicados.

Para enfrentar essa realidade, fiz as seguintes propostas:

- Dupla filiação sindical em quatro anos, permitindo que o Conselho Nacional de Relações Trabalhistas (NLRB) certifique um sindicato se ele receber o consentimento da maioria dos trabalhadores elegíveis; revogar as seções restritivas da lei antissindical Taft-Hartley; e evitar que as empresas burlem as regras ao classificar os funcionários como contratados sem vínculo empregatício.
- Estabelecer proteções federais contra a demissão de trabalhadores por qualquer motivo que não seja "justa causa", uma mudança que tornaria mais difícil intimidar os trabalhadores que estão engajados na organização sindical e na negociação de contratos.

- Promulgar disposições de "primeiro contrato" para garantir que as empresas negociem um primeiro contrato em um período de tempo razoável.

- Negar contratos federais a empresas que pagam salários miseráveis, terceirizam empregos no exterior, envolvem-se em repressão a sindicatos, negam bons benefícios e pagam pacotes de remuneração exorbitantes a CEOS.

- Eliminar as leis de Direito ao Trabalho (Por Menos) e garantir o direito de sindicalização aos trabalhadores historicamente excluídos das proteções trabalhistas, inclusive os rurais e os domésticos.

Entendo que pode ser difícil para muitos americanos imaginar um futuro em que os empregados não estejam mais à mercê dos patrões. Os trabalhadores e seus sindicatos têm sido atacados, derrotados e demitidos com tanta frequência que a tarefa de garantir um tratamento justo para a classe trabalhadora parece desanimadora. Não vejo dessa forma. Acredito que os cidadãos da classe trabalhadora estão mais engajados, energizados e preparados para buscar a justiça econômica do que em qualquer outro momento da minha vida.

Essa busca será desafiadora, mas estou convencido de que o futuro da classe trabalhadora contém todas as possibilidades que Eugene Victor Debs previu no alvorecer do século XX:

Dez mil vezes o movimento trabalhista tropeçou, caiu, se machucou e se levantou novamente; foi agarrado pelo pescoço e sufocado e espancado até perder a consciência; restringido pela justiça, agredido por capangas, atacado pela milícia, morto a tiros por clientes, caluniado pela imprensa, malvisto pela opinião pública, enganado por políticos, ameaçado por padres, repudiado por re-

negados, espoliado por vigaristas, infestado por espiões, abando-
nado por covardes, traído por traidores, sangrado por sanguessu-
gas e vendido por líderes. Mas, apesar de tudo isso, e de todos
esses, é hoje o poder mais vital e potencial que este planeta já co-
nheceu, e sua missão histórica de emancipar os trabalhadores do
mundo da servidão das eras é tão certa de sua realização final
quanto é o pôr do sol.

4. A luta por nosso futuro econômico

Os trabalhadores, e não os CEOs, devem determinar o futuro do trabalho nos Estados Unidos

A classe dominante sempre sai na frente porque está em posição de determinar o futuro antes que a maioria dos americanos saiba o que está em jogo. Os mais ricos e poderosos empregam equipes de analistas e conselheiros para ajudá-los a acompanhar todas as tendências econômicas e sociais e, depois, quando veem para onde as coisas estão indo, começam a investir "no que vem a seguir" — ou a comprar pequenas empresas inovadoras que fizeram descobertas. Além disso, seus lobistas trabalham para garantir que, assim que as políticas e regulamentações forem escritas, o Congresso e as legislaturas estaduais concordem com aquelas que consolidam suas vantagens. No momento em que o cidadão médio percebe, as regras já foram manipuladas para que os ricos enriqueçam mais e todos os outros fiquem para trás.

A classe dominante sempre vence. A classe trabalhadora sempre perde.

Precisamos virar o jogo.

Os trabalhadores devem começar a travar as lutas do futuro agora, antes que elas se resolvam contra nós. A meu ver, a mais importante será pelo controle do progresso tecnológico que está transformando a nossa vida. Precisamos garantir que a revolução tecnológica funcione para os trabalhadores, e não apenas para o 1% mais rico.

EVITAR A PRÓXIMA CORRIDA PARA O ABISMO

Na última parte do século XX, o grande desafio que os trabalhadores americanos encararam dizia respeito a políticas comerciais que levavam as empresas a transferir empregos de um lugar para outro, numa busca incansável por mão de obra barata, sindicatos fracos e regulamentação ambiental frouxa.

No início, os empregos foram transferidos dos estados do Norte muito industrializados, onde o movimento sindical era forte, para os estados do Sul, onde as leis de Direito ao Trabalho enfraqueciam os sindicatos. Então veio a década de 1990, quando o presidente democrata Bill Clinton se juntou aos republicanos para aprovar acordos de livre-comércio que recompensavam empresas multinacionais por terceirizar empregos nacionais. Assim que a maioria dos americanos entendeu o que se passava, dezenas de milhares de fábricas já haviam sido desmontadas nos Estados Unidos e enviadas para o México, a China e o Vietnã. Milhões de empregos existentes e futuros se perderam, e as comunidades foram devastadas. A desindustrialização tomou conta, e a classe trabalhadora do país sofreu um golpe brutal.

Quando eu estava em campanha para a presidência, ouvi centenas de histórias de trabalhadores em Indianápolis, Toledo e Flint sobre vidas que foram dilaceradas com o fechamento das fábricas e sobre os outrora grandes centros de manufatura que foram desestabilizados por um abraço irrefletido da globalização patrocinada pelas grandes empresas que tratava os trabalhadores como peças descartáveis das engrenagens do capitalismo.

Sejamos claros: ainda precisamos reformar nossas políticas comerciais e mudar para o comércio justo em oposição ao "livre-comércio". Mas, no século XXI, os trabalhadores nos Estados Unidos não competem apenas com trabalhadores no México ou na China pelas sobras que as empresas estão dispostas a lhes jogar. Competem com as próprias máquinas. Em meados de 2020, a *Forbes* informou que "o Fórum Econômico Mundial (FEM) concluiu em relatório recente que 'uma nova geração de máquinas inteligentes, alimentada por rápidos avanços em inteligência artificial (IA) e robótica, poderia potencialmente substituir uma grande proporção de empregos humanos'. A robótica e a IA causarão uma 'ruptura dupla' grave, pois a pandemia de coronavírus levou as empresas a acelerar a implantação de novas tecnologias para reduzir custos, aumentar a produtividade e depender menos de pessoas reais". Antes da pandemia, a mesma revista publicou um relatório que dizia que a automação poderia eliminar até 73 milhões de empregos nos Estados Unidos até 2030. Claro, novos empregos serão criados em alguns setores, mas a trajetória é em direção a um futuro em que tudo em nossa vida profissional será fundamentalmente alterado. E num sistema supercapitalista onde sempre há vencedores e perdedores, essas mudanças sem dúvida subverterão a vida de dezenas de milhões de trabalhadores.

Trata-se de uma perspectiva chocante e desorientadora. Tão chocante que muitos políticos, jornalistas e até mesmo alguns defensores dos trabalhadores optam por ignorar uma revolta iminente de proporções monumentais. Mas nem todos estão evitando o problema. As multinacionais que investem bilhões em novas tecnologias que vão substituir funcionários e moldar o futuro de uma nova economia estão bastante atentas. Seu único interesse é aumentar lucros, e estão dedicadas a aproveitar todas as vantagens o mais rápido possível.

A classe trabalhadora não pode se dar ao luxo de ignorar. As mudanças vindouras impactarão todos os aspectos da sociedade. É fácil sentir-se esmagado. Mas temos o poder de moldar um destino em que as preocupações dos trabalhadores estejam no centro da tomada de decisões sobre o futuro do trabalho.

O CONGRESSO NÃO CONSEGUE
DEFINIR O FUTURO DO TRABALHO

As mudanças em andamento vão abalar a maneira e onde as pessoas trabalham, que tipo de trabalho farão e quanto recebem por isso. No entanto, quase não há discussão no Congresso sobre política industrial ou sobre como o governo deve relacionar-se com o setor privado em termos de proteção dos trabalhadores — e contribuintes — americanos numa economia em rápida transformação.

Eis um exemplo de como a reação federal foi fraca: em meados de 2022, o Congresso aprovou a Lei dos Chips e da Ciência, que significou um enorme presente para a extremamente lucrativa indústria de microchips. O argumento para essa legislação era que o futuro de nossa economia dependia da produção de microchips nos Estados Unidos e que precisávamos agir porque estávamos ficando atrás da China e de outros países.

Em discurso no plenário do Senado, reconheci que "não há dúvida de que a escassez de microchips e semicondutores é uma ameaça terrível para nossa nação. Essa situação custa empregos bem remunerados aos trabalhadores americanos e aumenta os preços para as famílias. Torna mais difícil para as empresas fabricar carros, celulares e equipamentos médicos que salvam vidas.

E também põe a segurança nacional em risco". Praticamente todos concordaram nesse ponto. Mas depois acrescentei a informação que meus colegas não queriam ouvir: "A indústria de microchips ajudou a causar esta crise, ao longo dos últimos vinte anos, ao fechar 780 fábricas aqui e eliminar 150 mil empregos bem remunerados. A questão diante de nós agora é se essas empresas tão lucrativas trabalharão com o governo americano a fim de encontrar uma solução para reconstruir a indústria de microchips dos Estados Unidos, o que é justo para os contribuintes do país, ou se vão continuar a exigir um suborno de 53 bilhões de dólares para se manter em nosso território". Com isenções fiscais adicionais, esses 53 bilhões se tornaram um bônus de 76 bilhões de dólares.

Eu queria começar a estabelecer políticas que beneficiassem trabalhadores e contribuintes — não apenas investidores corporativos e CEOs. Meus colegas queriam aprovar um projeto de lei e voltar para casa no fim de semana. Então foi isso que fizeram, com muitos deles dando tapinhas nas costas por finalmente "investir no futuro".

À medida que a mudança tecnológica atinge um ritmo cada vez maior, esse tipo de negligência do Congresso não pode continuar. Não se pode permitir que o poder e a influência das grandes empresas dominem a ação do governo em questões tão importantes como essa.

O desafio para o Congresso é desenvolver uma política industrial que melhore nossa economia, proteja os contribuintes e beneficie os trabalhadores americanos. Isso requer muito mais do que apenas dar um cheque de 76 bilhões de dólares para interesses corporativos poderosos e bem relacionados.

Não se trata só do Congresso, mas também da mídia e até de alguns defensores dos trabalhadores.

Na maioria das vezes, apenas deixamos uma revolução em nossa vida profissional acontecer, sem considerar as implicações, sem perguntar o que podemos fazer para tornar essa mudança benéfica em vez de destrutiva. Nosso descaso está enganando a classe trabalhadora e apontando o país para um futuro "igual ao que sempre foi", em que o progresso é canalizado para enriquecer mais os ricos, espremer a classe média e deixar os pobres em circunstâncias ainda mais desesperadoras.

AS MÁQUINAS DEVEM SERVIR AS PESSOAS, NÃO O CONTRÁRIO

Lembro-me de que, quando eu estava na Universidade de Chicago, no início dos anos 1960, havia muita discussão sobre o que aconteceria quando as pessoas trabalhassem apenas vinte horas semanais, porque as máquinas realizariam grande parte do trabalho antes feito pelos humanos ao longo da história. Compreendemos então que as máquinas não eram inerentemente más. Como poderiam ser? Se podem ser usadas para fazer trabalhos perigosos, sujos, penosos, isso é algo ruim? Não acho.

Infelizmente, o sonho de uma sociedade em que as máquinas assumissem os trabalhos mais desagradáveis e pouco recompensadores, liberando as pessoas para trabalhar menos e ter uma vida mais plena, não se realizou.

Como isso aconteceu? Quem supôs que os principais beneficiários dos avanços tecnológicos seriam os donos dessa tecnologia — e que o restante de nós teria que sofrer as consequências de suas decisões?

Nos últimos sessenta anos, vimos muita automação, e isso é apenas a ponta do iceberg. A automação e inteligência artificial impactarão todos os aspectos da sociedade e todas as formas de trabalho no país e no mundo. No entanto, apesar de todas as promessas de que isso será para o bem, a trajetória atual não é animadora.

A automação substituiu alguns dos trabalhos mais perigosos

e enfadonhos. Mas não necessariamente melhorou a vida dos trabalhadores. Em muitos casos, acelerou o trabalho de tal modo que os humanos precisam acompanhar as máquinas. No que está sendo chamado de "a nova era das máquinas", os americanos trabalham mais horas do que os cidadãos dos principais países: 52 horas, sessenta horas por semana, até mais do que isso. Uma quantidade de tempo inacreditável. Muitos funcionários levam o computador da empresa para casa a fim de que possam responder às solicitações do chefe a qualquer hora do dia e da noite. A promessa de que a nova tecnologia tornaria a vida profissional mais fácil para a grande maioria das pessoas simplesmente não se concretizou.

Esse é sem dúvida o caso da Amazon, onde os funcionários são constantemente pressionados a trabalhar cada vez mais rápido em armazéns automatizados. Em 2021, quando os trabalhadores do Alabama se organizavam, uma das maiores reclamações era que eles estavam sob tanta pressão para similhar as máquinas que não tinham tempo suficiente para ir ao banheiro. Mas não são apenas os trabalhadores de lá. Em todos os Estados Unidos e no mundo inteiro, o ritmo de trabalho está acelerado. Em muitos casos, os trabalhadores são informados de que devem acompanhar as máquinas, que nunca param. Em outros, as máquinas simplesmente os substituirão.

Se você trabalha no caixa de um supermercado, seu trabalho será provavelmente substituído por um scanner.

Se você é motorista de ônibus, taxista, motorista de Uber ou de caminhão, seu emprego pode desaparecer à medida que avançamos para a era dos veículos autônomos.

Se você é um operário de fábrica, encara a perspectiva de ser substituído por um robô.

Se você é uma enfermeira, pode se ver monitorando vastas enfermarias de pacientes conectados a máquinas que substituem o toque humano por algoritmos médicos.

Todo tipo de trabalho será afetado. Seja você um trabalhador braçal numa oficina ou o contador dessa oficina, seu emprego está por um fio.

Projetos arquitetônicos já estão sendo feitos por máquinas, trabalhos jurídicos estão on-line e há até boatos sobre softwares que substituem jornalistas. Em vez de frequentar faculdades tradicionais, os estudantes usam aplicativos para encontrar instrutores que os ajudem a obter "certificados" que servirão ao propósito antes atendido pelos diplomas.

E tudo isso é só o começo.

Quantos empregos serão perdidos em consequência dessa revolução tecnológica? As estimativas estão por toda parte. Enquanto há quem espere que todo trabalho perdido pela automatização será substituído por algum novo emprego, ao mesmo tempo existem previsões de que números astronômicos de empregos, indústrias inteiras, simplesmente desaparecerão. O Global McKinsey Institute prevê que até 2055 cerca de metade de todo o trabalho feito por pessoas pode ser automatizado. Kiran Garimella, cientista e autor do livro *AI + Blockchain: A Brief Guide for Game Changers* [IA + Blockchain: um breve guia para mudar o jogo], delineia a sabedoria predominante com um par de perguntas e respostas instrutivas:

P: *A automação, especificamente a automação impulsionada por IA, eliminará empregos?*
R: *Sim. Muitos deles e das formas mais inesperadas e em um ritmo inesperado.*

P: *Os empregos perdidos serão substituídos por outros, assim como aconteceu até agora ao longo da história?*
R: *Apenas de forma limitada; haverá uma enorme perda lí-*

quida de empregos. Sei que muitos cientistas e formadores de opinião por quem tenho grande respeito preveem um enorme aumento de cargos relacionados à IA para compensar mais ou menos as perdas. Acho que dessa vez eles estão errados. Quando os empregos foram perdidos para a mecanização, surgiram empregos intelectuais. O que acontecerá quando os empregos intelectuais se tornarem desnecessários ou antieconômicos?

Devemos dar atenção ao conselho negligenciado do governo Obama de 2016, quando seu relatório final sobre automação declarou: "Acelerar os recursos de inteligência artificial permitirá a automação de algumas tarefas que há muito exigem trabalho humano. Essas transformações abrirão novas oportunidades para os indivíduos, a economia e a sociedade, mas têm o potencial de interromper o atual meio de vida de milhões de americanos. Se a IA levará ou não ao desemprego e ao aumento da desigualdade no longo prazo, *isso depende não só da tecnologia em si, mas também das instituições e políticas existentes*".

UM FUTURO DA, POR E PARA A CLASSE TRABALHADORA

É preciso haver um senso de urgência em mensagens progressistas sobre os desafios e as oportunidades que estão a nossa frente. A parlamentar britânica Yvette Cooper, deputada do Partido Trabalhista e ex-secretária de Estado do Trabalho e Pensões, definiu bem isso num artigo de opinião para *The Guardian* no fim de 2018:

Os robôs estão chegando, a inteligência artificial está se expandindo, mas ninguém tem feito o suficiente para garantir que os trabalhadores se beneficiem em vez de perder. De acordo com uma nova pesquisa, um quarto da força de trabalho acha que sua profissão não será necessária no futuro. Muitos de nós esperam que a revolução tecnológica seja tão disruptiva quanto a Revolução Industrial. Isso poderia trazer oportunidades incríveis e emancipação, mas também novas formas de exploração, desigualdades mais profundas, injustiças e ódio. Os sindicatos e as comunidades não podem simplesmente ficar parados e esperar pelo melhor. Se quisermos que a mudança tecnológica beneficie a todos em vez de aumentar a desigualdade, precisaremos começar a nos preparar agora. Demorou décadas para que a nova legislação, o crescimento dos sindicatos e o surgimento do Estado de bem-estar social resolvessem algumas das injustiças da Revolução Industrial e começassem a distribuir os benefícios para todos. Não podemos nos dar ao luxo de esperar tanto tempo dessa vez.

A circunstância britânica é diferente da americana em muitos aspectos. Mas o senso de urgência deve ser o mesmo. Nos Estados Unidos, onde está sediada grande parte das big techs, e onde tantas das patologias que dela decorrem se fazem sentir mais profundamente, temos o poder de moldar um futuro que coloque os benefícios do progresso social, político e tecnológico a favor da classe trabalhadora. O desafio agora é tomar esse poder. Eis os passos que proponho:

1. Começar a planejar nosso futuro

É desnecessário dizer que, se quisermos abordar com eficácia as mudanças abrangentes e de enormes consequências que a transformação tecnológica trará, precisamos começar imediatamente a planejar o futuro.

Infelizmente, como observou com sabedoria o deputado Ro Khanna, um democrata da Califórnia que codirigiu minha campanha de 2020, os Estados Unidos tendem a evitar o tipo de planejamento que nos prepararia para essas transformações. Nos países europeus, há um amplo entendimento — de esquerda e direita — de que é vital usar dados e previsões a fim de se preparar para mudanças econômicas que vão desde o progresso tecnológico, mudanças climáticas, padrões de migração até demandas sociais. Países como a Alemanha mantêm políticas industriais cuidadosamente planejadas que lhes permitem se preparar para o futuro. Os Estados Unidos não fizeram isso no passado.

Mas não podemos nos dar ao luxo de ser tão negligentes no futuro.

O ritmo e a direção da mudança tecnológica não podem ser deixados a cargo do mercado se houver esperança de uma distribuição justa dos benefícios dessa transformação. Isso não significa que o Estado deva gerenciar todos os aspectos dela. Mas deve estar aberta e agressivamente engajado na determinação dos rumos dessa mudança, visando apoiar projetos de pesquisa, investimentos e políticas que assegurem uma distribuição equitativa dos benefícios.

A fim de evitar duplicações e guerras territoriais, devemos criar uma nova agência em nível de gabinete que se concentre deliberadamente no futuro do trabalho, e no futuro dos trabalhadores e de suas famílias, numa economia em transformação. Os desafios são gigantescos e o tempo é curto demais para permitir que erros burocráticos atrapalhem o planejamento e a implementação adequados das políticas públicas.

Compartilho a opinião de Annette Bernhardt, diretora do Programa de Empregos de Baixo Pagamento do Centro de Pesquisa de Trabalho e Educação da Universidade da Califórnia em Berkeley, que argumenta que "nossa tarefa coletiva é desenvolver uma estrutura de política pública transparente para avaliar o impacto das tecnologias, mitigando efeitos negativos e priorizando a inovação que de fato contribui para o bem-estar social. De particular importância será incluir os interesses dos trabalhadores e de suas comunidades — sobretudo comunidades de baixa renda e de pessoas de cor — no desenvolvimento dessa estrutura. A resposta das políticas públicas às novas tecnologias não precisa ser contra a inovação; automação e deslocamento não são o único caminho, e nosso objetivo deve ser alavancar a tecnologia para construir uma economia que funcione para todos".

2. Acabar com os trustes!

A fim de garantir que a saúde e a segurança públicas e a proteção ao consumidor e ao meio ambiente não sejam apenas mantidas, mas adaptadas a uma nova economia, e que os trabalhadores sejam protegidos nela, temos que intensificar a regulamentação antitruste e a ação penal. O professor de direito Zephyr Teachout, especialista em monopólios empresariais e autor do livro *Break 'Em Up*, disse ao Subcomitê de Direito Administrativo, Comercial e Antitruste do Comitê Judiciário da Câmara em 2020 que "Amazon, Google e Facebook desempenham um papel extremamente descomunal nas funções públicas básicas de nossa sociedade e tornaram-se chefes não eleitos, irresponsáveis e egoístas de uma economia planejada — planejada por eles".

O poder sobre o futuro da economia não deve ser cedido a um punhado de gigantes da tecnologia. Teachout adverte que "o mercado de big data altamente concentrado e os abusos das big techs possibilitados por suas posições dominantes representam uma grande ameaça à democracia". E essa concentração só aumentará à medida que a automação orientada por IA remodelar as formas como trabalhamos e comercializamos bens e serviços.

Facebook, Google e Uber são vistos com frequência como alvos potenciais de ação antitruste devido ao impacto disruptivo de suas empresas na política, nas comunicações e no transporte. Contudo, há um argumento mais profundo e fundamental a ser apresentado sobre a necessidade de estabelecer padrões não apenas em relação a essas organizações, mas também aos conglomerados empresariais que ainda não surgiram, numa época em que bilionários como Elon Musk compram empresas como o Twitter. As companhias que definem o modo como utilizamos plataformas digitais, robôs e inteligência artificial podem ser empresas de tecnologia ou manufatura já existentes, ou evoluir a partir delas; podem, em casos raros, surgir por conta própria. Mas as empresas que lucram com os avanços da inteligência artificial poderiam crescer exponencialmente mais rápido do que as tradicionais e obter rapidamente mais poder exponencial do que os gigantes dominadores do mercado com os quais os americanos já estão, com razão, preocupados. É por isso que acredito que os futuros presidentes e congressistas devem estar preparados para governar como destruidores de monopólios e reguladores do interesse público.

3. Tributar os robôs

Se os trabalhadores forem substituídos por robôs, como será o caso em muitos setores, precisaremos adaptar as políticas fiscais e regulatórias para garantir que a mudança não se torne simplesmente uma desculpa para a exploração desenfreada por corporações multinacionais.

Bill Gates, da Microsoft — não é alguém com quem eu normalmente concorde —, propõe que os governos imponham um imposto sobre o uso de robôs pelas empresas. "Um profissional humano que ganha 50 mil dólares trabalhando numa fábrica tem a renda tributada", diz Gates. "Se um robô chega para fazer o mesmo, é natural pensar num nível semelhante de taxação." Gates argumenta que as receitas do "imposto do robô" poderiam ser usadas para pagar o retreinamento de pessoas cujos empregos são eliminados ou reduzidos devido à automação. O retreinamento, Gates acrescenta, poderia se concentrar em preparar as pessoas para trabalhar em empregos "onde a empatia e compreensão humanas ainda são muito singulares" — como "[cuidar de] idosos, ter turmas escolares menores, ajudar crianças com deficiência".

Uma variação dessa ideia foi proposta na Coreia do Sul, um dos países de automação mais rápida do mundo. No ano passado, o governo coreano criou um plano de reforma tributária que reduz os créditos fiscais para investimentos em tecnologia de automação.

Em San Francisco, a iniciativa Empregos do Futuro, da ex-supervisora Jane Kim, propôs um estudo sobre o que a *Bloomberg News* chamou de "a viabilidade de um imposto estadual sobre a folha de pagamento de empregadores em todo o estado da Califórnia que substituam um funcionário humano por um robô, algoritmo ou outra forma de automação". O plano de Kim imaginou um esquema em que esse tipo de empresa ainda seria obrigado a pagar uma parte dos impostos sobre a folha de pagamento a um fundo que cobriria os custos de retreinamento de trabalhadores demitidos, bem como investiria em indústrias emergentes que possam proporcionar emprego adicional — para seres humanos.

Em um artigo importante para a *Harvard Law & Policy Review*, publicado em março de 2021, Ryan Abbott e Bret Bogenschneider apresentaram um argumento ainda mais abrangente em relação à política tributária em automação. "O sistema tributário incentiva a automação mesmo nos casos em que não é eficiente", explicaram. "Isso ocorre porque a grande maioria das receitas fiscais deriva hoje da renda do trabalho, de modo que as empresas evitam impostos eliminando funcionários. Além disso, quando uma máquina substitui uma pessoa, o governo perde uma quantidade substancial de receita tributária — potencialmente centenas de bilhões de dólares por ano no total. Tudo isso é o resultado não intencional de um sistema projetado para tributar o trabalho em vez do capital. Esse sistema não funciona mais, uma vez que o trabalho é capital. Os robôs não são bons pagadores de impostos."

Abbott e Bogenschneider sugerem que as atuais políticas fiscais devam ser radicalmente reformadas. Segundo eles, "o sistema deve ser pelo menos 'neutro' entre robôs e trabalhadores humanos, e a automação não deve reduzir a receita tributária. Isso poderia ser alcançado por meio de algum acordo que proibisse deduções de impostos empresariais para trabalhadores automatizados, criando um 'imposto de automação' que espelhe esquemas de desemprego existentes, conceda preferências fiscais compensatórias para trabalhadores humanos, cubra um imposto empresarial de autoemprego e aumente a taxa de imposto sobre as empresas".

4. Tornar os empregos mais flexíveis

"Se os robôs estão de fato tomando nossos empregos, provavelmente não deveríamos todos estar trabalhando menos?", pergunta a revista de tecnologia *Gizmodo*. A resposta dos progressistas de todo o mundo é: "Sim".

O Congresso dos Sindicatos Britânicos (TUC) propôs que, em resposta às revoluções digital e de automação, o número de horas de trabalho durante a semana média deveria ser reduzido. "No século XIX, os sindicatos faziam campanha por uma jornada de oito horas. No século XX, ganhamos o direito a um fim de semana de dois dias e feriados remunerados", explicou Frances O'Grady, secretária-geral de saída do TUC, na conferência da federação de 2018. "Portanto, para o século XXI, vamos elevar nossa ambição novamente. Acredito que nesse século podemos conquistar uma semana de trabalho de quatro dias, com remuneração digna para todos. É hora de compartilhar a riqueza da nova tecnologia, não permitir que aqueles que estão no topo a agarrem para si mesmos."

O'Grady resumiu as coisas com uma observação: "Jeff Bezos é dono da Amazon, hoje uma empresa de trilhões de dólares. Ele acumula bilhões enquanto seus funcionários colapsam de exaustão no trabalho".

John McDonnell, o veterano parlamentar do Partido Trabalhista do Reino Unido que foi chanceler sombra do ex-líder do partido Jeremy Corbyn, liderou uma campanha bem-sucedida para tornar uma semana de trabalho de quatro dias sem corte de salário parte da plataforma nacional do partido. "Com milhões dizendo que gostariam de trabalhar menos horas e milhões de outros sem emprego ou querendo mais horas", disse ele, "é essencial que consideremos como abordamos os problemas no mercado de trabalho, bem como nos preparemos para os futuros desafios da automação."

McDonnell endossou o relatório do *think tank* britânico Autonomy "A semana de trabalho mais curta: Uma proposta radical e pragmática", que propunha a transição até 2025 para quatro dias na semana de trabalho. "Devemos aceitar a automação como algo que aumenta a produtividade e reconhecer que isso é bom para a economia", disse Aidan Harper, editor do relatório e pesquisador da Fundação da Nova Economia, à *Gizmodo*. "Só que os rendimentos da automação deveriam ser compartilhados igualmente — na forma de uma redução do tempo de trabalho. As máquinas deveriam nos liberar do trabalho, não nos sujeitar a essa desigualdade cada vez maior."

Os sindicatos alemães foram ainda mais longe, fazendo greves bem-sucedidas por uma jornada de trabalho de 28 horas semanais. E várias indústrias adotaram a mudança. Como sugere a revista britânica *New Statesman*: "A esquerda está ressuscitando uma das críticas socialistas clássicas ao capitalismo: que ele torna os humanos não livres".

No entanto, não se trata de uma iniciativa somente socialista. A empresa neozelandesa Perpetual Guardian, que permitia que seus funcionários trabalhassem quatro dias por semana enquanto eram remunerados por cinco, descobriu que o experimento foi tão bem-sucedido que adotou a estratégia de modo permanente. Os trabalhadores relataram melhorias significativas no equilíbrio trabalho/vida pessoal e disseram aos pesquisadores que o dia extra de folga os tornava mais enérgicos e eficientes quando voltavam ao trabalho.

O mundo não está exatamente onde John Maynard Keynes imaginou em seu ensaio de 1930, "Possibilidades econômicas para nossos netos", que previa que o progresso econômico e tecnológico no início do século XXI levaria a uma jornada de trabalho de quinze horas semanais. Mas, se fizermos as escolhas e os investimentos certos, poderemos chegar ao ponto em que, como sugeriu Keynes, "pela primeira vez desde que o mundo é mundo, o homem se deparará com seu problema real e permanente — como usar sua liberdade das preocupações econômicas, como ocupar o lazer que a ciência e os juros compostos lhe terão conquistado, para viver sábia e agradavelmente bem".

5. Devemos garantir o Medicare for All, a educação universitária gratuita e a expansão da seguridade social

Os países europeus, que têm Estados de bem-estar social muito mais desenvolvidos do que os Estados Unidos, já estão fazendo planos para expandir e aprimorar programas que oferecem assistência à saúde, educação e pensões de tal modo que possam acompanhar a nova economia. Nos Estados Unidos, esse período de transição econômica também pode ser o momento para recuperar o atraso e, talvez, até ficar à frente do restante do mundo quando se trata de atender às necessidades básicas.

O Medicare for All, a educação universitária gratuita e a seguridade social ampliada, com outras garantias universais, são boas ideias em si mesmas, conforme explicado em outras seções deste livro. Mas elas são muito mais necessárias num período de transição da velha economia para uma nova.

Os melhores modelos para essa nova economia incluem sindicatos fortes e proteções bem definidas no local de trabalho. Mas a definição desse ambiente mudará radicalmente, tornando as garantias aos trabalhadores imprevisíveis à medida que a economia se transforma. A disponibilidade de assistência à saúde e educação — como direitos humanos — será essencial. Se as pessoas não tiverem acesso a elas, serão forçadas a trabalhar mais por menos. A desigualdade continuará a aumentar e os debates políticos vão se tornar mais desesperados.

Esse não precisa ser o nosso futuro. Ao adotar o Medicare for All, bem como os planos para expandir a seguridade social, podemos garantir que as pessoas da classe trabalhadora — muitas das quais trabalharão por conta própria ou na economia temporária — não sejam deixadas em apuros porque não têm um empregador estável que ofereça benefícios de saúde e um fundo de pensão. E numa era em que as pessoas precisarão de mais treinamento e experiência do que nunca, a educação universitária gratuita deverá ser algo óbvio.

DAR AOS TRABALHADORES CONTROLE
SOBRE O LOCAL DE TRABALHO

Se estamos falando de uma nova economia, não deveríamos tratar também de novas formas de empoderar os trabalhadores?

À medida que os empregos são refeitos pela digitalização, automação e avanços na tecnologia de IA, somos constantemente informados de que o local de trabalho será transformado. Mas há um aspecto do antigo ambiente de trabalho ao qual as empresas se apegam mesmo quando falam em abraçar a inovação: as estruturas que mantêm o controle nas mãos de proprietários bilionários e investidores de Wall Street em vez das pessoas que de fato fazem o trabalho.

Os sindicatos dão voz aos trabalhadores nas empresas e na sociedade. Mas não oferecem à maioria dos empregados em boa parte dos setores o nível de controle necessário para estabelecer uma verdadeira democracia no local de trabalho. Para que isso aconteça, os funcionários precisam ter a opção de possuir e operar coletivamente suas fábricas, seus depósitos, seus escritórios e suas lojas.

Na Alemanha e em outros países, os representantes sindicais não negociam apenas com grandes corporações. Participam dos conselhos diretores dessas empresas. Estão na sala onde as decisões são tomadas e, embora sejam minoria, têm acesso a informações e podem intervir nas deliberações sobre tudo, desde as condições de trabalho até decisões sobre o fechamento ou a manutenção das operações existentes. Em 2018, a senadora Tammy Baldwin, de Wisconsin, divulgou um relatório produzido por sua equipe que informava que:

- Empresas com representantes dos trabalhadores no conselho criaram 9% a mais de riqueza para os acionistas do que empresas comparáveis sem essa representação.
- As comunidades que sediam empresas com representação dos trabalhadores distribuem a renda de forma mais igualitária e oferecem aos cidadãos maiores oportunidades econômicas.

- A remuneração em países que exigem a representação dos trabalhadores em conselhos corporativos é 18% a 25% mais alta do que o salário nos Estados Unidos.

Ao argumentar que a ampliação da base dos que tomam decisões empresariais provavelmente "gerará mais prosperidade econômica compartilhada nos Estados Unidos", Baldwin apresentou a Lei de Recompensa do Trabalho, que tive o orgulho de copatrocinar. A legislação propunha a exigência de que um terço dos diretores de cada empresa pública fosse eleito por seus empregados. As pesquisas revelaram que o plano era popular entre democratas, independentes e republicanos de todas as regiões do país.

Em 2020, quando eu estava em campanha para a presidência, defendi a criação de um sistema como o da Alemanha, onde a lei exige que as empresas mantenham dois conselhos separados, um dos quais seria organizado de acordo com formas mais tradicionais e o outro representaria os interesses dos acionistas e trabalhadores. Em meados de 2019, durante uma discussão na prefeitura pelo aumento do salário mínimo para quinze dólares a hora, Tanya Herrell, uma funcionária do McDonald's de Gretna, Louisiana, me perguntou: "Como você usaria o poder de seu gabinete para ajudar a trazer trabalhadores à mesa para conversar com trabalhadores como eu?". Minha resposta foi que ela e seus colegas de trabalho precisavam de "um lugar à mesa". Expliquei o modelo alemão e disse: "Se 40% do conselho do McDonald's fosse composto não por CEOs de outras grandes empresas, mas por trabalhadores, acredite, você ganharia hoje pelo menos quinze dólares por hora, e haveria esforços vigorosos para proteger os funcionários do assédio sexual e da violência, porque os trabalhadores estariam refletindo as necessidades dos trabalhadores que desejam recomprar ações, mas também representando as demandas dos trabalhadores que desejam salários e condições de trabalho dignos".

Precisamos de leis que promovam a democracia no local de trabalho. Com essa finalidade, como senador, propus uma legislação que exigisse que 45% dos assentos no conselho de empresas de capital aberto, ou que gerem mais de 100 bilhões de dólares em receitas anuais, sejam eleitos por seus funcionários. Trata-se de uma porcentagem mais alta do que alguns de meus colegas propuseram, porque acho que é necessário proporcionar aos funcionários uma voz genuína na tomada de decisões e garantir que a diversidade da força de trabalho nessas grandes empresas seja representada nas salas de reuniões que têm sido dominadas desde sempre por homens brancos mais velhos.

Isso é muito importante. Se você tiver apenas um funcionário no conselho, começará a superar a impotência que o quadro de empregados sente quando as decisões são tomadas a portas fechadas por CEOs que podem estar desinformados sobre o cotidiano do ambiente de trabalho. Numa empresa responsável, essa é uma maneira de levar boas ideias à direção. Numa empresa irresponsável, os trabalhadores ao menos têm uma maneira de obter informações sobre o que está sendo feito antes que os avisos prévios comecem a chegar.

POR QUE NÃO PERMITIR QUE OS TRABALHADORES
SEJAM SEUS PRÓPRIOS PATRÕES?

Melhorar a governança das empresas é importante, mas devemos ir além.

Embora uma voz na sala de reuniões da empresa seja vital, os funcionários precisam de mais do que isso. Para transferir fundamentalmente a riqueza da economia de volta para as mãos dos trabalhadores que a criam, temos que dar a eles uma participação acionária nas empresas que os empregam. E temos que tornar mais fácil para eles criar negócios próprios que possam competir nos níveis nacional e mundial. Também precisamos apoiar os microempresários e pequenos agricultores, que lutam para se defender de multinacionais que manipularam o mercado a fim de favorecer conglomerados.

Essas questões me interessam desde o início dos anos 1980, quando fui prefeito de Burlington e organizei uma reunião municipal sobre o empoderamento dos trabalhadores. Era uma época em que se falava muito nos Estados Unidos sobre planos de propriedade de ações para funcionários (ESOPs), que permitiam aos trabalhadores ganhar uma participação da empresa onde trabalham. Ao mesmo tempo, havia uma consciência crescente do sucesso de iniciativas internacionais nesse sentido, como a federação Mondragon de cooperativas de trabalhadores, com sede na região basca da Espanha.

Fundada na década de 1950, a Mondragon emprega hoje mais de 80 mil pessoas que trabalham no que se tornou o sétimo maior negócio da Espanha. Ela fez isso respeitando os padrões da Aliança Internacional de Cooperativas, que exige que operem "com base nos valores de autoajuda, autorresponsabilidade, democracia, igualdade, equidade e solidariedade".

A prefeitura de Burlington estava lotada. As pessoas estavam de fato envolvidas com a questão e, nos anos seguintes, várias empresas cujos trabalhadores têm participação acionária foram criadas em Vermont. Hoje há cerca de quarenta empresas que são pelo menos parcialmente de propriedade dos empregados, de acordo com o Centro de Propriedades de Empregados de Vermont, e elas empregam mais de 3 mil pessoas. Em todo o país, existem cerca de 7 mil empresas com ESOPs, com mais de 10 milhões de empregados e 1,4 trilhão de dólares em ativos. Todos os anos, as organizações desse tipo com sede em Vermont se reúnem e eu me encontro com elas. O moral entre os trabalhadores é muito maior do que nas empresas tradicionais, controladas por acionistas. O absenteísmo é menor. A produtividade é ótima — por todos os motivos certos. Se as ideias dos trabalhadores são ouvidas, se eles votam sobre o modo como a empresa é administrada e se recebem uma parte dos lucros, por que não se esforçariam no trabalho?

Isso não é apenas observação minha. Uma pesquisa do Instituto de Estudos da Propriedade de Ações de Empregados e Compartilhamento dos Lucros da Universidade Rutgers concluiu que o empenho do funcionário aumenta a produtividade da empresa em 4%, o retorno do acionista em 2% e os lucros em 14%.

Eis um caso em que descartar os velhos modelos supercapitalistas e tentar algo novo é bom tanto para os trabalhadores como para os negócios. Essa é uma das razões pelas quais tornei a participação acionária de empregados nas organizações uma grande questão em minha segunda campanha presidencial. De acordo com o plano que desenvolvemos durante a campanha — e que desde então tenho usado como base para propostas legislativas —, as empresas com pelo menos 100 milhões de dólares de receita anual, bem como todas as de capital aberto, seriam obrigadas a passar pelo menos 2% das ações para seus funcionários todos os anos até que a instituição tenha pelo menos 20% das ações de propriedade dos funcionários. Isso seria feito por meio da emissão de novas ações e da criação de Fundos Democráticos de Propriedade dos Empregados.

Esses fundos seriam controlados por um conselho de curadores eleito diretamente pelos trabalhadores, e esse conselho teria o direito de votar no melhor interesse dos funcionários da empresa — da mesma forma que outros acionistas institucionais votam. As ações seriam mantidas em custódia permanente para os trabalhadores e, portanto, embora aumentassem de valor, não seriam vendidas a especuladores. No entanto, os empregados iam se beneficiar com o aumento de valor por meio de dividendos pagos diretamente a eles. Quando lançamos esse plano em 2019, calculamos que 56 milhões de trabalhadores em mais de 22 mil empresas nos Estados Unidos se beneficiariam com isso. Uma estimativa baseada em dados de mais de mil empresas mostrou que direcionar 20% dos dividendos aos trabalhadores poderia garantir um pagamento médio de dividendos de mais de 5 mil dólares por trabalhador a cada ano.

Isso é um bom negócio. Uma participação nos lucros e uma verdadeira participação na direção da empresa — já que, como Elon Musk, Carl Icahn e outros especuladores nos mostraram, uma participação de 20% faz de você um participante importante até mesmo nas maiores corporações. Mas como podemos garantir que os empregados possam obter uma parte das empresas para as quais trabalham e construir novas empresas pertencentes aos trabalhadores? Os trabalhadores deveriam ir aos grandes bancos de Wall Street e pedir empréstimos? Não acho. Se estamos falando de estabelecer novos modelos econômicos, não devemos ficar em dívida com os guardiões dos velhos modelos. Então, com o apoio das senadoras Kirsten Gillibrand (Democratas, de Nova York), Maggie Hassan (Democratas, de New Hampshire), Jeanne Shaheen (Democratas, de New Hampshire) e do senador Patrick Leahy (Democratas, de Vermont), apresentei duas leis para ajudar os trabalhadores de todo o país a obter o financiamento necessário para criar sua própria empresa de participação acionária.

Um projeto de lei, o WORK Act, proporcionaria mais de 45 milhões de dólares aos estados para estabelecer e expandir centros de propriedade de ações dos empregados, que forneceriam treinamento e suporte técnico para pessoas que desejam assumir o controle de seus locais de trabalho. A outra lei criaria um Banco de

Propriedade Acionária dos Empregados dos Estados Unidos para fornecer 500 milhões de dólares em empréstimos a juros baixos e outras formas de assistência financeira a fim de ajudar os trabalhadores a comprar empresas que seriam operadas conforme um plano de propriedade acionária ou como cooperativas de propriedade dos trabalhadores. O argumento que apresentei para essa legislação quando a propus em 2019 foi que expandir a participação acionária dos empregados criaria empresas mais fortes, evitaria o desemprego e melhoraria as condições de trabalho para trabalhadores em dificuldades. Também seria benéfico para as comunidades onde estão inseridas as companhias cujos trabalhadores têm participação acionária, sobretudo aquelas envolvidas na manufatura. Por quê? Porque, nessas condições, os empregados não transferem os próprios empregos para a China visando a aumentar lucros. Escolherão ficar onde estão, encontrarão formas de serem mais produtivos e manterão os lucros em sua cidade natal.

Não é assim que os supercapitalistas administram as empresas hoje. Mas é assim que os trabalhadores americanos administrariam as coisas se tivessem a autoridade e os recursos necessários para cuidar do próprio futuro. Não se trata do capitalismo como tem funcionado no país nos últimos anos. Trata-se de democracia econômica, como Franklin Roosevelt a imaginou quando declarou após o primeiro mandato: "Gostaria que dissessem sobre meu primeiro governo que nele as forças do egoísmo e da ânsia de poder encontraram seu páreo. Gostaria que dissessem sobre meu segundo governo que nele essas forças encontraram seu senhor".

UMA ECONOMIA QUE SIRVA À CLASSE TRABALHADORA

As discussões sobre o futuro do trabalho, principalmente quando nos obrigam a considerar o papel que a automação e a inteligência artificial desempenharão na definição desse futuro, podem ser assustadoras. Essas discussões ficam ainda mais complicadas quando começamos a discutir quem deve estar no comando dos locais de trabalho, das indústrias e da economia em geral. Mas não precisamos ficar esgotados com os debates que precisam ser travados. Podemos manter os desafios em perspectiva ao entender que, embora a mudança tecnológica seja constante, as questões econômicas, políticas e morais básicas são permanentes:

Trataremos os trabalhadores com respeito?
Daremos aos trabalhadores uma participação efetiva no ambiente de trabalho?
Eles serão convidados para o debate sobre como esse local evolui?

Não são perguntas novas. São as mesmas que Eugene Victor Debs fez quando conquistou quase 1 milhão de votos em 1920 como candidato do Partido Socialista à presidência, numa campanha que travou de uma cela de prisão em Atlanta — onde estava preso em virtude de sua oposição ao lucro da guerra e à carnificina da Primeira Guerra Mundial. As máquinas podem ter mudado, mas o desequilíbrio entre as elites econômicas e a classe trabalhadora não. Nem a injustiça decorrente desse desequilíbrio.

É hora, finalmente, de acertar as coisas.

Ativistas progressistas, sindicalistas e todos que acreditam na dignidade dos trabalhadores devem construir um movimento forte e visionário para refazer nossa vida profissional. Para isso, precisamos de uma política preparada para fazer avançar a causa desse movimento. Só então poderemos garantir que a existência frequentemente miserável dos trabalhadores explorados e exaustos de hoje seja transformada e que o futuro seja forjado por uma classe trabalhadora empoderada e fortalecida.

5. Educar cidadãos, não robôs

As crianças devem ser ensinadas a pensar —
não para ser engrenagens da máquina

O problema com os debates sobre educação pública nos Estados Unidos é que eles raramente têm algo a ver com educação — muito menos com estabelecer hábitos de pensamento analítico e engajamento cívico que nos deem a liberdade de ser mais do que apenas engrenagens da máquina da América corporativa.

Em anos recentes, os debates sobre educação tanto em nível nacional como local foram geralmente guerras por procuração de estrategistas de direita que veem as escolas como formas de avançar sua política de "dividir e conquistar". Republicanos cínicos como o governador da Flórida Ron DeSantis querem discutir se alunos e professores devem usar máscaras durante uma pandemia, se crianças LGBTQIAPN+ devem ser tratadas com respeito, se educadores devem ter permissão para ensinar a história real dos Estados Unidos — em vez de uma versão truncada em que questões fundamentais são ignoradas e o pensamento crítico é desconsiderado.

Em meio a todas as disputas políticas sobre a obrigação do uso de máscaras e a teoria crítica da raça, sobre resultados de exames e mecanismos de financiamento, estamos perdendo o foco no que mais importa na educação: o encorajamento dos alunos a explorar grandes ideias, o aprendizado de como avaliar o que faz ou não sentido, para se tornarem cidadãos engajados e ativos que vivam uma vida feliz e gratificante. Para que a educação se concentre nas reais necessidades e nas verdadeiras possibilidades dos estudantes do século XXI, temos que romper com a mentalidade que considera as escolas primárias e secundárias apenas campos de formação de trabalhadores. É preciso reconhecer que Nelson Mandela estava certo quando disse: "A educação é a arma mais poderosa que você pode usar para mudar o mundo".

A GRANDE EQUALIZADORA

Numa época de tremenda turbulência nos Estados Unidos, quando o mundo era abalado pelo caos econômico e pela ascensão do fascismo, Franklin Roosevelt declarou: "A democracia não pode ter sucesso a menos que aqueles que expressam sua escolha estejam preparados para escolher com sabedoria. A verdadeira salvaguarda da democracia, portanto, é a educação". Implícito na observação de Roosevelt estava o entendimento de que todo americano tinha direito a uma educação de alta qualidade e que, com essa educação, um país mais humano e próspero ia ser forjado. Com certeza não cumprimos a promessa de educação universal de qualidade elevada na época de FDR — quando a segregação escolar era aceita não apenas no Sul, mas em grande parte do Norte — e ainda não a cumprimos hoje.

No entanto, sob a influência de teóricos da educação pioneiros, como John Dewey e Mary McLeod Bethune, começamos a reconhecer que a educação poderia ser mais do que apenas treinamento profissional. Poderia nos ajudar a realizar nossa própria promessa de cidadãos criativos e engajados que, por sua vez, são capazes de fazer a democracia e a sociedade funcionarem para todos. Poderia aceitar crianças de origens difíceis e dar-lhes oportunidades que foram negadas a seus avós e pais. Poderia realizar o potencial que o grande abolicionista e reformador da educação Horace Mann delineou no século XIX quando disse: "A educação, então, além de todas as outras divisões de origem humana, é uma grande equalizadora das condições dos homens — a roda de equilíbrio do maquinário social".

A educação que recebi após a Segunda Guerra Mundial desempenhou um papel enorme em me dar a formação que me permitiu ser eleito prefeito, membro do Congresso, senador e candidato a presidente dos Estados Unidos. Venho de uma família da classe trabalhadora. Estudei em escolas públicas no Brooklyn, na P.S. 197 e depois na James Madison High School, a mesma instituição que formou Ruth Bader Ginsburg e Chuck Schumer. As crianças com quem estudei não tinham muito dinheiro, mas naquela época éramos estimulados a ver o ensino superior como uma maneira de ascender, e eu certamente via. Depois de um ano no Brooklyn College, me transferi para a Universidade de Chicago e comecei a estudar ciências políticas. Lá, tive chance de ler bastante sobre economia, sociologia, história: qualquer livro que você mencionar, eu li.

Quero que meus netos tenham as mesmas oportunidades que eu tive. Mas não sou tão nostálgico nem tão ingênuo a ponto de acreditar que uma replicação da educação que recebi nas décadas de 1950 e 1960 será suficiente para os tempos em que eles atingirão a maioridade. Quero que tenham uma educação que os prepare para o século XXI. Mas no centro dessa educação deve estar um conjunto de valores que nos ajudem a aprender com os erros do passado e começar a acertar as coisas. Sei, por meio de reuniões com estudantes, pais e professores de todo o país, que existe uma paixão por tornar as escolas públicas melhores do que nunca. E sei, por conversar com especialistas em educação no país e em nações ao redor do mundo — inclusive a Finlândia, que terá destaque neste capítulo —, que existem ótimas ideias de como fazer esse trabalho.

Mas, para que isso aconteça, os progressistas precisam renovar seu entendimento de que a política educacional é fundamental para o progresso da sociedade. Historicamente, eles estiveram na vanguarda dos debates sobre educação, lutando para estabelecer a educação pública gratuita, para abrir as escolas a todos os estudantes, para construir grandes instituições educacionais em áreas urbanas e rurais, e para financiá-las de modo integral. Houve um avanço em nosso ativismo.

Nas últimas décadas, no entanto, os direitistas distorceram os debates a tal ponto que a maioria de nossas lutas hoje parece ser defensiva. Fomos forçados a recuar contra os esquemas de privatização, contra o sentimento antiprofessor em geral e, especificamente, contra os esforços de governadores republicanos, como Scott Walker, de Wisconsin, para enfraquecer os sindicatos de docentes, contra cortes no financiamento de escolas rurais, contra aqueles que veem a diversidade como um problema em vez de uma força, contra os esforços para emburrecer os currículos, contra as campanhas para que fanáticos de direita tomem os conselhos escolares. É desanimador. E isso nos tira do nosso rumo. Quando estamos sempre lutando contra aqueles que nos levam para trás, é difícil encontrar tempo para argumentar sobre o que precisa ser feito para seguir em frente.

Precisamos retomar esse debate porque a luta pela universalização da educação de qualidade nos níveis fundamental e médio e pela gratuidade do ensino superior vai além da manutenção das escolas públicas. Trata-se de torná-las mais fortes, acessíveis e atraentes. Trata-se de tornar nossa sociedade melhor. E é vital para a luta que derrotemos a ameaça do autoritarismo. Alunos e professores reconhecem isso. Como disse Randi Weingarten, presidente da Federação Americana de Professores: "A luta para salvaguardar a democracia começa nas salas de aula e nas escolas americanas, onde abraçamos a diversidade dos Estados Unidos e, ao mesmo tempo, construímos uma identidade comum. Nossas escolas públicas são onde os jovens desenvolvem as habilidades necessárias para se tornarem cidadãos engajados e empoderados — ter voz, propósito e capacidade de pensar por si mesmos. Os professores devem ter a liberdade de ensinar essas habilidades — que podem não ser mensuradas em exames padronizados, mas que são a medida de uma cidadania vigorosa".

Não se trata de uma luta que os professores podem ou devem travar sozinhos. Devemos estar ao lado deles, prestigiando as melhores ideias e garantindo que tenham os recursos e o apoio, a liberdade e a flexibilidade necessária para renovar a promessa da educação pública como a grande equalizadora e a grande defensora da democracia.

COMECEMOS POR OUVIR ESTUDANTES E PROFESSORES

Durante minhas campanhas presidenciais de 2016 e 2020, a mídia tendeu a reduzir minha posição a respeito das questões educacionais a duas palavras: "ensino gratuito". Não dei muita bola a isso. Sabia que estávamos refazendo o debate sobre como financiar o ensino superior em um momento em que cada vez mais jovens estavam sobrecarregados com dívidas estudantis e muitos desistiam de seus sonhos por não acreditarem mais que poderiam bancá-los. Mas, como senador e candidato presidencial que ganhou muito apoio de jovens eleitores, nunca limitei minhas discussões e minha defesa a um degrau da escada educacional ou a um conjunto de questões enfrentadas por educadores e seus estudantes.

Por anos em Vermont, patrocinei um concurso de redação sobre o "Estado da União" que pede aos alunos do ensino médio para enviar redações sobre os principais problemas enfrentados pelo país e ofereçam propostas de como resolvê-los. Ao longo do tempo, mais de 5300 estudantes participaram da competição anual, e tive muitas oportunidades de conversar com esses adolescentes notáveis. Algumas das melhores discussões que tive sobre políticas públicas ocorreram nessas reuniões — e em encontros municipais que realizei com alunos do ensino fundamental e médio no decorrer dos anos. Eles me deram muitas ideias sobre como tornar as escolas mais receptivas a suas necessidades. O mesmo vale para as reuniões sobre educação que tive em prefeituras com estudantes do ensino médio e superior, pais e professores durante minhas candidaturas à presidência.

Em Iowa, ouvi repetidas vezes sobre a crise enfrentada por escolas rurais subfinanciadas, onde muitos alunos foram prejudicados pela exclusão digital, que ocorreu porque não se estendeu a internet de banda larga de alta velocidade a todos os cantos da nação. Em Nevada, me contaram sobre a deterioração das escolas que começaram a desmoronar em consequência do fracasso dos Estados Unidos em investir em infraestrutura. Enquanto viajava pelo país em 2018 e 2019, ouvi muitos professores como Jay O'Neal, que leciona história no nono ano da Stonewall Jackson Middle School, em Charleston, Virgínia Ocidental. Jay foi um dos principais articuladores de uma greve de professores em seu estado em 2018 que, com ações semelhantes nos assim chamados estados vermelhos naquele ano, chamou a atenção nacional para o fato de que os salários baixos não eram suficientes para que os professores e suas famílias sobrevivessem. Fiquei comovido com a coragem desses docentes, com seu profundo compromisso com a educação pública em geral e sobretudo com seus alunos. "Tínhamos medo de entrar em greve", explicou Jay, que, como outros professores da Virgínia Ocidental, estado onde rege a lei do Direito ao Trabalho, enfrentava a perspectiva de perder o emprego se fizesse greve por melhores salários e escolas. "Lembro-me de falar com minha esposa: 'É um risco que quero correr? Posso ser demitido'. Mas as coisas estão chegando a um ponto em que muitos de nós temos que nos levantar e lutar, não importa quais sejam as consequências."

Os professores da Virgínia Ocidental haviam tentado negociar. Pediram às autoridades estaduais que ouvissem seus apelos por melhores salários e métodos de financiamento escolar. Em vez de uma resposta que priorizasse a educação, receberam do estado propostas para aumentar os pagamentos do seguro-saúde. As coisas estavam indo na direção errada, e o senador estadual Richard Ojeda, um democrata que representava a região rural carbonífera do sul do estado, alertou os colegas legisladores em janeiro de 2018: "Não estamos ouvindo nossos professores. Vocês estão sentados num barril de pólvora". Ele tinha razão.

Os docentes entraram em greve em 22 de fevereiro de 2018, vestindo as camisetas vermelhas que deram origem ao slogan *red for ed* [vermelho pela educação] e logo conquistaram o apoio de alunos e pais. A multidão diante da sede do governo cresceu tanto que os meios de comunicação de todo o país começaram a prestar atenção. Os legisladores da Virgínia Ocidental e o governador fizeram o mesmo. Em 6 de março de 2018, após nove dias de protestos em Charleston e no estado inteiro, as manchetes anunciavam: "Professores da Virgínia Ocidental ganham 5% de aumento salarial e a greve geral chega ao fim". Foi uma vitória notável e uma poderosa inspiração para docentes e apoiadores da educação pública em toda a nação. O movimento se espalhou além das fronteiras da Virgínia Ocidental para outros estados — Arizona, Colorado, Kentucky, Carolina do Norte e Oklahoma entre eles — e levou a várias vitórias para professores e seus sindicatos.

Fiquei entusiasmado com as ações de Jay O'Neal e dos outros educadores. "A coragem dos professores está reverberando por todo o país", declarei em discursos ao lançar minha candidatura presidencial em 2020. Nossa campanha produziu um vídeo com Jay em que ele dizia: "Alguém tem que fazer algo, e acho que esse alguém sou eu. Depende de nós. Ninguém mais vai fazer a mudança".

Entendi a sensação de isolamento que muitos desses docentes sentiam e resolvi fazer da causa o centro da campanha, e pensar muito sobre o futuro da educação pública.

UMA AGENDA EDUCACIONAL QUE PONHA
ESTUDANTES E PROFESSORES EM PRIMEIRO LUGAR

Em maio de 2019, no 65º aniversário da decisão de Brown v. Conselho de Educação da Suprema Corte dos Estados Unidos de que a segregação racial nas escolas públicas era inconstitucional, nossa campanha presidencial anunciou uma visão abrangente para uma revisão fundamental da educação no país. Nós a chamamos de "Plano Thurgood Marshall para Educação Pública" em respeito ao ex-juiz da Suprema Corte Thurgood Marshall, que, como chefe do Fundo Educacional e de Defesa Legal da NAACP [Associação Nacional para o Progresso de Pessoas de Cor], atuou como principal advogado dos demandantes no caso Brown.

O plano opunha-se a muitos dos interesses dos poderosos, e eu sabia que seria controverso. No entanto, não medi palavras ao anunciá-lo:

Os Estados Unidos, sendo o país mais rico da história, deveriam ter o melhor sistema educacional do mundo. Nos dias atuais, numa economia global altamente competitiva, se quisermos ter o tipo de padrão de vida que o povo desse país merece, precisamos ter a força de trabalho mais bem qualificada. Mas deixem-me ser muito honesto com vocês e dizer que, infelizmente, esse não é o caso hoje. Nossa nação era líder mundial na porcentagem de recém-formados com diploma universitário. Éramos o número um. Hoje, estamos em 11º lugar, atrás de países como Coreia do Sul, Japão, Canadá, Irlanda, Reino Unido e Austrália — e isso não é aceitável. E eis a simples verdade: quarenta ou cinquenta anos atrás, na Califórnia e em Vermont, praticamente em qualquer lugar dos Estados Unidos, se você recebesse um diploma do ensino médio, havia chances muito boas de conseguir um trabalho com remuneração digna, criar uma família, comprar uma casa, comprar um carro, tudo com uma única renda. Esse era o mundo de quarenta ou cinquenta anos atrás. Mas esse não é o mundo em que vivemos hoje. O mundo mudou, a economia global mudou, a tecnologia mudou e a educação mudou.

Prioridades equivocadas e um fracasso em priorizar o futuro, argumentei, roubaram dezenas de milhões de estudantes de oportunidades educacionais, enquanto os estados faziam cortes brutais no financiamento da educação que causaram um impacto profundo na qualidade do ensino. "Entre os 35 países-membros da Organização para a Cooperação e Desenvolvimento Econômico, os Estados Unidos ficaram em 30º lugar em matemática e em 19º em ciências", disse eu. "Os índices de leitura de nossos estudantes não são muito melhores. Os Estados Unidos ficaram em 24º lugar quando comparados a outros países altamente industrializados, como Cingapura, Canadá e Alemanha."

Isso era muito ruim. Pior ainda era a realidade de que esse

declínio na classificação educacional atingia mais os estudantes de cor, de baixa renda, LGBTQIAPN+, com deficiência e alunos carentes de escolas rurais.

COMECEMOS PELO BÁSICO: FINANCIAR ESCOLAS, PAGAR PROFESSORES, ALIMENTAR CRIANÇAS

O plano pelo qual fiz campanha e que continuo a promover como senador era abrangente. A proposta era:

- *Combater a discriminação racial e a segregação escolar.* Para desfazer o dano causado por Betsy DeVos, a secretária de Educação de Trump, sustentei que precisávamos de iniciativas que aumentassem o financiamento federal para estratégias lideradas pela comunidade a fim de dessegregar as escolas. Também prometi executar e fazer cumprir as ordens de dessegregação e nomear juízes federais que aplicariam a Lei dos Direitos Civis de 1964 nos sistemas escolares. Além disso, defendi que precisávamos criar um fundo dedicado a criar e expandir programas de treinamento de professores em faculdades e universidades historicamente negras e em faculdades e universidades de comunidades indígenas, para aumentar a diversidade de educadores.

- *Acabar com a geração de lucro sem prestação de contas das escolas charter.** Declarei que precisávamos proibir as escolas charter com fins lucrativos e apoiar a moratória da NAACP sobre fundos públicos para a expansão desse tipo de escola até que uma auditoria nacional pudesse ser concluída a fim de determinar o im-

* *Charter school*: escola que recebe financiamento do governo, mas funciona independentemente da rede estadual de ensino, seguindo a lógica da gestão privada. (N. T.)

pacto do crescimento delas em cada estado. Também pedi a suspensão do uso de fundos públicos para subscrever novas escolas charter.

- *Garantir o financiamento equitativo para escolas públicas.* Delineei um plano para estabelecer um piso nacional de gastos por aluno para todas as escolas, garantindo que tivessem o financiamento necessário para manter o ensino de arte, música e língua estrangeira. Também propus financiamento equitativo às comunidades rurais e indígenas; disponibilização às escolas dos recursos necessários para reduzir o tamanho das turmas; redução da dependência de exames padronizados; e fornecimento de 5 bilhões de dólares anualmente para carreira e educação técnica a fim de dar aos estudantes as habilidades necessárias para prosperar depois de se formarem.

- *Fortalecer a Lei de Educação de Indivíduos com Deficiência (IDEA).* O governo federal prometeu financiar 40% do custo da educação especial. Essa promessa não foi cumprida, e argumentei que havia chegado a hora de fornecer financiamento federal obrigatório de pelo menos 50% dos custos desse tipo de ensino. Também sustentei que as autoridades públicas poderiam — e deveriam — garantir às crianças com deficiência um direito igual à educação de alta qualidade, fazendo valer a Lei dos Americanos com Deficiência.

- *Aumentar o salário dos professores e capacitá-los para ensinar.* O governo federal deveria trabalhar com os estados para estabelecer um piso salarial dos professores que não fosse inferior a 60 mil dólares anuais, com ajustes para áreas com custo de vida mais alto. Argumentei também que era hora de proteger e expandir os direitos de negociação coletiva para que os docentes pudessem defender os próprios direitos — e os de seus alunos.

- *Expandir os programas de educação extracurricular/de verão.* A fim de garantir que todos os alunos possam obter as habilidades acadêmicas, sociais e profissionais necessárias para ter sucesso, pedi um novo financiamento para os programas de aprendizado extracurriculares e de verão. Embora o governo Trump tivesse cortado o financiamento para esses programas vitais, propus gastar 5 bilhões de dólares por ano para expandi-los.

- *Fornecer merenda escolar universal.* Como uma intervenção moral e praticamente necessária em um país onde, antes da pandemia, uma em cada seis crianças passava fome, prometi fornecer refeições escolares gratuitas e universais durante todo o ano. Também propus incentivos para obter alimentos de fontes locais. Quando a pandemia chegou, a deputada Ilhan Omar e outros conseguiram que o governo federal financiasse apenas esses programas, que, infelizmente, foram descontinuados. Precisamos restaurá-los.

- *Desenvolver escolas comunitárias sustentáveis.* Apresentei um plano para fornecer 5 bilhões de dólares em financiamento anual para que as escolas públicas pudessem servir não apenas como locais de aprendizado, mas também como centros comunitários que promovam a saúde e o bem-estar dos alunos. A ideia era promover o reconhecimento do nosso sistema educacional como um bem público de alta qualidade que conecta educação, saúde e serviços sociais aos jovens.

- *Investir em infraestrutura escolar.* O plano que delineei cobriria completamente a lacuna no financiamento da infraestrutura escolar para que pudéssemos renovar, modernizar e tornar mais verdes as escolas do país.

- *Tornar as escolas um lugar seguro e inclusivo para todos.* No interesse da equidade e do bom senso, sustentei que precisávamos garantir a segurança dos alunos promulgando uma legislação abrangente para proteger contra a violência armada; fazer cumprir as proteções do Título ix contra assédio, discriminação e violência nas instituições educacionais; garantir que as crianças imigrantes e seus pais fiquem livres de assédio e vigilância no ambiente escolar, independentemente de seu status de imigração; e promulgar proteções para estudantes LGBTQIAPN+. Como eu disse na época: "Nossas escolas devem ser seguras para todos os alunos. Ponto-final. É repugnante que nossas crianças tenham que enfrentar a terrível realidade de poderem ser mortas na própria escola, e que os distritos escolares devam recorrer a medidas como essa para tentar mantê-las seguras. Devemos garantir que os alunos LGBTQIAPN+ possam frequentar as aulas sem medo de bullying e trabalhar para reduzir substancialmente os suicídios.

Utópico? De forma alguma, se nos preocupamos com o futuro de nossos filhos e netos. Ambicioso demais? Somente pelos padrões americanos. Grande parte do que propus em 2019 já foi implementada em outros países, que estão muito acima dos Estados Unidos em termos de desempenho educacional. Estávamos ficando para trás antes da pandemia do coronavírus, o que só nos deixou ainda mais atrasados, pois as escolas foram forçadas a fechar e os alunos tiveram dificuldades com o ensino à distância. Quero alcançar essas nações. Mas também quero que demos o próximo passo que colocará os Estados Unidos no topo do ranking.

Para chegar lá, temos que começar reconhecendo o motivo do atraso dos Estados Unidos. Mike Colagrossi, que escreve com frequência sobre questões educacionais para o Fórum Econômico Mundial, sugeriu há vários anos que, "apesar dos apelos em favor de uma reforma da educação e do desempenho contínuo medíocre em escala internacional, pouco está sendo feito ou mudado dentro do sistema educacional. Muitas escolas públicas e privadas funcionam com as mesmas estruturas e os mesmos horários anti-quados que outrora conduziam a uma sociedade agrária. A meca-nização e os rígidos métodos de linha de montagem que usamos hoje estão cuspindo clones de trabalhadores mal preparados, adultos sem leme e uma população desinformada".

Trata-se de uma avaliação dura, mas razoavelmente sólida, dos desafios que enfrentamos. E a Finlândia — um país que Co-lagrossi e outros apontam como modelo — nos oferece ideias de como reagir a eles.

O QUE PODEMOS APRENDER COM A FINLÂNDIA

A Finlândia é um pequeno país escandinavo muito diferente dos Estados Unidos em vários aspectos. Mas acredito que tenha muito a nos ensinar em termos de educação, e não estou sozinho ao pensar nisso.

O sistema educacional finlandês é considerado um dos mais bem-sucedidos do mundo. Apenas nos últimos cinco anos, obteve classificações elevadas no Índice de uma Vida Melhor da Organi-zação para a Cooperação e Desenvolvimento Econômico, no Índi-ce Mundial de Educação para o Futuro pela *Economist* e no Rela-tório de Competitividade Global do Fórum Econômico Mundial. Esses rankings mudam anualmente, mas os finlandeses estão sem-pre perto do topo e, com frequência, em primeiro lugar.

Há alguns anos, o autor de best-sellers William Doyle deu aulas numa universidade finlandesa como bolsista Fulbright e matriculou o filho de sete anos numa escola pública rural de lá. Doyle escreveu um ensaio sobre sua experiência que começava assim: "Vi a escola do amanhã. Está aqui hoje, na Finlândia. Achei o sistema escolar finlandês uma inspiração absoluta e um farol de esperança num mundo que está lutando, e muitas vezes falhando, para descobrir a melhor forma de educar nossos filhos". Doyle explicou que o segredo do sucesso da Finlândia é que o país desenvolveu "um sistema escolar centrado na criança como um todo, baseado em pesquisas e evidências, administrado por professores altamente profissionalizados. Essas são as melhores práticas de educação do globo, não peculiaridades culturais aplicáveis apenas à Finlândia".

Como eu, Doyle rejeita a noção de que países nórdicos como a Finlândia são muito pequenos ou bastante distintos dos Estados Unidos para oferecer instruções aos americanos sobre como melhorar as escolas. "Alguns céticos dizem que as escolas finlandesas são produto de sua demografia, mas ignoram o fato de que o tamanho da população e a taxa de pobreza são semelhantes a mais de dois terços dos estados americanos e, nos Estados Unidos, a educação é, em ampla medida, administrada pelos estados", observa Doyle. "As escolas da Finlândia são o produto de uma cultura única. Mas também o são as escolas públicas do Canadá, de Cingapura, de Xangai, da Dinamarca, da Coreia do Sul, da Austrália e do Japão, assim como os colégios particulares frequentados pelas elites políticas e empresariais do mundo. Rejeitar automaticamente lições fundamentais de qualquer nação ou escola é um erro. Todos podemos aprender uns com os outros."

Pensando nisso, marquei uma conversa com Li Sigrid Andersson, que assumiu o Ministério da Educação da Finlândia em 2019. Aos 35 anos, mãe de uma filha de um ano, Li é a líder da Aliança de Esquerda, um partido social-democrata que há décadas defende que as instituições democráticas devem ser fortalecidas para resistir à influência avassaladora do capitalismo global na economia, na política e na sociedade. É um partido que argumenta: "Queremos que todos recebam renda suficiente, serviços públicos abrangentes e assistência à saúde e a uma alimentação seguras e excelentes. Estamos construindo uma sociedade em que todas as crianças possam ter acesso à pré-escola e a um ensino fundamental de qualidade, onde todos possam ir ao médico quando precisarem, tenham oportunidades iguais de obter uma casa com preço decente e gostem de seu trabalho". Quem está lendo este livro sabe que são valores de que compartilho. Portanto, embora Li e eu moremos em países diferentes e tenhamos cerca de 45 anos de diferença de idade, descobrimos que tínhamos muito em comum. Li expôs sua opinião de que, para os progressistas de todo o mundo, a educação deve ser um foco não apenas em si, mas parte de uma luta ampla para criar uma sociedade mais livre e igualitária. Concordei, e começamos a trabalhar. Em seguida, ela descreveu o que chamou de "algumas pedras angulares da política educacional finlandesa". Em particular, enfatizou que a Finlândia:

- *Confia nos professores.* "Eu disse que temos um sistema baseado em confiança, não um sistema baseado em controle. Todos os nossos professores têm formação universitária, o que significa que é necessário ter mestrado para ensinar crianças desde os primeiros anos até, é claro, o nível secundário.

  "A profissão docente ainda é bastante atraente e valorizada pela sociedade. Os salários dos professores são razoavelmente bons, ou seja, conseguimos [atrair jovens talentosos] para a profissão. Isso também significa que conseguimos construir um sistema em que os educadores têm muita autonomia no trabalho."

- *Rejeita testes padronizados no sistema de educação primária.* "Confiamos em nossos professores e em suas competências profissionais e damos-lhes autonomia para tomarem as próprias decisões em sala de aula.

  "Em comparação com os países anglo-saxões, fortemente baseados em controle e onde (mesmo no ensino fundamental) se ensina e se estuda apenas visando testes padronizados, na Finlândia há um esforço para que o foco seja na alegria de aprender, em aprender a aprender."

- *Acredita que toda escola deve ser uma grande escola.* "Não temos nenhuma lista das melhores escolas do país. Temos um sistema baseado no ensino público, então cada aluno pode confiar na escola mais próxima de seu bairro, de sua zona urbana ou de seu município. Podem confiar que essa escola é uma das melhores do mundo. [...]

  "As diferenças entre as escolas nos resultados de aprendizagem estão entre as menores de todos os países — são de fato as menores de todos os países nórdicos —, o que pensamos que se deve, em grande medida, ao fato de termos professores altamente qualificados e competentes, então conseguimos construir uma estrutura de ensino forte."

- *Mantém um sistema educacional quase totalmente público.* "Quase todo o nosso ensino fundamental é público. Existem alguns provedores de educação privados, mas que não estão autorizados a obter lucros. Isso é proibido pela lei educacional finlandesa. Portanto, não há mercado para empresas privadas. É por isso que temos poucos agentes privados na educação primária, e eles são principalmente, por exemplo, [escolas] Montessori que querem enfatizar um tipo diferente de [aprendizagem]."

- *Acredita que a educação deve ser gratuita.* "A educação é gratuita desde o ensino fundamental até a universidade. Também introduzimos um sistema de merenda escolar gratuita já em 1948, um fator às vezes bastante negligenciado nos debates sobre políticas educacionais, mas na verdade muito importante para a igualdade e para bons resultados de aprendizagem, sobretudo para alunos que vêm de famílias mais pobres. Ter uma refeição boa, gratuita e quentinha na escola todos os dias durante os estudos é importante."

- *Dá a todos a opção de continuar seus estudos.* "Buscamos a igualdade estrutural, ou seja, independentemente do caminho escolhido após o ensino fundamental — seja ensino técnico ou ensino médio comum —, você terá a possibilidade de se candidatar depois a estudos universitários. Desse modo, portas não são fechadas mesmo se a pessoa optar pelo ensino profissionalizante.

  "Isso é algo que acho importante do ponto de vista da esquerda porque também significa que, mesmo que você estude para ser carpinteiro, cozinheiro ou mecânico de automóveis, precisa e vai estudar línguas. Estudará matemática. Terá educação cívica. E terá o direito de se candidatar à universidade mais tarde, se quiser."

Como os finlandeses pagam por tudo isso? Não como fazemos nos Estados Unidos, onde a maior parte da formação educacional, que vai da educação infantil ao ensino médio, é financiada por impostos sobre a propriedade — o que significa que os distritos escolares ricos tendem a ter muito mais dinheiro para pagar professores, novos prédios e currículos ambiciosos do que os distritos da classe trabalhadora. Na Finlândia, os municípios de todo o país recebem financiamento do governo federal por aluno. Os municípios podem aumentar a quantia se, por exemplo, quiserem oferecer mais vagas de educação infantil em bairros de baixa renda. Mas nenhuma escola na Finlândia pode ficar abaixo do mínimo de financiamento determinado como necessário para oferecer uma educação excelente.

Há uma preocupação constante com o aumento da desigualdade, explicou Li: "Trabalhamos muito em nível local para assegurar que não tenhamos cidades segregadas com certas áreas para as famílias mais pobres e outras para as famílias mais ricas. E também temos algo que chamamos de financiamento baseado em necessidades, ou financiamento de oportunidades iguais, o que significa que escolas ou centros de educação infantil localizados em áreas mais desfavorecidas receberão recursos financeiros adicionais para ter mais professores, ou ensino extracurricular ou turmas menores".

DEIXEM AS CRIANÇAS SEREM CRIANÇAS

A economia é importante e a ênfase na igualdade é vital. Mas o que de fato me impressionou foi a ênfase da ministra da Educação em garantir que as crianças sejam crianças.

Embora a Finlândia compita com países que têm sistemas educacionais muito mais rígidos — inclusive o dos Estados Unidos —, Li sugeriu que uma das razões pelas quais o sistema finlandês é bem-sucedido quando outros tropeçam é sua flexibilidade. E a ênfase em manter um equilíbrio entre trabalho escolar e diversão.

"Acho que, em comparação com muitos outros sistemas educacionais, as crianças finlandesas entram na escola bem tarde. O ensino fundamental começa aos sete anos, e nossa carga horária diária não é tão longa", disse ela. "Em muitos países asiáticos, por exemplo, a carga horária é muito longa e depois há atividades extracurriculares. Nós nos concentramos em garantir que haja um equilíbrio entre trabalho escolar e lazer. Há também muito foco no lazer e na rotina escolar. Procuramos lembrar que o bem-estar é tão importante para a aprendizagem quanto a qualidade do ensino."

O bem-estar dos pais também é prioridade no sistema finlandês. A Finlândia, que já foi um país muito pobre, criou após a

Segunda Guerra Mundial um dos Estados de bem-estar social mais avançados do mundo. As pessoas têm a garantia de saúde como um direito. Os pais de recém-nascidos recebem um ano de licença remunerada para que possam ficar em casa e cuidar do bebê. Mães e pais geralmente dividem esse tempo livre. Li teve um bebê quando era ministra da Educação. "Fiquei meio ano fora, voltei, e agora uma colega minha do partido tirou meio ano. Ela voltou. E então o marido de cada uma ficou em casa por meio ano depois de nós", explicou ela. Quando ambos os pais estão de volta ao trabalho, as famílias podem aproveitar um sistema de assistência à criança que é um dos melhores do mundo. E um dos mais acessíveis, com taxas mínimas para crianças de famílias trabalhadoras e limitadas a menos de trezentos euros por mês para famílias em melhor situação.

Quando começam a frequentar a escola aos sete anos, as crianças finlandesas entram num sistema em que os professores consideram parte de seu trabalho garantir que todos os alunos sejam bem-sucedidos. Isso também é verdade no caso de muitos professores americanos. Mas na Finlândia os docentes recebem os recursos e o tempo para fazer o trabalho. A carga horária diária é curta. Há muito tempo para clubes e atividade física depois das aulas em centros financiados pelo Estado. Os horários são organizados de forma que haja bastante tempo para o atendimento individual às necessidades dos alunos que, de outra forma, poderiam passar despercebidos. Os professores ganham uma flexibilidade imensa para que possam encontrar as abordagens certas. "Acho que essa ideia de investir no corpo docente, investir nessa profissão, confiar nos professores, é uma política pública", disse Li. "Você pode abordá-la conforme necessário a partir da perspectiva de seu próprio país, mas ainda acho que toda essa ideia do papel da profissão docente é minha principal mensagem da Finlândia." Essa ideia gera enormes benefícios para os jovens, que podem ir atrás de seus sonhos num sistema de ensino superior onde a faculdade é gratuita e os subsídios e empréstimos do governo garantem que universitários possam se concentrar nos estudos. Em vez de se formar com enormes dívidas estudantis, os jovens finlandeses são livres para serem criativos e contribuir para a sociedade em vez de lutar para administrar cargas de despesas esmagadoras.

ENSINAR AOS JOVENS QUE ELES PODEM REALMENTE SALVAR O MUNDO

Os finlandeses não educam os jovens somente para serem bons trabalhadores, embora o país tenha uma reputação global por sua força de trabalho inovadora e produtiva: os ensinam a serem boas pessoas. E bons cidadãos.

"Há muita ênfase na cidadania democrática", disse-me Li. "Não queremos que nossos filhos saibam apenas como a sociedade funciona — por exemplo, como uma lei é feita, quais são as competências de cada instituição. Também queremos que as crianças saibam como podem fazer a diferença. Se você quer mudar algo na sociedade, como faz isso? Quais são as diferentes maneiras que você tem, como cidadão, para promover a mudança?" Os currículos são organizados para que os alunos possam examinar problemas sociais complexos — como as mudanças climáticas — em todas as aulas, bem como em clubes e atividades extracurriculares. O objetivo é dar aos jovens uma noção do papel que podem desempenhar na solução desses problemas. "Quando fui ministra, enfatizei a importância de realmente envolver todos, criando processos democráticos que abarquem todos os alunos em sala de aula, para que não seja costume apenas eleger autoridades que vão continuar em seguida e lidar com essas questões para nós. Queremos estimular cada criança a pensar sobre como elas poderiam transformar a sociedade se quisessem." Em vez de dizer aos jovens para ficarem quietos e desencorajar a dissensão, a Finlândia os incentiva a reconhecer seus papéis como líderes na sociedade que herdarão.

Segundo Li, "é algo em que precisamos trabalhar o tempo inteiro. Se você olhar para os movimentos climáticos e Greta Thunberg, acho que é um bom exemplo do que estou falando. O fato de nossos estudantes fazerem greve escolar pelo clima acredito ser um sinal de que nosso sistema escolar está no caminho certo, porque significa que conseguimos ensinar os alunos sobre o enorme impacto que a crise climática terá na sociedade, que se trata de uma questão complexa e importante para todos nós — e também estamos incentivando o engajamento deles na cidadania ativa".

Pense sobre isso. Alunos sendo ensinados sobre problemas, e depois sendo ensinados que podem resolvê-los — com efeito, que eles devem assumir a liderança da resolução. Sei que existem professores dedicados nos Estados Unidos que tentam fazer isso todos os dias e, às vezes, conseguem. Mas também sei que, com muita frequência, nossos melhores docentes ficam sobrecarregados. Não têm os recursos necessários para trabalhar. São forçados a administrar todas as crises que surgem quando os alunos passam fome ou não têm acesso a moradia, assistência médica e transporte.

POR QUE AS ESCOLAS AMERICANAS
NÃO DEVERIAM SER AS MELHORES?

Os finlandeses não tentaram sugerir que tinham todas as respostas. Como qualquer boa progressista, Li conversou comigo sobre todas as coisas que ela ainda queria fazer — proporcionar mais apoio às escolas rurais, proteger-se contra a privatização, ajudar as instituições educacionais a preparar melhor os alunos para o futuro mutável do trabalho.

Mas fiquei impressionado durante nossas conversas com o otimismo e entusiasmo deles. Ela não via a educação como um problema, uma bagunça ou uma crise a ser "enfrentada" — como fazem muitos formuladores de políticas nos Estados Unidos. Via as escolas como lugares de esperança e oportunidade. Ela contou suas vitórias e ficou contente em falar sobre as conexões entre esses casos de sucesso e a classificação da Finlândia como um dos países mais felizes do mundo.

Sim, os Estados Unidos e a Finlândia são diferentes. Contudo, não há razão para que os Estados Unidos não tenham as melhores escolas e — por que não? — os alunos e professores, pais e cidadãos mais felizes do mundo. Na verdade, há todos os motivos pelos quais devemos fazer disso nosso objetivo imediato. Nossos filhos e netos não merecem menos.

6. As empresas de mídia estão minando a democracia

A reforma política requer alternativas a um sistema de mídia com fins lucrativos que emburrece e diminui o debate nos Estados Unidos

Na condição de alguém que ganhou mais de uma dúzia de campanhas eleitorais e perdeu algumas ao longo do caminho, entendo tão bem quanto qualquer pessoa que os meios de comunicação desempenham um papel extremamente importante — muitas vezes definidor — em todo o nosso processo político. Mas a influência midiática em nossa vida vai muito além de campanhas e eleições. A mídia molda nossa consciência pública. Determina as "notícias do dia" e os assuntos que devemos considerar "importantes". Delineia nosso pensamento sobre o que é realista e o que deve ser descartado como sonho impossível, devaneio.

A mídia não determina apenas a gama de opções "aceitáveis" que estão disponíveis para os americanos quando se trata de enfrentar os principais desafios de nossos tempos. Em muitos casos, ela define o leque de opções disponíveis para viver nossa vida. Através do bombardeio constante de publicidade, a mídia molda nossa cultura e nossos sistemas de valores e nos diz o que é necessário para levar "a boa vida" numa sociedade supercapitalista. A propaganda nos diz qual café devemos tomar para sermos legais, que carros devemos comprar para ter prestígio e que cartões de crédito devemos obter para pagar por tudo isso. Embora as crianças que assistem à TV possam não saber em que século a Guerra do Vietnã aconteceu, com certeza sabem quais tênis devem comprar para estar na moda.

Há uma ilusão generalizada no país de que, como temos acesso a centenas de canais de TV a cabo e podemos nos conectar a praticamente qualquer site, temos Twitter, Facebook, YouTube e TikTok, e ainda vemos dezenas de jornais e revistas nas bancas, somos uma nação com muitos meios de comunicação independentes e de propriedade separada. Entre muitos americanos, persiste a fé — ou talvez seja apenas uma esperança — de que nosso sistema de "imprensa livre" nos oferece uma ampla diversidade de opções quando se trata de coletar as informações necessárias para reger nossa vida.

Infelizmente, esse não é o caso.

OS BILIONÁRIOS SÃO OS DONOS DA MÍDIA

Hoje, cerca de 90% de todos os meios de comunicação dos Estados Unidos são controlados por oito grandes conglomerados de mídia — Comcast, Disney, Warner Bros. Discovery, Netflix, CBS, Facebook, Fox News e Hearst —, e essa concentração de propriedade tornou-se cada vez mais forte ao longo dos anos graças a fusões e aquisições multibilionárias. As opções não estão se expandindo, estão se contraindo, como vimos na primavera de 2022, quando a venda da CNN pelo conglomerado de mídia da AT&T para a Warner Bros. Discovery foi seguida por notícias de que a nova dona acabaria com o tão aclamado serviço de streaming CNN+ e removeria ou "refrearia" os apresentadores que eram vistos como demasiado críticos de Donald Trump.

O resultado é o seguinte: um punhado de grandes conglomerados de mídia que pertence às pessoas mais ricas dos Estados Unidos detem um controle imenso sobre o que vemos, ouvimos e lemos. Seria absurdo imaginar que esses donos bilionários gastem fortunas substanciais para comprar e manter grandes conglomerados de mídia como um serviço público. Eles têm agendas — enraizadas no desejo de expandir sua riqueza e poder — que nada têm a ver com melhorar a situação das famílias trabalhadoras dos Estados Unidos.

Se a agenda empresarial fosse apresentada aberta e assumidamente numa determinada rede de TV, isso seria uma coisa. Muitos países têm veículos de notícias favoráveis aos negócios que respondem a todas as perguntas sobre políticas com uma proposta de "deixar o mercado decidir". Mas não é assim que funciona nos Estados Unidos. Nesse país, um telespectador de TV a cabo pode mudar de um canal para outro e continuar vendo o "produto" do mesmo conglomerado de mídia.

Nos Estados Unidos, você pode mudar de canal da NBC para MSNBC, para CNBC, para Telemundo, para o serviço de streaming Peacock e ainda estará assistindo a noticiários produzidos, escritos, reportados e ancorados por empregados de uma mesma empresa: Comcast. Cansado das notícias e quer algum entretenimento? Você pode assistir USA Network, Syfy, Oxygen, Bravo, G4 e E! e permanecer numa rede de propriedade da Comcast. Você assiste a um filme da Universal Pictures ou a um longa desenvolvido pela DreamWorks Animation, Illumination ou Universal Animation Studios e, de novo, estará no caloroso abraço da Comcast, dona de todos esses estúdios.

A Comcast, que tinha ativos de 276 bilhões de dólares no fim de 2021, é o maior conglomerado multinacional de telecomunicações dos Estados Unidos, a maior empresa de TV por assinatura, a maior companhia de TV a cabo, o maior provedor de serviços de internet domiciliar nos Estados Unidos e a terceira maior operadora de telefonia residencial. Seu alcance se estende a mais de quarenta estados e ao Distrito de Columbia. E, com tudo isso dito, estamos apenas tangenciando a superfície de um cenário de mídia repleto de distribuição digital, serviços de streaming e adtechs de propriedade da Comcast.

Onde a Comcast termina, a Disney continua. A empresa de animação que lhe deu Mickey Mouse agora é dona da ABC e de um império de 200 bilhões de dólares que inclui grandes participações na ESPN, A&E, The History Channel, Lifetime, estações de rádio e canais de TV "locais" em todo o país e produtoras de entretenimento como Touchstone Pictures e a franquia *Star Wars* na Lucasfilm Ltd.

Depois, temos a Fox Corporation, de Rupert Murdoch, proprietária da Fox Broadcasting Company, Fox News, Fox Business, Fox Nation, Fox Sports, Big Ten Network, Fox News Talk e 28 canais de TV locais nos principais mercados do país. A Fox News Radio fornece notícias nacionais para mais de quinhentas estações de rádio AM e FM no país inteiro, ao mesmo tempo que alimenta programas de rádio via satélite SiriusXM. O projeto Fox News Talk produz programas de rádio de direita para a Sirius e para estações de rádio em todos os Estados Unidos. A "corporação irmã" da Fox, a News Corp — um projeto de estimação de Murdoch e sua família —, é dona de jornais e revistas, bem como de canais de rádio e TV a cabo no Reino Unido. A News Corp é particularmente influente na Austrália, terra natal de Murdoch, onde os jornais da empresa têm historicamente desempenhado um papel essencial de influenciar a cobertura política. Mas sua influência nos Estados Unidos pode ser ainda maior. Aqui, a News Corp é dona da Dow Jones & Company, editora do *Wall Street Journal*, de circulação nacional, bem como das principais publicações financeiras e sites de notícias, como *Barron's* e MarketWatch. Desde 1976, Murdoch e a News Corp são donos do *New York Post*, um jornal diário que desempenhou um papel descomunal na política da cidade de Nova York, a metrópole que produziu Donald Trump.

A Fox enfrenta a "concorrência", mas cada vez menos escrutinadora nos dias de hoje, da CNN, que pertence ao recém-formado conglomerado Warner Bros. Discovery. Em fevereiro de 2022, a AT&T desmembrou suas participações na mídia num acordo de 43 bilhões de dólares com o Discovery Channel que levou a CNN e outras "propriedades de mídia" que tinha para o guarda-chuva da Warner Bros. Discovery, que também é dona de canais como HBO, Cinemax, e de empresas como Turner Broadcasting System, Warner Bros. Entertainment Inc., Warner Bros. Pictures Group, Warner Bros. Television Group e Warner Bros. Home Entertainment Group.

AS MESMAS FIRMAS DE WALL STREET POSSUEM CONGLOMERADOS DE MÍDIA "CONCORRENTES"

Se você acha que é perigoso e antidemocrático que um punhado de grandes empresas de mídia possua a maioria dos principais meios de comunicação nos Estados Unidos, tenho más notícias. É ainda pior do que você pensa. Hoje três empresas de Wall Street controlam ativos de mais de 20 trilhões de dólares e estão entre os principais investidores institucionais na grande maioria das instituições americanas. Isso inclui empresas de mídia. Em outras palavras, numa época em que um punhado de conglomerados gigantes possui centenas de jornais, canais de TV, estações de rádio, sites, produtoras de filmes, editoras de livros e revistas, essas próprias corporações gigantes são pelo menos parcialmente propriedade de entidades ainda maiores em Wall Street.

O Vanguard Group é o maior investidor institucional da Fox

Corporation, e o BlackRock é o quarto maior. O Vanguard é o maior investidor institucional da Warner Bros. Discovery, e o segundo maior investidor institucional é a BlackRock. Os maiores investidores institucionais da Disney são o Vanguard e a BlackRock. O Vanguard é o maior investidor institucional da Comcast, com 402 080 815 ações em 29 de janeiro de 2022 — ou cerca de 9% da empresa —, enquanto a BlackRock era a segunda maior investidora, com 320 503 107 ações, com cerca de 7% de propriedade. E isso sem contar os grandes investimentos de fundos mútuos, como o Vanguard Total Stock Market Index Fund, o Vanguard 500 Index Fund e o Vanguard Institutional Index Fund, na Comcast.

NÃO SÃO APENAS CONGLOMERADOS

Nem todas as grandes empresas de mídia pertencem a conglomerados. Algumas são propriedade direta de indivíduos bilionários. Jeff Bezos, a segunda pessoa mais rica do mundo, comprou o *Washington Post* em 2013. John Henry, um bilionário dono do Boston Red Sox, é o proprietário do *Boston Globe*. Patrick Soon-Shiong, um empresário de biotecnologia, é dono do *Los Angeles Times* e do *San Diego Union-Tribune*. Michael Bloomberg, ex-prefeito de Nova York, ex-candidato à presidência e uma das pessoas mais ricas do país, é dono da Bloomberg News. O falecido bilionário Sheldon Adelson, um importante colaborador do Partido Republicano, era dono do *Las Vegas Review-Journal*. Glen Taylor, dono do Minnesota Timberwolves, é dono do *Star Tribune* em Minneapolis. E, claro, Rupert Murdoch, embora não seja o proprietário de todas as ações da Fox e da News Corp, ainda dá as cartas políticas — com Lachlan Murdoch, seu filho que pensa da mesma forma e atua como CEO da Fox Corporation e da News Corp quando as decisões editoriais estão sendo tomadas.

É um fato importante quando homens muito ricos possuem os maiores e mais influentes jornais e redes de notícias. Também importa que seus empregados, os âncoras e apresentadores dessas redes, sejam eles próprios ricos, recebendo salários anuais na casa dos milhões. Por exemplo, Sean Hannity, da Fox, ganha mais de 40 milhões de dólares por ano e tem um patrimônio líquido de 250 milhões. Hannity pode interpretar um populista na TV, mas na verdade é um milionário com um grande interesse em servir a seus interesses e aos de seus benfeitores bilionários.

A maioria dos jornalistas profissionais luta para sobreviver. Isso é verdadeiro sobretudo em relação a repórteres e editores de diários regionais que foram destruídos por proprietários distantes que estão mais interessados em maximizar os lucros do que em garantir que as comunidades tenham a cobertura da imprensa. Mas as elites da mídia trabalham numa atmosfera rarefeita, onde têm muito mais em comum com seus empregadores, os ricos e poderosos, do que com a classe trabalhadora. E não nos esqueçamos: no fim das contas, essas conhecidas personalidades da mídia nada mais são do que empregados bem pagos. Conglomerados gigantes pagam seus salários.

Em termos de cobertura política, minha principal preocupação com as empresas de mídia não tem sido tanto sobre a exatidão das reportagens. Donald Trump — surpresa! — está errado quando diz que o que é veiculado pelos principais meios de comunicação são fake news. Não se trata disso. Só está incomodado porque a mídia costuma expor as mentiras patológicas dele. Na maioria das vezes, minha experiência mostra que os repórteres são pessoas sérias e trabalhadoras que tentam esclarecer os fatos. Estou na política há muito tempo e posso dizer que raramente fui citado de modo errado.

POR QUE A MÍDIA NÃO FALA SOBRE QUESTÕES DE CLASSE?

O problema com as empresas de mídia não são as fake news ou reportagens imprecisas. É aquilo que, devido à pressão de propriedade, a imprensa escolhe cobrir e enfatizar, e o que ela escolhe ignorar e minimizar. É a isso que Noam Chomsky, o linguista e ativista amplamente reconhecido como o maior intelectual público de nosso tempo, se refere como "fabricação de consentimento". Nas empresas de mídia de hoje, com seus milhares de canais de TV, estações de rádio, jornais, revistas e sites, há um apagão virtual quando se trata de questões de classe e poder nos Estados Unidos. Não surpreende que os ricos e poderosos não estejam interessados em discutir publicamente sua riqueza e poder e como os exercem. Sabem que é melhor lidar com isso a portas fechadas, porque, se os americanos entendessem como as corporações multinacionais de fato operam, elas enfrentariam uma indignação esmagadora.

Sem discussões profundas e análises honestas do poder das empresas é extremamente difícil para os cidadãos entender o que se passa no país e por quê. E é quase impossível saber quem deve ser responsabilizado. Como se pode fazer uma crítica inteligente do poder sem saber quem toma as decisões que moldam nossa vida? Mas como podemos obter essa informação da mídia quando os donos dessa mídia se beneficiam de nossa ignorância? O ponto principal é que os bilionários proprietários da mídia não vão abrir debates nacionais sobre a crescente desigualdade de renda e riqueza, sobre as maneiras pelas quais seus lobistas exercem o poder em Washington ou sobre como as alíquotas efetivas de impostos que eles pagam são mais baixas do que para seus funcionários. Como não temos esses debates nacionais, há uma crescente alienação por parte do povo americano do processo político.

E, a propósito, em termos de reportagens sobre questões importantes, com que frequência você já viu discussões em nossos principais meios de comunicação sobre quem é o dono da mídia? A própria fé na democracia foi minada. Se os americanos não receberem notícias honestas sobre a realidade de sua vida, se não enxergarem suas vivências no que leem, veem e ouvem, a política torna-se irrelevante para eles, e desistem do governo — não só como um veículo para resolver seus próprios problemas, mas como uma força em favor do bem na sociedade. Algumas pessoas adotam teorias da conspiração e extremismo antigovernamental. Muitas apenas desistem. A participação nas eleições americanas, mesmo em anos de eleição presidencial, é apenas uma fração do que é visto nas democracias europeias e asiáticas. Nossas eleições locais, sobretudo em comunidades onde os sistemas de mídia entraram em colapso, são tão negligenciadas que comparecimentos tão baixos quanto 25% são celebrados como "bons".

Durante muitos anos, como membro da Câmara dos Deputados e do Senado e como candidato à presidência, apareci em todos os principais noticiários de domingo — de canais como ABC, CBS, NBC, CNN, Fox — inúmeras vezes e dei milhares de entrevistas na TV. No entanto, em todas essas entrevistas, nunca me perguntaram sobre algumas das questões mais importantes e profundas que nosso país enfrenta. Nunca! E não sou só eu. Há questões de enorme importância que são quase totalmente ignoradas pelas empresas de mídia. Eis algumas das perguntas que nunca me fizeram.

Pergunta: O que significa, moral, econômica e politicamente, que três multibilionários tenham mais riqueza do que os 160 milhões de americanos que compõem a parte mais pobre de nossa sociedade? Por que temos mais desigualdade de renda e riqueza hoje do que em qualquer outro momento do século passado? Qual é o significado de, numa economia supostamente baseada na livre competição, três empresas de Wall Street administrarem mais de 20 trilhões de dólares em ativos e serem as principais acionistas de mais de 96% das empresas do s&p 500?

Pergunta: Por que o cidadão americano médio, com remuneração ajustada pela inflação, ganha menos hoje do que há cinquenta anos — apesar de uma explosão em tecnologia e produtividade do trabalhador? Por que, no país mais rico do mundo, 60% do povo vive com o dinheiro contado, enquanto milhões são forçados a trabalhar por salários de fome?

Pergunta: Por que somos o único grande país do mundo a não garantir assistência médica para todas as pessoas? Por que pagamos duas vezes mais per capita por serviços de saúde do que qualquer outra nação e, ainda assim, há 85 milhões de americanos sem seguro ou cuja cobertura é parcial?

Pergunta: Os países escandinavos — Suécia, Finlândia, Dinamarca e Noruega — fizeram enormes progressos ao longo dos anos no sentido de oferecer uma alta qualidade de vida para seus cidadãos e, de acordo com pesquisas internacionais, estão geralmente no topo da lista em termos de felicidade humana. O que podemos aprender com essas nações no que diz respeito à política social?

Pergunta: A comunidade científica, por muitas décadas, deixou claro que a mudança climática — e todos os perigos que ela representa em termos de seca, inundações, distúrbios climáticos extremos e doenças — é o resultado das emissões de carbono da indústria de combustíveis fósseis. E, no entanto, apesar de todas essas evidências, as companhias petrolíferas gastaram milhões de dólares mentindo sobre essa realidade e sobre sua responsabilidade. O que o Congresso deve fazer para responsabilizar esse setor pela enorme destruição causada ao planeta?

Pode haver diferenças honestas de opinião quanto às respostas a essas perguntas. Mas é inescrupuloso e perigoso para nossa democracia que elas praticamente nunca sejam realizadas. Essas questões não são feitas para mim. Não são feitas para outras autoridades eleitas. Não são feitas a ninguém que esteja no poder. Uma democracia vigorosa não pode florescer enquanto as questões mais importantes que ela enfrenta são amplamente ignoradas devido aos enormes conflitos de interesse inerentes a uma mídia controlada por grandes empresas.

A MAIOR PARTE DA COBERTURA POLÍTICA É FOFOCA

Em vez de priorizar questões de vital importância que afetam nossa sociedade, como o impacto da riqueza e do poder na tomada de decisões, a mídia concentra-se em geral em fofocas, curiosidades e personalidades, sobretudo quando está cobrindo campanhas e eleições. É importante que os cidadãos conheçam a vida daqueles que buscam cargos públicos — a honestidade, a experiência, a saúde, a família e o histórico de relacionamentos pessoais? É sim. Porém, no fim das contas, as eleições devem ser muito mais do que concursos de personalidade. Não vamos conseguir nenhum tipo de progresso no país se a mídia continuar obcecada com as "questões" de quem é mais "simpático" e com que pessoa mais gostaríamos de tomar uma cerveja.

Suspeito que não devamos retornar em breve aos debates Lincoln-Douglas de três horas de 1858, mas o foco das campanhas deve ser sobre o que os candidatos defendem e o que farão para melhorar nossa vida e o mundo em que vivemos. As eleições devem centrar-se nas necessidades do povo, não nas mesquinhas trapalhadas pessoais dos candidatos. O foco nas personalidades desvincula a política das principais questões que enfrentamos, emburrece discussões sérias e desvia a atenção do papel que os interesses empresariais e a classe bilionária desempenham no impacto sobre a vida da grande massa dos americanos. Por sua vez, isso estreita o ângulo pelo qual o governo é noticiado e restringe a gama de opções que os cidadãos acreditam estar disponíveis. As questões que mais importam para os trabalhadores do país — um sistema de saúde disfuncional, baixos salários, pobreza, desindustrialização, abandono das comunidades da classe trabalhadora e crescente desigualdade — são negligenciadas e abordadas apenas com relutância quando não podem ser evitadas.

Há muito tempo, esse tem sido o caso. Mas, à medida que a propriedade da mídia se consolida e a influência empresarial se expande, uma situação que já é ruim está piorando.

Durante meus anos na política, testemunhei um profundo declínio na quantidade de atenção dedicada a questões importantes. Começou com as estações de rádio e os canais de TV, que muitas vezes estavam mais interessados em tomadas rápidas do que em reportagens detalhadas, no entanto logo os jornais se juntaram para focar a "corrida de cavalos". Hoje, geralmente a mídia cobre a política como entretenimento, com cada vez mais atenção às fraquezas de personalidade, gafes, pesquisas, disputas mesquinhas entre candidatos e tudo o mais que seja sensacionalista o suficiente para passar por "notícia". Na análise da mídia sobre os debates dos candidatos, com frequência é abordado quem fez o melhor comentário espirituoso ou mordaz e quem "venceu" o debate, e não as ideias apresentadas pelos políticos.

DESAFIANDO AS EMPRESAS DE MÍDIA NO PALCO DO DEBATE

Foi isso que eu disse no palco do debate presidencial democrata em Detroit, em meados de 2019, ao desafiar a mídia na TV ao vivo quando os moderadores da CNN Jake Tapper, Dana Bash e Don Lemon perguntaram aos candidatos presidenciais sobre a reforma do sistema de saúde. Apresentei minha proposta de um sistema de saúde de fonte pagadora única dizendo aos moderadores e à multidão: "Se vocês desejam estabilidade na assistência médica, se desejam um sistema que lhes dê liberdade de escolha em relação a um médico ou hospital, que seja uma estrutura que não vai levá-los à falência, a resposta é livrar-se da especulação das empresas farmacêuticas e das seguradoras e mudar para o Medicare for All". A cada passo do evento, eu defendia um sistema Medicare for All: "No momento, temos um sistema de saúde disfuncional: 87 milhões sem seguro ou com seguro de cobertura parcial, 500 mil americanos falindo todos os anos por causa de contas médicas, 30 mil pessoas morrendo enquanto a indústria da saúde lucra dezenas de bilhões de dólares". Expliquei o que era possível, observando que "a cinco minutos [do palco do debate em Detroit] há um país chamado Canadá. O governo canadense garante assistência à saúde a todos os homens, mulheres e crianças como um direito humano. Lá, as pessoas gastam metade do que gastamos aqui. E, a propósito, quando você acaba em um hospital no Canadá, sai sem nenhuma conta. A saúde é um direito humano, não um privilégio. Acredito nisso. Vou lutar por isso".

Quando meus rivais no palco contestaram esses argumentos, eu estava pronto para rebatê-los. Numa das discussões mais comentadas do debate, o congressista de Ohio Tim Ryan tentou sugerir que membros de sindicatos poderiam perder os benefícios do Medicare for All. Contrapus que eles teriam um atendimento melhor. "O Medicare for All é abrangente", expliquei. "Dá cobertura a todas as necessidades de saúde. Para os idosos, incluirá finalmente atendimento odontológico, aparelhos auditivos e óculos." Ryan me interrompeu, dizendo: "Mas você não sabe disso — você não sabe disso, Bernie". Respondi: "Eu sei disso, escrevi a maldita lei".

O que foi incomum naquela noite em Detroit não foi o debate com meus rivais. Nada de inesperado nisso. O que tornou o confronto interessante foi que eu não apenas debatia com meus adversários. Debatia com os moderadores.

Segundos depois de minha resposta a Ryan, Jake Tapper interveio para defender o argumento do congressista, alegando: "Se o Medicare for All for aprovado, há mais de 600 mil membros de sindicatos aqui em Michigan que seriam forçados a abrir mão de seus planos de saúde privados". Ele exigiu saber se eu "garantiria aos filiados do sindicato que os benefícios do Medicare for All seriam tão bons quanto os benefícios que seus representantes — seus representantes sindicais — lutaram arduamente para negociar".

De repente, a CNN estava preocupada com os contratos sindicais. Mas, claro, essa não era a questão. A preocupação era que eu defendia o Medicare for All e os eleitores aceitavam isso, o que não se encaixava na narrativa que a CNN ou seus anunciantes queriam numa noite em que um dos dois principais partidos começava a decidir quem poderia indicar para a presidência. Mas eu não estava disposto a recuar. Depois de explicar que os trabalhadores de fato estariam em melhor situação sob um sistema que protegesse sua família da falência se um filho ficasse doente, declarei: "O que eu e outros aqui estão falando é sem franquias e sem coparticipações. E, Jake, sua pergunta é um bordão dos republicanos".

A plateia, que incluía muitos apoiadores de outros candidatos além de mim, explodiu em aplausos.

"E, a propósito", acrescentei, "a indústria da saúde fará um pronunciamento esta noite ao longo do programa."

Os aplausos aumentaram.

Tapper me cortou e tentou passar para outro candidato e outra linha de raciocínio. Recusei-me a desistir.

"Posso completar minha fala, por favor?", perguntei.

"Seu tempo acabou", disparou Tapper. Mas eu tinha a multidão comigo, e ele finalmente disse: "Trinta segundos".

Eu não precisava de tanto tempo para expor minha opinião. "Eles vão anunciar hoje à noite com esse bordão", completei.

Não deu outra, foi o que fizeram. Durante os intervalos do debate, proliferaram anúncios de empresas farmacêuticas e de biotecnologia. Um anúncio da "Partnership for America's Health Care Future" (PAHCF), um grupo empresarial financiado por companhias de seguros, donos de hospitais e gigantes farmacêuticas, mostrava "americanos médios" apresentando o bordão da indústria: "Não queremos ser forçados a entrar num sistema de seguro governamental de fonte pagadora única".

Não quero ser muito duro com Jake Tapper. Conheço-o há anos e gosto dele. É um jornalista experiente e sério que faz um trabalho melhor do que a maioria. A discussão que tivemos naquela noite de julho de 2019 poderia ter ocorrido durante qualquer um dos debates e com qualquer outro moderador — ou em qualquer uma das outras prefeituras, fóruns e entrevistas em programas de TV a cabo.

QUANDO O *WASHINGTON POST* BATEU O MARTELO

Na política, uma das funções importantes da mídia empresarial é nos dizer quem são os candidatos "sérios" que devemos apoiar e quais candidatos são "marginais" e indignos de muita atenção.

Você não ficará chocado ao saber que, em minha primeira campanha presidencial, não fui considerado pela mídia do establishment um dos candidatos "sérios". Pelo menos, não no início.

Em 2016, o establishment político e midiático acreditava que sua candidata, Hillary Clinton, era uma barbada para ganhar a indicação do partido. Ela tinha sido uma força poderosa no governo de Bill Clinton, senadora e secretária de Estado. Era a queridinha de Wall Street e da elite democrata. Tinha o apoio de muitos membros democratas do Senado e da Câmara, bem como de governadores em todo o país. Teria sido a primeira mulher presidente dos Estados Unidos. Como não gostar dela?

Eu, em contrapartida, era descrito como um *incendiário, agitador, radical, barulhento, implicante, rude, desleixado* — e pior. Quase não tinha apoio político de democratas proeminentes e certamente nem do mundo empresarial. Eu era muitas coisas, mas sem dúvida não era um candidato "sério". Afinal, por definição, como alguém com minhas opiniões políticas contra a classe dominante pode ser considerado "sério"?

Uma coisa engraçada aconteceu a caminho para a Convenção Nacional Democrata na Filadélfia. Os eleitores discordaram da avaliação da mídia. Atraímos multidões cada vez maiores aos comícios, e nossos números nas pesquisas, que começaram em 3%, logo melhoraram. Na primeira disputa, no estado de Iowa, empatei com Clinton. Na primeira primária do estado de New Hampshire, obtive uma vitória esmagadora.

Isso abalou o establishment e a mídia dele. Como as coisas poderiam ter dado tão errado? Por que tantos americanos, sobretudo jovens energizados, votavam em Bernie Sanders? E o que poderia ser feito para deter o ímpeto de uma revolução política?

O *Washington Post* tinha uma resposta.

O *Post*, de muitas maneiras, é a personificação da mídia do establishment empresarial. Durante décadas, o jornal pertenceu à família Graham, um pilar da elite de Washington. O jornal certamente assumiu algumas posições liberais ao longo dos anos, e seus repórteres fizeram matérias inovadoras — em especial durante a época do Watergate —, mas sempre foi uma presença institucional na capital do país. Instalado com firmeza nos círculos do poder, podia se opor aos excessos de Richard Nixon ou Ronald Reagan, mas nunca desafiaria o status quo econômico. Isso atraiu Jeff Bezos, como já disse, que acabou adquirindo o *Post* em 2013. A influência desse jornal não pode ser medida apenas em termos da influência que exerce sobre os próprios leitores. Ele é um dos principais transmissores da perspectiva do establishment na mídia americana. Seus repórteres e editores aparecem com frequência na TV, suas matérias são amplificadas em plataformas de mídia e sua abordagem tem enorme influência sobre como outros jornais e redes de notícias fazem a cobertura dos Estados Unidos e do mundo. O apoio entusiástico do jornal à desastrosa guerra no Iraque, por exemplo, ajudou a "legitimar" aquela trágica aventura militar aos olhos dos meios de comunicação que careciam do alcance e dos recursos globais do *Post*. Assim é que, quando o *Post* está errado, o discurso americano e a formulação de políticas americanas podem rapidamente sair dos trilhos.

Quando decidi me candidatar à presidência em 2016, estava bem ciente de que o *Post* tinha pouca utilidade para mim ou para as ideias que eu defendia. Mas não imaginava quão profunda era tal antipatia até que nossa campanha começou a decolar. Depois que empatamos em Iowa e vencemos as primárias de New Hampshire, os cálculos das elites políticas e da mídia foram derrubados. Ficou claro que iríamos até a convenção na Filadélfia, e havia especulações abertas de que eu poderia derrotar de fato Hillary Clinton e ser o candidato do partido. Essa era uma perspectiva que o *Post* não estava preparado para considerar.

Em 6 e 7 de março, no auge da campanha, logo após termos vencido as disputas no Colorado, em Kansas, no Maine, em Minnesota, em Nebraska, no Oklahoma e em Vermont, e quando uma importante votação primária se aproximava naquela semana em Michigan, o *Post* lançou um ataque a nossa campanha que revelou os extremos a que os meios de comunicação vão quando querem esmagar candidatos e ideias que contestam sua visão de mundo e seus interesses econômicos. Em um período de 24 horas, por meio de uma série de dezesseis artigos, esse jornal conseguiu insinuar que eu era racista, sexista, apoiador de armas e um simpatizante intelectual de ideólogos de direita como Donald Trump e Ted Cruz. Eis o que Fairness & Accuracy in Reporting, um grupo de vigilância da mídia, escreveu em 8 de março de 2016:

No que deve ser algum tipo de recorde, o *Washington Post* publicou dezesseis matérias negativas sobre Bernie Sanders em dezesseis horas, entre aproximadamente 22h20 de domingo, 6 de março, até as 15h54 (fuso horário da costa leste) de segunda-feira, 7 de março, uma janela que inclui o crucial debate democrata em Flint, Michigan, e a rodada da manhã seguinte:

- 6 de março, 22h20: Bernie Sanders promete que os Estados Unidos não serão o número um em encarceramento. Ele vai precisar libertar muitos criminosos;

- 7 de março, 0h39: Clinton está concorrendo à presidência. Sanders está fazendo outra coisa;

- 7 de março, 4h04: Isso é preocupante: Trump e Sanders usam a mesma frase de efeito;

- 7 de março, 4h49: Pacientes de saúde mental para Bernie Sanders: não nos compare com os candidatos republicanos;

- 7 de março, 6h: "Com licença, estou falando": Bernie Sanders cala Hillary Clinton repetidamente;

- 7 de março, 8h24: As duas grandes mentiras de Bernie Sanders sobre a economia global;

- 7 de março, 8h25: Cinco razões pelas quais Bernie Sanders perdeu o debate democrata na noite passada;

- 7 de março, 8h44: Uma realidade incômoda para Bernie Sanders: Uma estratégia concentrada em estados mais brancos;
- 7 de março, 8h44: Bernie Sanders diz que os brancos não sabem como é viver num "gueto". Sobre isso...;
- 7 de março, 11h49: A Associação Nacional de Rifles (NRA) acabou de elogiar Bernie Sanders — e não lhe fez nenhum favor ao fazê-lo;
- 7 de março, 12h55: Até Bernie Sanders pode derrotar Donald Trump;
- 7 de março, 13h08: O que Bernie Sanders ainda não entendeu sobre discutir com Hillary Clinton;
- 7 de março, 13h44: Por que Obama diz que a reforma bancária é um sucesso, mas Bernie Sanders diz que é um fracasso;
- 7 de março, 14h16: Eis algo que Ted Cruz e Bernie Sanders têm em comum: E a parte do argumento de que Bernie não entende muito bem;
- 7 de março, 15h31: "Com licença!": Bernie Sanders não sabe falar sobre negros;
- 7 de março, 15h54: E o senador mais sectário de 2015 é... Bernie Sanders!

Todas essas postagens pintam sua candidatura de forma negativa, principalmente ao propor a narrativa de que ele é um homem branco sem noção, incapaz de conquistar pessoas de cor ou falar com mulheres. Até mesmo o único artigo sobre Sanders vencer Trump sugere que isso é de alguma forma uma surpresa — apesar do fato de Sanders consistentemente superar Hillary Clinton contra o empresário de Nova York.

O tsunami de um dia de ataques lançados contra mim pelo *Washington Post* foi um exemplo extremo da reação do establishment a um candidato que defendia uma mudança transformadora. Mas, em sua inimizade a minha campanha, o jornal de Bezos não estava sozinho.

Em dezembro de 2019, em um momento em que eu liderava as pesquisas ou ocupava um segundo lugar próximo, o *New York Times* passou por seu processo de endosso. Como o *Times* decidiu endossar dois candidatos, cada membro do conselho editorial pôde dar dois votos. No total, foram trinta votos na urna. Recebi um desses votos. Um. A contagem inicial do conselho editorial tornada pública foi: Warren: 8, Klobuchar: 7, Booker: 6, Buttigieg: 4, Biden: 3, Sanders: 1, Bloomberg: 1.

Ah, sim. Depois, temos o *Wall Street Journal*, de Rupert Murdoch. Não pesquisei sobre isso, mas acho que é justo dizer que não há nenhum membro do Congresso, nenhum, que tenha recebido mais ataques da página editorial desse jornal do que eu. Acontece quase todos os dias. Existem centenas de jornais diários no país. Em 2016, ganhei o endosso de um único grande jornal diário metropolitano. Obrigado, *Seattle Times*.

Aqui está outra reviravolta na cobertura da mídia empresarial de minha campanha. Em 2015, quando a corrida presidencial decolava, estávamos tão bem nas pesquisas do lado democrata quanto Donald Trump nas pesquisas do lado republicano. No entanto, uma análise da cobertura da campanha pelos canais de TV concluiu que elas deram 23 vezes mais atenção à campanha de Trump do que à nossa. "Os noticiários das redes estão superestimando Trump, que normalmente atrai entre 20% e 30% do apoio dos eleitores primários, enquanto, ao mesmo tempo, subestimam Sanders, que normalmente atrai entre 20% e 30% do apoio dos eleitores primários", observou Eric Boehlert, da Media Matters, num relatório baseado em dados do analista de mídia Andrew Tyndall. "Obviamente, Trump é o favorito do Partido Republicano e é razoável que ele receba mais atenção do que Sanders, que está em segundo lugar para os democratas. Mas 234 minutos totais de rede para Trump em comparação com apenas dez minutos de rede para Sanders, como o Relatório Tyndall descobriu?"

UMA CRISE DO JORNALISMO TORNA-SE UMA CRISE DA DEMOCRACIA

A crise na mídia americana não diz respeito somente ao controle por grandes empresas e a hostilidade do establishment contra os que lutam por mudanças transformadoras. Ela vai mais fundo. A função de uma organização é ganhar tanto dinheiro quanto possível, e, quando uma companhia não está tendo lucros suficientes, por qualquer motivo, ela reduz. Desinveste. Fecha. E é isso que as empresas de mídia estão fazendo em comunidades de todo o país. Ter conglomerados de mídia como Comcast ou Disney pode ser extremamente lucrativo, mas, por uma ampla variedade de razões, é cada vez mais difícil para jornais e estações de rádio de propriedade local obterem um lucro decente.

Tudo isso levanta uma questão simples: como manter uma democracia e um governo representativo se a mídia local desaparece e os moradores não recebem informações e notícias sobre o que se passa em suas comunidades? Uma democracia vigorosa requer uma mídia vigorosa — em todos os níveis da sociedade. E, em muitas partes do país, essa mídia local está desaparecendo.

Em minhas viagens pelo país no fim dos anos 2010 e início dos anos 2020, ouvi cada vez mais reclamações sobre a morte da mídia local. As estações de TV faziam a cobertura do clima, de esportes e crimes, porém não encontravam mais tempo — ou não tinham equipe — para notícias da reunião do conselho municipal ou do conselho escolar, e esqueça as reportagens investigativas que poderiam perturbar as empresas que compravam anúncios antes, durante e depois dos noticiários. As estações de rádio foram compradas por conglomerados como o Clear Channel, que substituiu a programação tradicional por programas de direita distribuídos nacionalmente, apresentados por nomes como Rush Limbaugh e Sean Hannity. Jornais que antes eram importantes fontes de informação para pequenas cidades tinham demitido tantos editores e repórteres que havia pouco conteúdo para preencher as míseras páginas que saíam das impressoras. Em um número crescente de comunidades, os jornais simplesmente fecharam, não deixando redações para cobrir vastas extensões do centro do país.

Em nível pessoal, posso dizer que quando eu era prefeito de Burlington, Vermont, na década de 1980, minhas coletivas de imprensa eram geralmente acompanhadas por sete ou oito meios de comunicação locais — estações de rádio e canais de TV, o jornal diário local, o jornal semanal e talvez a Associated Press. Esses veículos também cobriam o conselho municipal, o conselho escolar e outros órgãos municipais. Hoje, quando faço uma coletiva de imprensa, aparece metade desse número. Além disso, muitos dos programas de entrevistas de rádio que cobriam a política local desapareceram.

É claro que as pessoas têm a internet. Podem dar uma olhada em pronunciamentos de figuras nacionais e "influenciadores" em Washington, Nova York e Los Angeles. Mas não conseguem obter uma história direta sobre o que está acontecendo em suas cidades natais — na câmara de vereadores, no conselho escolar, no gabinete do prefeito.

À medida que os jornais diários regionais fechavam, os jornais locais diminuíam de tamanho, os apresentadores de rádio foram substituídos por "conteúdo" distribuído e as antigas linhas de distinção entre propriedade de rádio, mídia impressa e digital foram borradas; e as comunidades em todo o país, abandonadas.

O GRANDE "DESERTO DE NOTÍCIAS" AMERICANO

A crise é tão grave que Margaret Sullivan, uma das observadoras de mídia mais capazes do país, escreveu em junho de 2022 no *Washington Post* que "a cada semana, mais dois jornais fecham — e os 'desertos de notícias' ficam maiores". Se essa tendência continuar, alertou Sullivan, "um terço dos jornais americanos que existiam há cerca de duas décadas estarão fora do mercado até 2025".

Sullivan refletia sobre a pesquisa "Estado das Notícias Locais" de 2022 feita pela Iniciativa de Mídia Local da Escola de Jornalismo Medill da Northwestern University. Esse estudo chegou a várias conclusões sérias e quatro delas me chamaram atenção:

- *Mais de um quinto dos cidadãos do país vivem em "desertos de notícias" — com acesso muito limitado às notícias locais — ou em comunidades em alto risco de isso acontecer.* Setenta milhões de pessoas vivem nos 208 condados sem jornal, ou nos 1630 condados com apenas um jornal — geralmente um semanário — que cobre várias comunidades espalhadas por uma vasta área. Cada vez mais, as comunidades suburbanas ricas estão perdendo seus únicos jornais, à medida que grandes redes fundem ou fecham semanários de baixo desempenho. A maioria das comunidades que perde jornais e não tem uma fonte alternativa de notícias locais é mais pobre, mais velha e carece de fontes acessíveis e confiáveis de serviço digital de alta velocidade que lhes permitiria acessar o jornalismo importante e relevante produzido pelos jornais e sites digitais sobreviventes do país. Em vez disso, elas têm acesso a notícias locais — as poucas que existem — principalmente por meio de aplicativos de celular de redes sociais.

- *Os jornais sobreviventes — sobretudo os diários — reduziram de forma significativa a equipe e a circulação, à medida que as receitas e os lucros da impressão evaporaram.* Isso reduziu drasticamente sua capacidade de fornecer notícias às comunidades, agravando ainda mais as lacunas de informações não apenas nas áreas rurais, mas também nos subúrbios ao redor de uma cidade. Desde 2005, enquanto as receitas dos jornais alcançaram 50 bilhões de dólares, o emprego total nos jornais caiu 70% e as receitas caíram para 20 bilhões de dólares. O emprego nas redações diminuiu quase 60%, e o número de fotógrafos contratados diminuiu 80%.

- *As alternativas digitais continuam escassas, apesar do aumento do financiamento empresarial e filantrópico.* Nos últimos dois anos, o número de novos sites de notícias somente digitais tanto local como estadual, 64, excedeu ligeiramente o número de sites que foram desativados. Em 2022, existem 545 sites estaduais e locais somente digitais; a maioria emprega seis repórteres ou menos em tempo integral. Cada estado tem pelo menos um meio de comunicação somente digital. No entanto, mesmo as já estabelecidas organizações de notícias digitais locais muitas vezes não conseguem atrair o tráfego mensal de sites de TV e jornais locais, diminuindo um pouco o impacto das matérias que produzem. Quatro em cada dez sites locais são agora sem fins lucrativos, mantidos por uma combinação de subvenções, patrocínios e doações. Mas, seja sem ou com fins lucrativos, a grande maioria desses sites está localizada em cidades maiores, deixando boa parte do restante do país descoberta.

- *A disparidade entre as comunidades que têm organizações de notícias fortes e as que não têm é consequência principalmente da demografia do mercado, estrutura de propriedade e financiamento disponível.* Quer sejam impressas ou digitais, as organizações de notícias locais que têm proprietários empreendedores e estão em comunidades ricas e/ou em crescimento com diversas fontes de financiamento têm muito mais probabilidade de estabelecer e manter uma empresa sem fins lucrativos, com fins lucrativos ou híbrida bem-sucedida. Comunidades com dificuldades econômicas e tradicionalmente mal atendidas — onde os residentes precisam de jornalistas que ofereçam transparência e supervisão do governo local e das decisões de negócios — são as que têm maior probabilidade de perder uma organização de notícias e serem negligenciadas por financiadores que procuram investir em empresas de jornalismo com e sem fins lucrativos. Essa perda do jornalismo local exacerba as divisões políticas, culturais e econômicas entre as comunidades e dentro delas.

Não é um bicho de sete cabeças o que está acontecendo. As empresas de mídia estão abandonando o jornalismo local por não estarem lucrando de acordo com suas exigências. A consolidação da propriedade da mídia em nível nacional é refletida em nível local, onde os jornais diários ainda existentes, em sua maioria, são agora propriedade de cadeias que devem lealdade não às comunidades que deveriam servir, mas a gestores de fundos de hedge que não têm interesse em jornalismo.

Como a publicidade, que historicamente tornou os meios de comunicação muito lucrativos, se tornou digital, diz o estudioso da mídia Robert McChesney, o modelo de financiamento para o jornalismo local e regional entrou em colapso. Os anunciantes "não precisam mais apoiar um jornal local para atingir seu público-alvo nem usar a mídia convencional". Sem os lucros derivados das receitas publicitárias, diz ele, "ninguém está investindo para fazer jornalismo tradicional em lugar nenhum se quiser ganhar dinheiro. Talvez façam isso porque têm uma vantagem política que desejam promover. Talvez façam isso por esse ou aquele motivo. Mas perdeu todo o valor comercial. Não é mais rentável. A classe capitalista abandonou completamente o jornalismo. Os únicos que compram meios de comunicação hoje são esses fundos de hedge e de ações visando desmantelá-los. Eles não se importam com o jornalismo. Trata-se dos únicos compradores no mercado. Você não consegue encontrar investidores para comprar jornais a fim de produzir notícias ou comprar mídia jornalística para fazer notícias se eles quiserem lucrar com seu investimento".

"O jornalismo", diz McChesney, "não é mais lucrativo."

Isso tem consequências profundas para a sociedade em geral e para a democracia em particular. Infelizmente, os formuladores de políticas continuam apresentando "soluções" que equivalem a colocar um band-aid numa ferida aberta. Propõem pequenos incentivos fiscais para conglomerados de mídia que mantêm os jornalistas no trabalho, mas continuam sugerindo que, de alguma forma, "o mercado" encontrará uma solução. Ou que bilionários esclarecidos vão compensar a diferença. Isso não vai acontecer.

UM NEW DEAL PARA O JORNALISMO

À medida que mais e mais jornais deixam de existir e vastas extensões do país se tornam "desertos de notícias", precisamos repensar como a mídia local é mantida a fim de garantir que os americanos possam acessar as informações necessárias para cultivar uma democracia vigorosa.

Em minha opinião, deve haver financiamento público significativo para mídia diversificada e competitiva nos níveis nacional, regional e local.

Isso não é uma ideia radical. Na fundação dos Estados Unidos, os primeiros Congressos deram enormes subsídios postais aos impressores para que pudessem distribuir jornais. Os subsídios foram para todos os lados nos grandes debates do início dos

Estados Unidos e promoveram uma diversidade de mídia e discussões tão intensas que o filósofo francês Alexis de Tocqueville concluiu, depois de viajar pelo jovem país na década de 1830, que os jornais eram uma base essencial da "Democracia na América". Mesmo agora, quase duzentos anos depois, nossos maiores meios de comunicação desfrutam de subsídios imensos. O público é dono das ondas de rádio do país, mas os conglomerados de mídia reivindicam o uso exclusivo dessas ondas para seu próprio benefício econômico. Depois que obtêm uma licença, podem embolsar os lucros provenientes de suas estações de rádio e canais de TV; e, com o afrouxamento dos padrões e regulamentos iniciados pela Lei das Telecomunicações de 1996 e por membros alinhados à indústria da Comissão Federal de Comunicações, geralmente o fazem com pouca ou nenhuma prestação de contas.

Na juventude, eu ganhava a vida escrevendo para jornais de Vermont. Acreditava então, e acredito agora, que liberdade de imprensa significa que o governo nunca deve ter permissão para dizer aos jornalistas o que cobrir — ou como relatar o que encontram. Mas também acredito que seja possível criar sistemas de apoio aos meios de comunicação que lhes permitam falar a verdade ao poder, e sobreviver.

Devemos começar com uma reavaliação radical do papel da mídia pública e comunitária nos Estados Unidos, e uma grande infusão de financiamento público para sustentar a mídia independente e sem fins lucrativos — e a robusta democracia local, estadual e nacional que dela se estende. Pense nisso como um New Deal para o jornalismo.

Outros países, como Alemanha e Noruega, fizeram esse tipo de investimento com considerável sucesso. É hora de os Estados Unidos fazerem o mesmo, como parte de uma estratégia mais ampla de reforma da mídia que procure promover uma competição genuína. Sim, devemos acabar com os monopólios dos meios de comunicação que sufocaram o discurso honesto e abrangente em nível nacional. Devemos promover uma propriedade mais diversificada da grande mídia e uma troca de ideias mais séria, tornando a FCC [Comissão Federal de Comunicações] uma defensora do debate e do discurso, não da consolidação e da exploração. No entanto, tão importante quanto isso, e talvez ainda mais urgente, é renovar o jornalismo em nível local nas comunidades que foram abandonadas pelas empresas de mídia.

MÍDIA PÚBLICA ROBUSTA GERA DEMOCRACIA ROBUSTA

A maneira de fazer isso é realizar um investimento significativo em mídia pública.

Os estudiosos dos meios de comunicação da Universidade da Pensilvânia Victor Pickard e Timothy Neff identificaram uma evidente conexão entre o financiamento da mídia pública e a democracia. Em seu estudo de 2022 "O financiamento da democracia: Mídia pública e saúde democrática em 33 países", concluíram que "altos níveis de financiamento seguro para sistemas de mídia pública e fortes proteções estruturais para a independência política e econômica desses sistemas estão consistente e positivamente correlacionados com democracias saudáveis".

Infelizmente, os Estados Unidos não proporcionam altos níveis de apoio à mídia pública. O país aniquila a TV e a rádio públicas e os veículos comunitários existentes, e não começou a desenvolver um plano para tratar dos "desertos de notícias" que estão surgindo no país.

Qual é a gravidade do subfinanciamento?

De acordo com Pickard, o governo americano aloca cerca de 1,40 dólar per capita anualmente — 0,002% do produto interno bruto — para a radiodifusão pública. Isso é menos do que um café gelado na Starbucks.

Compare-se o compromisso dos Estados Unidos com a mídia pública com o da Noruega, país que ocupa o primeiro lugar no Índice de Democracia da Economist Intelligence Unit e no Índice Mundial de Liberdade de Imprensa dos Repórteres Sem Fronteiras. A Noruega gasta 110,73 dólares por pessoa para manter um sistema público de mídia que abrange quatro serviços nacionais principais, com ampla cobertura local até mesmo nas regiões mais remotas do país. A Alemanha, um país muito maior do que a Noruega, mantém o maior mercado de TV da Europa e ocupa uma posição relativamente alta no Índice de Democracia das "democracias plenas" (15º) e no Índice Mundial de Liberdade de Imprensa (16º). Como ela faz isso? Gastando 142,42 dólares por pessoa anualmente em mídia pública. Conforme um sistema projetado após a Segunda Guerra Mundial, com forte apoio do general Dwight Eisenhower, a Alemanha mantém nove sistemas regionais de transmissão pública que produzem conteúdo para telespectadores nos níveis nacional e estadual. Essas redes oferecem cobertura nacional, regional e local intensiva de notícias, cultura e esportes. Contam com dezenas de redações locais que fornecem matérias para comunidades em toda a Alemanha. Existem ainda estações públicas em nível nacional e em determinadas localidades que oferecem programação especial e estendem o alcance desses serviços públicos às áreas rurais e comunidades étnicas.

Noruega, Alemanha e outros países que despejam recursos significativos na mídia pública e comunitária estão entre as nações mais livres do mundo. Enfrentam desafios, com certeza. Mas suas democracias permanecem robustas e dinâmicas. O mesmo não pode ser dito dos Estados Unidos, que ocupam o 26º lugar no Índice de Democracia, colocando o país na categoria de "democracia imperfeita" ao lado de países como Hungria e Brasil. E obtém uma posição ainda pior no Índice Mundial de Liberdade de Imprensa: 42º, logo depois de Moldávia e Burkina Faso. "Depois de quatro anos do presidente Trump constantemente difamando a imprensa, o presidente Biden sinalizou o desejo de seu governo de ver o país "recuperar o status global de modelo [para] a liberdade de expressão e restabeleceu assim as entrevistas periódicas à imprensa na Casa Branca e nas agências federais", explicou a análise do Repórteres Sem Fronteiras. "Apesar desses esforços, muitas das questões subjacentes e crônicas que afetam os jornalistas permanecem ignoradas pelas autoridades, entre elas o desaparecimento das notícias locais, a polarização da mídia ou o enfraquecimento do jornalismo e da democracia causado por plataformas digitais e redes sociais."

TRAZER "DESERTOS DE NOTÍCIAS" DE VOLTA À VIDA

É óbvio que temos muito trabalho a fazer se quisermos que as informações fluam nos "desertos de notícias" dos Estados Unidos.

Pickard e Neff sustentam que, "tendo em vista o fracasso sistêmico do mercado que está levando o jornalismo local dos Estados Unidos à falência, uma rede de segurança da mídia pública é especialmente urgente hoje". Segundo eles, mesmo um investimento modesto na mídia pública pode fazer muito para ajudar a mídia local e aumentar a independência dos meios de comunicação. "Para atingir todo o seu potencial democrático, a mídia pública deve ser política e economicamente independente. Essa meta exige o fim da lacuna de financiamento federal, bem como a garantia de apoio financeiro adequado no futuro, protegido dos caprichos e interferências políticas", explicam eles. Se os Estados Unidos gastassem proporcionalmente tanto quanto o Reino Unido gasta na BBC, isso nos possibilitaria investir 35 bilhões de dólares em mídia pública em todo o país.

O que poderia ser realizado se um compromisso anual de 35 bilhões de dólares — bem menos do que os senadores acrescentaram ao orçamento do Pentágono do presidente Biden em 2022 — fosse assumido para desenvolver e manter a mídia pública nos Estados Unidos? McChesney afirma que uma "Iniciativa de Jornalismo Local" bem organizada poderia sustentar redações em cada um dos mais de 3 mil condados do país, eliminando de forma efetiva os "desertos de notícias" e estabelecendo um sistema de governança democrática onde as pessoas no nível local participariam do direcionamento de recursos para operações concorrentes de coleta de notícias. Essas redações seriam principalmente digitais, com redução de custos e ampliação do alcance, no entanto teriam muito espaço para inovação a fim de identificar modelos e plataformas que melhor atendessem a suas comunidades.

Pickard sugere que o financiamento federal poderia ser usado para desenvolver "Centros de Mídia Pública" comunitários que funcionariam como cooperativas de notícias. Seriam administrados pelos jornalistas que trabalham para eles e responderiam diretamente às comunidades que atendem. "Como uma nova instituição comunitária âncora ao lado de escolas e hospitais, esses centros poderiam servir de blocos de construção primários para um sistema de mídia pós-comercial que fosse democratizante e imune a falhas de mercado."

Pickard reconhece que isso pode soar um pouco "utópico" para os americanos. Mas a experiência de países onde a cultura da mídia é mais dinâmica do que nos Estados Unidos, e onde a democracia é muito mais saudável, mostrou que o apoio federal a iniciativas desse tipo pode funcionar.

O QUE PODEMOS APRENDER COM A NORUEGA

Compreendo que a Noruega é um país pequeno. Mas há muito o que podemos aprender com uma nação que é amplamente reconhecida por ter alguns dos meios de comunicação mais livres e democráticos do mundo.

Desde 1969, a Autoridade Norueguesa de Mídia fornece subsídios para a imprensa local e, mais recentemente, para operações de notícias on-line a fim de manter a concorrência em nível local. Concedidos de forma proporcional à circulação do jornal e ao apelo on-line, esses subsídios não só mantiveram essas redações concorrentes, como promoveram debates robustos em algumas das menores comunidades norueguesas. Possibilitaram que minorias étnicas e linguísticas desenvolvessem operações de comunicação distintas e sustentaram jornais que destacam as perspectivas de movimentos políticos dissidentes. Além dos subsídios, as publicações norueguesas estão isentas de impostos sobre a venda de jornais.

Embora os subsídios sustentem a concorrência local, a Noruega tomou uma série de medidas desde o fim dos anos 1990 para evitar a concentração da propriedade da mídia em nível nacional. Não é um sistema perfeito. Ainda existem cadeias de jornais e conglomerados de mídia que os críticos dizem ser poderosos demais. Os meios de comunicação e a imprensa ainda tiveram dificuldades nos primeiros dias da pandemia de coronavírus, mesmo tendo obtido assistência rápida na forma de um esquema especial de apoio e novos financiamentos para inovação. Os sindicatos que representam repórteres e editores ainda têm muito do que reclamar. Os políticos ainda se opõem à forma como são noticiados. No entanto, os noruegueses mantiveram um sistema de mídia, em sua maior parte, que é forte o suficiente para resistir às pressões impostas não só pelas notícias falsas de direita, mas também pela especulação dos fundos de hedge. Está prosperando em comparação com o sistema nos Estados Unidos.

Não acho utópico sugerir que o país mais rico do mundo possa ter um sistema de mídia tão inovador, intelectualmente diverso e inclinado a abordar questões importantes como o da Noruega — ou da Alemanha, ou de qualquer um dos mais de quarenta países que estão à nossa frente nos índices de liberdade de imprensa. Com efeito, acredito que reconhecer o jornalismo de qualidade como um bem público que deve estar disponível para todos — e que pode ser aprimorado e ampliado por investimentos significativos em mídia pública, sobretudo em nível local — é fundamental para acabar com o status embaraçoso do nosso país de "democracia imperfeita".

Minha fé no poder do jornalismo bem financiado, que fale a verdade para o poder, é suficiente para me fazer acreditar que ele pode desempenhar um papel crítico em tornar os Estados Unidos o que deveriam ser: uma "democracia plena". É uma luta que estou pronto para travar — com as dezenas de milhões de americanos que estão certos em se preocupar com o fato de que, se não agirmos, os "desertos de notícias" se tornarão desertos de democracia.

PARTE II

AS MUITAS LUTAS PARA
TRANSFORMAR O PAÍS

7. Eu não, nós

A campanha de 2020 e a luta pela mudança

Em 8 de abril de 2020, após quase catorze meses de disputa pela indicação presidencial democrata, anunciei que estávamos suspendendo nossa campanha. A mensagem importante presente na declaração que fiz naquele dia foi: "Essa campanha está chegando ao fim, mas nosso movimento não".

Tendo em vista a crescente pandemia de covid e os requisitos de distanciamento social que efetivamente encerraram a campanha presencial, fiz o anúncio por meio de uma transmissão ao vivo de minha casa. Fiquei comovido com o fato de quase 7 milhões de pessoas a terem assistido. Durante meus comentários, optei por me concentrar menos nos aspectos práticos de uma campanha que ficou aquém do número de delegados e mais na natureza histórica do que havíamos realizado.

"Não posso, em sã consciência, continuar a montar uma campanha que não pode vencer e que interferiria no importante trabalho exigido de todos nós nessa hora difícil", expliquei. "Mas quero dizer isso com muita ênfase: como todos sabem, nunca fomos apenas uma campanha. Somos um movimento popular, multirracial e multigeracional que sempre acreditou que a verdadeira mudança nunca vem de cima para baixo, mas sempre de baixo para cima."

Nossa campanha foi diferente de todas as outras da história moderna dos Estados Unidos. Tendo por base nossa candidatura de 2016 que propusera uma revolução política, forjamos um movimento popular da classe trabalhadora de caráter nacional e que buscava superar as barreiras esmagadoras ao progresso no Partido Democrata e na política mais ampla do país.

Concorri, assim como acontece desde a minha primeira campanha, há quase cinquenta anos, como um social-democrata que estava pronto e disposto a enfrentar os oligarcas, os plutocratas e a classe bilionária que transformou nosso sistema econômico em seu joguete. Mas dessa vez foi diferente. Embora minhas ideias ainda fossem consideradas "radicais" pelas elites políticas e por boa parte da mídia, comecei a campanha de 2020 com uma base de apoiadores que chegava aos milhões e estava preparada para lutar por mudanças fundamentais. Quando a campanha terminou, havíamos enfrentado Wall Street e os interesses econômicos extremamente poderosos que controlam não apenas a economia, mas também a política de nossa nação. Desafiamos a classe bilionária e a elite empresarial, sua mídia e seus superPACs. Havíamos enfrentado o establishment político em ambos os principais partidos.

Desde o início, conquistamos vitórias que chocaram os comentaristas especializados. Ganhamos o voto popular nas três primeiras primárias estaduais a caminho de garantir quase 10 milhões de votos em todo o país para uma campanha que foi suspensa antes da realização de mais de duas dezenas de primárias. Ganhamos na Califórnia, o estado mais populoso dos Estados Unidos, por mais de 450 mil votos. Por um tempo, lideramos as pesquisas nacionais, não só na disputa pela indicação democrata, mas também no confronto direto com Donald Trump. E construímos um movimento impulsionado por jovens que estavam preparados para caminhar pela neve a fim de bater nas portas no norte de New Hampshire e suar durante os dias de mais de trinta graus no sul do Texas.

Havíamos organizado a campanha presidencial progressista mais ambiciosa e bem-sucedida em um século. Nossas ideias, que apenas alguns anos antes haviam sido descartadas como extremistas demais para serem politicamente viáveis, tornaram-se parte da agenda dominante do Partido Democrata. Nossos partidários e aliados começaram a ser eleitos para cadeiras no Congresso e para presidir partidos estaduais. Expandimos a consciência política e conseguimos que milhões de americanos entendessem do que tinham o direito de esperar de seu governo.

O resultado mais importante a longo prazo de nossa campanha foi que os jovens participaram do processo político numa quantidade sem precedentes. A verdade é que nossas ideias e nosso movimento eram, de fato, o futuro do Partido Democrata. Embora as pesquisas mostrassem que íamos pior do que esperávamos junto aos eleitores mais velhos, essas mesmas pesquisas apontavam que sobrepujávamos os outros candidatos entre os eleitores mais jovens e ganhávamos o apoio esmagador de negros, latinos, asiático-americanos, nativo-americanos e eleitores brancos com menos de quarenta anos. O notável é que esses jovens não estavam apenas votando em nós: eram o alicerce de nossa campanha de base. Distribuíam panfletos, faziam ligações, mandavam mensagens de texto, arrecadavam pequenas contribuições e se voluntariavam de centenas de maneiras diferentes.

UMA REVOLUÇÃO NO FINANCIAMENTO DE CAMPANHAS

Nossa campanha atraiu uma nova geração de eleitores porque revolucionamos a política presidencial moderna.

Numa época em que praticamente todas as candidaturas são financiadas por superPACs e pelos muito ricos, rompemos esse molde estabelecido há muito tempo e criamos uma abordagem totalmente nova para arrecadar grandes somas de dinheiro e realizar uma campanha presidencial de fato nacional. Não realizamos nenhuma arrecadação de fundos na mansão de um bilionário. Não buscamos o apoio dos superPACs. Nossa candidatura foi alimentada pela classe trabalhadora — professores, funcionários dos correios, trabalhadores dos depósitos da Amazon, enfermeiras, microempresários, agricultores e veteranos de guerra —, com mais de 2 milhões de doadores individuais fazendo 10 milhões de contribuições de, em média, 18,50 dólares. Nenhuma campanha na história dos Estados Unidos jamais recebeu esse tipo de apoio. Revolucionamos o financiamento de campanha ao desenvolver um modelo inteiramente novo que rejeitava o Big Money e punha o povo no controle.

A maneira como conduzimos nossa candidatura foi intencional. Sabíamos que, para alcançar pessoas que se tornaram justificadamente cínicas em relação à política, precisávamos abandonar as práticas que haviam feito com que dezenas de milhões de americanos perdessem a fé em ambos os principais partidos. Não só falamos sobre "rejeitar a influência do dinheiro das grandes empresas" — embora eu tenha feito muito isso — como de fato o fizemos. E explicamos por que era absolutamente necessário dispensar a "influência empresarial corrupta e gananciosa nas eleições". A verdade simples, como eu disse em todos os discursos, é que nenhuma autoridade eleita representará os americanos comuns se defender os interesses dos poderosos e estiver em dívida com o Big

Money. Não se pode receber doações de campanha da indústria farmacêutica e reduzir o custo exorbitante dos medicamentos. Não se pode depender do financiamento da indústria de combustíveis fósseis e combater as mudanças climáticas. Não se pode aceitar cheques gordos de CEOs que fizeram fortuna administrando fábricas não sindicalizadas e depois implementar reformas nas leis trabalhistas a favor dos trabalhadores. Não se pode fazer eventos de arrecadação de fundos com bilionários e ajudar a criar um sistema tributário justo e progressivo.

Em última análise, é evidente que o país precisa decretar reformas fundamentais nas doações de campanha para derrubar a desastrosa decisão da Suprema Corte no processo de Cidadãos Unidos e estabelecer o financiamento público das eleições. Mas, para chegar ao ponto em que possamos aprovar essas reformas, os candidatos precisam se libertar do estrangulamento do Big Money. E a única maneira de fazer isso, como aprendi há muito tempo, é contando com as contribuições da classe trabalhadora. Nossa candidatura mostrou que era possível fazer isso até no nível da política presidencial.

De início, nos disseram que nossa abordagem era impraticável. Que nunca poderia funcionar. Eu sabia que essa visão estava errada. Então, entrei nas redes sociais e escrevi: "Tenho uma ideia maluca: quero desafiá-lo a ajudar nossa campanha a atingir uma meta que vai absolutamente surpreender o establishment político e financeiro". Pessoas de todo o país responderam, e os políticos veteranos ficaram surpresos quando nossa campanha arrecadou 45 milhões de dólares em um único mês — fevereiro de 2020 — com mais de 2,2 milhões de doações. O jornal *The Guardian* disse que havíamos "estabelecido um padrão-ouro para captação de recursos de poucos dólares".

Fiquei bastante orgulhoso do que realizamos. Fiquei ainda mais orgulhoso do legado de nossos esforços de arrecadação de fundos on-line da base, que pode ser visto nas campanhas de uma nova geração de candidatos, sobretudo quem concorre ao Congresso, que rejeitou todo o dinheiro dos PACS empresariais e baseou suas arrecadações em pequenas doações, garantindo assim que nunca terão que se curvar à pressão dos interesses do Big Money.

O APROVEITAMENTO DO PODER
POLÍTICO DAS MÍDIAS SOCIAIS

Não foram apenas nossos esforços de arrecadação de fundos que mudaram as bases da política presidencial. Foi nossa nova abordagem da mídia social.

Foi muitíssimo importante divulgar nossas ideias, novas e desconhecidas para muitas pessoas, com o maior alcance possível. Nossa dedicada equipe desenvolveu meios inovadores e plataformas de transmissão ao vivo que se comunicavam diretamente com dezenas de milhões de americanos, permitindo-nos alcançar as pessoas sem ter que depender das insensibilizadas empresas de mídia quando a campanha começou e se tornaram francamente hostis à medida que ela progredia. Dei obviamente um zilhão de entrevistas a jornais e rádios e aos principais meios de comunicação e apareci em todos os programas de entrevistas de TV nas manhãs e nos fins de noite de domingo. No entanto, a mídia social me deu oportunidade de ir além das habituais frases de efeito de doze segundos e falar em detalhes com os americanos sobre os grandes problemas de sua vida.

Desde o início, nossa campanha teve muito mais interações no Facebook e no Instagram do que qualquer outra. Uma manchete da *Newsweek* de abril de 2019 anunciava: "Bernie Sanders é o democrata mais popular de 2020 nas mídias sociais". Embora eu ainda tivesse trabalho a fazer para alcançar Trump, era óbvio que estávamos chegando lá. Em fevereiro de 2020, eu tinha mais de 11,5 milhões de seguidores no Twitter e mais de 5 milhões de seguidores no Facebook.

Durante a campanha, não era incomum que um comício de duas horas em Iowa, New Hampshire ou Nevada, que poderia atrair 2 mil pessoas ao local físico, fosse visto por 250 mil pessoas via transmissão on-line ao vivo. Isso foi revolucionário na história das comunicações políticas. As pessoas eram agora expostas a novas ideias políticas e novas formas de campanha, dia após dia, semana após semana. Graças às grandes multidões que costumamos atrair, os americanos puderam ver por si próprios que não havia nada de "marginal" em nosso esforço. Descobriam que não estavam sozinhos na busca de mudanças sociais e políticas fundamentais.

FALAR AOS ELEITORES EM SUA PRÓPRIA LÍNGUA

Enquanto desenvolvíamos novas abordagens de arrecadação de fundos e mídia social, não ignorávamos o velho estilo de política. Nossa campanha bateu em milhões de portas. Visitamos comunidades que raramente ou nunca foram visitadas por candidatos. Em particular, fomos aos bairros de baixa renda que sempre foram negligenciados por políticos e estrategistas.

Queríamos encontrar as pessoas onde moravam. Nossa crença, desde o início, era de que essa campanha visava a se reconectar com pessoas que haviam desistido do processo político — e fazer novas conexões com as que nunca fizeram parte dele. Por exemplo, os comentaristas perguntaram por que nossa candidatura se esforçou para visitar as reservas de nativo-americanos em 2016 e novamente em 2020, e também para se encontrar com representantes das comunidades. Minha resposta foi que estabeleceríamos conversas com pessoas que por muito tempo foram ignoradas.

Na Dakota do Norte, apoiadores como a deputada estadual Ruth Buffalo — uma cidadã registrada da nação Mandan, Hidatsa e Arikara e a primeira mulher nativa-americana democrata eleita para a legislatura daquele estado — levaram a mensagem às comunidades urbanas e rurais com grandes populações nativas. Graças a Ruth e outras pessoas como ela, ganhamos a maioria dos votos em todo o estado. E garantimos mais de 75% dos votos em Cannon Ball, onde membros da comunidade Sioux de Standing Rock realizaram protestos em massa contra a construção do oleoduto da Dakota Access.

Queríamos nos conectar com novos eleitores de maneiras que funcionassem para eles. "Nosso objetivo é falar com as pessoas onde estão, em sua própria língua", disse Supreet Kaur, o articulador nacional da campanha para asiático-americanos e ilhéus do Pacífico; e, para tanto, traduzimos nossos materiais de campanha para pelo menos onze idiomas asiáticos, entre eles mandarim, coreano, vietnamita, tagalo, hindi e punjabi. Materiais, anúncios e campanhas nas portas e nos locais de trabalho em espanhol foram essenciais para nossas vitórias em vários estados.

Nas convenções partidárias de Nevada, por exemplo, ganhamos 53% dos votos latinos. Joe Biden, o segundo mais votado, obteve 16%. Isso não aconteceu por acaso. Nossos articuladores latinos fizeram grandes esforços de divulgação nas comunidades onde eram conhecidos e gozavam de confiança. Além disso, investimos em mídia destinada a atingir jovens latinos que quase sempre são ignorados na política, sobretudo na Califórnia, onde trabalhamos com membros respeitados da diversificada comunidade AAPI.* Em Iowa, onde os imigrantes africanos se tornaram presença importante na indústria frigorífica, contratamos fun-

---

* AAPI: Asian American Pacific Islander (Ilhéu do Pacífico Americano Asiático). (N. T.)

cionários e trouxemos voluntários que falavam os dialetos etíope e somali que poderiam se comunicar diretamente com esses trabalhadores. Num *caucus* satélite em Ottumwa, trabalhadores imigrantes etíopes compareceram antes do início de seu turno e votaram 14 a 1 a favor de nossa campanha.

LEVAR A MENSAGEM DIRETAMENTE AO POVO

Assim como fizemos o possível para falar nas línguas dos eleitores que atingíamos, procuramos levar nossa campanha aos lugares em que eles moravam. Nossos comícios desviaram-se da rota normal que levava os candidatos de uma pista de aeroporto de cidade grande para outra. Fomos para mais cidades e vilas do que os outros candidatos, e ali ficamos por mais tempo. Nossos comícios duravam horas porque não queríamos apenas expor alguns pontos de discussão, mas nos aprofundar no que de fato se passava no país. Tínhamos coisas a dizer ao povo e sabíamos que era recíproco. A verdade é que adoro fazer campanha e conhecer pessoas. Embora realizar três ou quatro comícios e reuniões municipais por dia possa ser cansativo, é também inspirador. Lembro-me, depois de um grande comício na Califórnia, de que um jovem agarrou minha mão e disse: "Senador Sanders, a razão pela qual gosto do senhor é que nos trata como se fôssemos seres humanos inteligentes". Para fazer isso, agendamos mais eventos do que qualquer outra campanha. Durante um período, na época das convenções de Iowa, ficamos na estrada por 45 dias consecutivos. Segundo algumas estimativas, uma maioria substancial de meus eleitores no primeiro *caucus* e nas primárias dos estados de Iowa e New Hampshire realmente me ouviu falar. É assim que a democracia deveria funcionar.

Sei que muitas pessoas compareceram a esses eventos como

partidárias convictas e suponho que pelo menos algumas tenham me ouvido e depois decidido votar em outros dos muitos candidatos. Mas estou convencido de que conquistamos novos apoiadores que puderam presenciar uma discussão completa sobre as questões que abordávamos e, em muitos casos, tiveram chance de fazer perguntas sobre esses problemas. Isso foi sobretudo verdadeiro nas áreas rurais, onde os democratas tiveram dificuldades nos últimos ciclos eleitorais. Ainda que tenhamos realizado muitos comícios nas maiores cidades do país, diante de grandes multidões — em diversos casos, o maior comparecimento que essas cidades viram em décadas —, também realizamos reuniões em cidadezinhas como Orient, Iowa, com população de 368 habitantes. Foi perto dali que me encontrei com centenas de pessoas na propriedade rural onde o ex-vice-presidente Henry Wallace foi criado. Realizei eventos semelhantes em condados vizinhos e em cidades ainda menores. Somente em Iowa, fizemos mais de cem reuniões em todas as regiões do estado, inclusive em vilas com algumas centenas de habitantes. Esses encontros ofereceram um lembrete de algo que muitos democratas esqueceram: há milhares de eleitores em áreas rurais que querem se envolver com candidatos preparados para ouvi-los.

Como senador do estado mais rural do país, sei que chegar a essas áreas pode levar um pouco mais de tempo. Posso lhe dizer que é uma longa viagem de carro até a reserva Pine Ridge, em Dakota do Sul, ou até Story City, em Iowa. Mas a viagem vale a pena. Ao chegar a um lugar onde as pessoas não estão acostumadas a ver candidatos a presidente, você pode fazer conexões que cruzam as linhas de partidarismo e ideologia, e ajudam os indivíduos a se reengajarem num sistema político que passaram a sentir, por um bom motivo, que as abandonou. Para um candidato que está disposto a dedicar tempo e energia para percorrer aqueles oitenta quilômetros a mais numa estrada rural, a experiência pode ser profundamente comovente e instrutiva.

Ao contrário de nossos comícios grandes, que tinham sistemas de som sofisticados, música e palestrantes convidados, e contavam com a presença de muitos meios de comunicação, os eventos rurais que realizamos nas primeiras convenções e nos estados com eleições primárias eram discretos e práticos. Nada chique. Alugávamos o ginásio de uma escola ou o porão de uma igreja. Eu recebia as pessoas no evento, dizia algumas palavras e isso era seguido por um painel de residentes que falavam brevemente sobre questões de interesse da comunidade. Nessas reuniões, sempre procurávamos incluir os imigrantes, muitos dos quais eram trabalhadores rurais ou abriram negócios que revitalizaram as ruas principais abandonadas. Eu também insistia para que, sempre que possível, houvesse pelo menos um jovem no painel. Achava importante ouvir esse ponto de vista, pois sabia que os jovens das áreas rurais se sentem particularmente alienados da política. Queria ver se poderíamos superar essa alienação juntos, e com frequência conseguíamos.

Depois que os membros do painel falavam, eu respondia às perguntas e ouvia os comentários. Uma ou duas horas depois, após muita discussão, seguíamos para a próxima cidade. Mas eu continuava em contato com as pessoas dessas comunidades, muitas das quais se tornaram partidárias entusiasmadas e dedicadas de nossa campanha. Algumas delas até foram a convenções nacionais como delegados de Sanders.

Fazer essas conexões era algo fundamental da campanha. Eu queria os votos deles, que por sua vez queriam saber se eu representaria seus interesses. Conversávamos. E eles tomavam a decisão. Devo dizer que, mesmo nas reuniões em que havia fortes diferenças de opinião — e foram muitas assim —, as interações eram sempre civilizadas e respeitosas. Parecia-me ser um processo de que as pessoas gostavam. Talvez seja porque, em algum nível profundo, todos sentimos que é isso que os Estados Unidos deveriam ser.

O que mais me impressionava nessas reuniões municipais, e me comovia muito, era a disposição das pessoas, muitas vezes completamente desconhecidas, de se abrir e compartilhar a dor, a ansiedade e as frustrações pelas quais vinham passando. Houve pouquíssimas reuniões em que lágrimas não foram derramadas. Com frequência, eu começava os trabalhos dizendo: "Apenas nos dê seu nome e conte-nos sua história". Era o que bastava.

No Grundy Center, um homem falou sobre a ansiedade que sentiu ao ir ao pronto-socorro quando pensou que estava tendo um ataque cardíaco. Ele sabia que os exames iam custar uma fortuna e disse que vivia preocupado em morrer e deixar a esposa com uma pilha de dívidas médicas. Então suspirou e disse: "É humilhante". As pessoas ao redor assentiam. Um momento depois, houve a mesma reação quando uma mulher falou sobre ter que pagar milhares de dólares todos os meses para manter um plano de saúde meia-boca, vinculado ao trabalho do marido. Eles não tinham a opção de achar outro plano, disse ela. "Não sou saudável", explicou a mulher com calma. "Não podemos fazer outras coisas."

Em Decorah, uma mulher que pagava 1750 dólares por mês pelo seguro-saúde explicou como sua vida mudou quando ela enfim pôde se inscrever no Medicare. Perguntei se ela achava atraente nossa proposta de um sistema Medicare for All, que atenderia pessoas de todas as idades. "Sim!", respondeu. "Por que as pessoas não entendem isso?"

A gama de questões levantadas pelos cidadãos mostra a grande variedade de lutas encaradas pelos trabalhadores americanos:

- "Sou um agricultor familiar e não posso competir com a agricultura empresarial."

- "Será que algum dia vou reencontrar meu marido que foi deportado de volta para o México?"
- "Tenho ficha na polícia por fumar maconha. Isso é loucura."
- "Trabalho em tempo integral, mas não posso sustentar meus filhos com nove dólares por hora."
- "Eu não sabia que deixaria a faculdade com uma dívida de 50 mil dólares. Como vou quitá-la com meu salário baixo?"
- "Por que a escola que meu filho frequenta, que tem maioria negra, recebe menos financiamento do Estado do que as escolas brancas?"

Os comícios e as reuniões municipais, realizados num estado após o outro, acabaram atraindo centenas de milhares de participantes, e outros milhões assistiram on-line ao vivo. Estávamos fazendo conexões, e isso causava impacto: numa disputa com muito mais candidatos do que enfrentamos em 2016 e com muitos deles adotando posturas progressistas, as pesquisas mostravam de forma concreta que nossa campanha estava entre as três primeiras. Nos principais *caucus* e nas primárias estaduais, estávamos no topo ou perto dele. No fim de setembro de 2019, numa pesquisa da CNN, eu estava empatado com Joe Biden em primeiro lugar em Nevada, e dedicava tanto tempo a esse estado — com sua população grande e diversificada — como aos tradicionais "primeiros" estados de Iowa e New Hampshire.

"VOCÊ ESTÁ TENDO UM ATAQUE CARDÍACO"

Numa noite de terça-feira do início de outubro, eu estava reunido em Las Vegas com membros da comunidade muçulmana. De repente, pela primeira vez em todos os meus anos discursando em reuniões públicas, percebi que precisava me sentar. Não conseguia ficar de pé. Fizemos a sessão de perguntas e respostas, mas eu sabia que algo estava errado. Senti que precisava sair de lá, e interrompemos a reunião. Quando entramos no carro, eu disse: "Vamos voltar para o hotel". Mas meu assessor Ari Rabin-Havt declarou: "Não, acho melhor irmos a um médico".

Fomos a um pronto-socorro, onde o médico me disse: "Você está tendo um ataque cardíaco". Eu não podia acreditar. Na minha ignorância, pensei que, se fosse aquilo mesmo, desmaiaria e cairia no chão. Mas estava numa ambulância, a caminho de um hospital. Então fui cercado por uma equipe de médicos e enfermeiras. Quando vi, tinha acordado numa camisola de hospital. Algumas horas depois, minha esposa Jane, que havia tomado o primeiro avião de Burlington para Las Vegas e varado a noite, estava a meu lado. Soubemos que eu passara por um procedimento em que colocaram stents em minhas artérias para abri-las e restaurar o fluxo sanguíneo. Não senti nenhuma dor quando acordei naquela manhã. Estava apenas muito fraco. Em vários aspectos, o infarto foi mais um golpe psicológico do que físico. Fui abençoado com excelente saúde durante toda a minha vida e não conseguia acreditar que meu corpo havia falhado comigo.

Tive muita sorte porque o atendimento que recebi no Desert Springs Hospital Medical Center foi excelente. Os médicos explicaram o que havia acontecido e aprendi mais sobre cardiologia do que jamais gostaria de saber. As enfermeiras me ajudaram a me levantar e caminharam comigo pelos corredores — o que foi difícil no começo. Ainda me sentia fraco dias depois da cirurgia. E também não estava com muita vontade de atender aos vários telefonemas recebidos. O que me animou, no entanto, foi receber a visita de meu amigo Harry Reid, o ex-líder da maioria do Senado americano que se aposentou há pouco quando era o senador mais velho de Nevada. No meio de tudo que eu passava, foi bom rever um velho amigo.

Meu ataque cardíaco foi uma grande notícia, e o interesse da mídia em minha saúde foi intenso. Repórteres e equipes de TV se aglomeraram em torno da entrada do hospital, bombardeando qualquer um que aparecesse com perguntas. Qual a seriedade do infarto? Que tipo de sequela causou? Sanders vai desistir da disputa? Se não, quando o candidato de 78 anos com problemas cardíacos voltará à campanha eleitoral e como será essa campanha?

Imediatamente após minha cirurgia, de fato não sabíamos as respostas para as questões políticas. Na verdade, tínhamos nossas próprias perguntas: será que eu seria forte o suficiente para continuar a campanha? Eu poderia fazê-la em tempo integral? Em meu estado, eu poderia garantir ao povo americano que estaria saudável o suficiente para administrar as responsabilidades estressantes que acompanham o cargo de presidente dos Estados Unidos? Ser presidente na casa dos oitenta anos é uma coisa, mas ser presidente na casa dos oitenta anos com um problema cardíaco é outra. Como David Axelrod, ex-conselheiro do presidente Obama, disse ao *New York Times*: "Concorrer à presidência é uma prova física e emocional, e a própria presidência é ainda mais exigente. Embora todos desejemos o melhor ao senador Sanders, isso deve ser uma grande luz para ele. E dada sua idade, pode ser para alguns eleitores também". Axelrod estava certo. Era uma luz piscando, mas não necessariamente uma luz vermelha.

Embora estivéssemos incertos sobre o futuro, uma coisa estava evidente. Para mim, depois de meses sem parar, a campanha estava pelo menos temporariamente suspensa. Voltei para casa em Burlington a fim de descansar e me recuperar, passar um tempo com a minha família e conversar com assessores próximos, como meu diretor de campanha Faiz Shakir. A especulação da mídia sobre se eu desistiria da disputa se intensificava a cada dia que passava. Os repórteres estavam na frente de casa. Mas não era nisso que eu pensava. Estava concentrado em ficar mais forte. Antes do infarto, caminhar vários quilômetros não era um problema. Depois, eu ficava sem fôlego ao percorrer alguns quarteirões. A boa notícia era que, com o passar dos dias, eu conseguia ir cada vez mais longe. Embora eu não estivesse 100%, as caminhadas em nosso quintal ficavam mais fáceis. Eu estava voltando. Nunca tendo experimentado uma emergência de saúde como essa, não sabia quanto tempo levaria para me sentir como eu mesmo. Mas tinha a sensação crescente de que chegaria lá.

Jane e eu conversamos muito sobre se queríamos voltar à campanha. Nós dois concordamos que sim, e, quando o momento pareceu certo, reunimos um pequeno grupo de familiares e auxiliares, e começamos a traçar nosso curso dali para a frente.

O primeiro teste real veio em 15 de outubro, quando fui escalado para participar de um debate na CNN com os demais candidatos democratas. Alguns debates duram uma hora, outros uma hora e meia; mas, para minha sorte, esse foi longo: duas horas. Eu estava nervoso sobre meu desempenho físico. Os outros candidatos foram gentis, sobretudo Kamala Harris, de quem eu não era próximo até então. Nos bastidores, ela estava a meu lado perguntando: "Você precisa se sentar? Você comeu?". As expressões de preocupação de outros candidatos — entre eles meus colegas senadores Elizabeth Warren, Amy Klobuchar e Cory Booker — foram genuínas e eu de fato as apreciei. Mas eles também me lembraram que aquela era uma noite crucial, quando os eleitores estariam observando para ver se eu conseguiria ficar de pé por duas horas e como eu me comportaria quando se tratasse de responder a perguntas não apenas sobre os problemas do país, mas também sobre minha saúde.

Duas horas em pé, falando na frente de milhões de telespectadores, nunca é fácil. Nesse caso, foi a tarefa mais exigente que assumi desde o ataque cardíaco. Se eu tivesse sido forçado a sair do palco por causa do cansaço, é provável que a campanha tivesse acabado ali mesmo. Não me lembro se "ganhei" o debate ou não, mas me mantive de pé, falei mais do que a maioria dos outros candidatos no palco, respondi a perguntas sobre tudo, desde romper monopólios até proteger os curdos na Síria, chamei Trump de o presidente mais corrupto da história americana e ganhei alguns aplausos generosos. Estávamos de volta.

O debate foi fundamental para a renovação da campanha. Mas igualmente importante foi uma ligação que recebi da deputada Alexandria Ocasio-Cortez, que não havia feito nenhum endosso até aquele momento. Alexandria, que durante seu primeiro ano no Congresso se tornou extremamente popular entre a comunidade progressista e os jovens de todo o país, foi cortejada por vários candidatos. Mas ela me contatou pouco antes do debate para dizer que havia decidido endossar nossa campanha. Mais tarde, explicou: "Para mim, não se tratava nem de ajudar o senador. Foi um momento de clareza pessoal: 'Que papel quero desempenhar? E quero fazer parte de um movimento de massa'".

Descobriu-se que ela não estava sozinha nessa posição. A deputada Ilhan Omar fez um vídeo no qual endossava nossa candidatura e anunciava: "Bernie Sanders não está lutando para vencer apenas uma eleição presidencial — está lutando pela alma de nossa democracia". A deputada Rashida Tlaib, outra integrante do "Esquadrão" — como Ocasio-Cortez apelidou as quatro jovens congressistas progressistas eleitas em 2018 —, ligou e disse que queria fazer seu endosso num comício em sua cidade natal, Detroit. Foi muito marcante. Todas essas jovens congressistas, das quais me sentia muito próximo ideológica e pessoalmente, telefonavam para dizer que queriam que a campanha continuasse e que desejavam fazer parte dela.

No sábado seguinte ao debate, realizamos um comício no

Queens, em Nova York, onde muitos apoiadores de longa data se juntaram a mim, inclusive as codiretoras de campanha Nina Turner, ex-senadora do estado de Ohio, e Carmen Yulín Cruz, prefeita de San Juan, Porto Rico. Tiffany Cabán, que seria eleita para o Conselho da Cidade de Nova York, apresentou Alexandria, que disse à multidão: "Tenho orgulho em dizer que a única razão pela qual eu tinha alguma esperança em lançar uma candidatura de longo alcance para o Congresso é porque Bernie Sanders provou que você pode fazer uma campanha de base num país onde quase pensamos que isso não era possível".

A multidão de 27 mil pessoas, a maior da campanha até aquele momento, me recebeu de forma calorosa quando subi ao palco. Eu sabia que havíamos passado no teste. E quero dizer o seguinte: foi uma sensação indescritível estar num palanque e olhar, até onde a vista alcançava, uma multidão de apoiadores de todas as origens concebíveis que estavam ali naquele dia de outono para levar adiante uma campanha por uma mudança fundamental. Pensei na beleza de nosso país e no potencial de nosso movimento para realizar *todas* as nossas promessas.

Durante aquele discurso, apresentei um slogan criado por Jeff Weaver — um amigo de Vermont que trabalhou comigo em campanhas por décadas — que resumia perfeitamente o que era nossa campanha: "Não eu, nós!". Não estávamos apenas disputando a presidência. Estávamos construindo um movimento para transformar a política e o futuro do país.

Isso era o melhor dos Estados Unidos e criou em mim um incrível senso de otimismo sobre o que poderia ser realizado por uma campanha que, em muitos sentidos, estava apenas começando a atingir seu ritmo. Não hesitei em falar sobre o ataque cardíaco. "Não há dúvida de que eu e minha família enfrentamos adversidades nas últimas semanas", disse à multidão. "A história não contada é que as pessoas em todos os lugares desse país, na nação mais rica da história do mundo, estão enfrentando as próprias adversidades." Era uma mensagem que eu poderia levar de volta para a estrada.

CONFRONTANDO O STATUS QUO

Trabalhamos mais do que nunca ao viajar para mais estados, realizar mais comícios e reuniões, lançando mais documentos de posição e aprofundando nossas discussões sobre as questões. Nossos números nas pesquisas começaram a subir. Depois de meses atrás de Joe Biden, às vezes por dois dígitos, uma pesquisa nacional de janeiro da CNN me colocou em primeiro lugar. Depois, uma pesquisa da NBC fez o mesmo. Mas pesquisas são uma coisa. Ganhar votos concretos é outra.

Em Iowa, onde o processo começou, as convenções foram um desastre. O partido estadual se atrapalhou tanto com a contagem dos votos que demorou dias para chegar a um resultado. Mas, quando isso enfim aconteceu, eu tinha ganhado o maior número de votos, graças ao apoio esmagador dos jovens e das comunidades rurais onde realizamos todas aquelas reuniões municipais. Uma semana depois, ganhamos em New Hampshire, prevalecendo sobre dezenove outros candidatos e vencendo em sete dos dez condados do estado.

Eu era então o favorito.

O ímpeto que ganhávamos aterrorizou os defensores do status quo político nos altos escalões do Partido Democrata e na mídia. Um informe da Associated Press de 8 de janeiro de 2020 alertou: "O medo da vitória de Sanders está crescendo no establishment democrata". À medida que nossa campanha se fortalecia, o clamor do establishment ficava mais alto. Uma reportagem de primeira página no *New York Times* de 13 de fevereiro abria com a manchete: "Sanders crescendo, ansiedade aumenta entre os centristas". Ela relatava que, "dentro do establishment democrata, os resultados aprofundaram um clima de ansiedade e frustração". O artigo também mencionava o crescente entusiasmo dos líderes partidários por Michael Bloomberg, o multibilionário que acumulava centenas de milhões em anúncios de TV para ganhar a indicação. Enquanto Bloomberg e seus apoiadores alegavam que eu arruinaria as chances do partido em novembro, as pesquisas sempre me mostravam à frente de Trump. Com efeito, na mesma época em que o informe da AP foi publicado, uma pesquisa da CNN me colocou sete pontos à frente do então presidente.

Qual era a verdadeira fonte dessa "ansiedade e frustração" por parte dos democratas do establishment? Era porque nossa campanha não podia vencer Trump? Claro que não, as pesquisas comprovavam que sim, por uma margem maior do que os outros candidatos. Seria porque nossas ideias eram impopulares? Não. Famílias trabalhadoras de todo o país reagiam com entusiasmo a nossas mensagens sobre economia, saúde, clima e questões sociais e raciais; e trazíamos muito mais pessoas para nossos eventos do que qualquer outro candidato. Os insiders estavam sinceramente preocupados com o fato de nossa campanha dividir e enfraquecer o partido? Não, se prestassem atenção ao que estava acontecendo no *caucus* e nas primárias estaduais. Nossa campanha trazia milhões de pessoas de todas as origens — sobretudo jovens, o futuro do partido e do país — para o processo político.

Sejamos honestos. O que preocupava o establishment era o fato de que começávamos a transformar o Partido Democrata de uma máquina eleitoral dominada por ricos doadores de campanha e interesses empresariais em um movimento multirracial, multiétnico, urbano e rural da classe trabalhadora. O que frustrava os insiders era a perspectiva de que eles e seus amigos ricos, os lobistas e os consultores, estivessem perdendo o controle de um partido que consideravam seu. Ficou evidente para mim que a luta de fato se resumia a uma questão de saber se o establishment democrata estava preparado para parar de mimar o poder empresarial e começar a desafiá-lo — como Franklin Roosevelt fizera na época do New Deal — ou se continuariam trabalhando no circuito de coquetéis para doações de investidores bilionários e CEOS de grandes empresas. Em outras palavras, nossa campanha ameaçava um status quo muito confortável, que respondeu a essa ameaça com o grito de "Qualquer um, menos Bernie". Depois que obtive uma vitória esmagadora nas críticas convenções de Nevada, com uma vantagem de 2 para 1 sobre Joe Biden, o segundo candidato mais votado, e comecei a mostrar força em estados da Califórnia ao Maine, um artigo de opinião da *USA Today* declarou: "Os democratas moderados têm o dever de considerar Sanders. Ele tem um caminho claro para derrotar Trump". Os eleitores concordaram. Uma pesquisa nacional Reuters/Ipsos do fim de fevereiro concluiu que os eleitores democratas e independentes achavam que eu seria o candidato democrata mais forte numa disputa frente a frente com o presidente. Infelizmente, nosso ímpeto crescente abalou ainda mais o establishment. Eles se preparavam para jogar tudo o que podiam contra nós.

No debate final antes das primárias de 29 de fevereiro na Carolina do Sul — um estado do sul onde Biden tinha forte apoio e onde prevaleceria com relativa facilidade —, eu queria falar sobre taxar bilionários, acabar com a dívida estudantil e cuidar dos 87 milhões de americanos que não tinham seguro-saúde ou o tinham com cobertura insuficiente quando a pandemia de coronavírus começou a se instalar. Meus rivais tinham outras ideias. Antes que a primeira rodada de perguntas terminasse, Mike Bloomberg alegou que o presidente russo Vladímir Pútin me queria como candidato contra Trump "para que você perca para ele". O ex-prefeito de South Bend Pete Buttigieg alertou: "Se você acha que os últimos

239

quatro anos foram caóticos, divisores, tóxicos e exaustivos, imagine passar a maior parte de 2020 com Bernie Sanders versus Donald Trump". Os moderadores os incitaram ao encorajar os outros candidatos a considerarem impraticável a proposta que eu fizera para implementar o Medicare for All: um sistema semelhante ao de outras democracias ocidentais. Foi uma noite absurda e inquietante. As questões foram descartadas enquanto os outros candidatos insistiam na linha de que me indicar destruiria as chances democratas em novembro. "Bernie perderá para Donald Trump", declarou Bloomberg. "A Câmara e o Senado e alguns dos estados ficarão vermelhos. E então, entre manipulações de distritos eleitorais e nomeação de juízes, pelos próximos vinte ou trinta anos, vamos conviver com essa catástrofe."

Quando a moderadora Norah O'Donnell me chamou para responder, não pude resistir e observei: "O prefeito Bloomberg tem uma base de apoio sólida, forte e entusiástica. O problema é que são todos bilionários". Eu poderia ter continuado e dizer que Bloomberg não tinha ideia de como construir uma campanha popular genuína e apenas tentava comprar a indicação com anúncios de TV. Mas logo fui direto ao ponto e disse: "Nas últimas cinquenta pesquisas feitas nacionalmente, sr. Bloomberg, venci Trump em 47".

Eu sabia que estava certo. Mas também sabia que isso não era uma discussão sobre elegibilidade. Tratava-se de uma luta entre uma nova visão da política e a visão do status quo que durante décadas impediu o progresso do partido e do país. Com a aproximação da votação da "Superterça" em 3 de março, o status quo fez sua jogada. Era muito provavelmente a última chance de nos impedir. A Superterça era o dia eleitoral mais importante na disputa pela indicação democrata. Catorze estados, do Maine à Califórnia, realizariam suas primárias e *caucuses*, e o candidato que se saísse melhor naquele dia, com mais de um terço dos delegados em jogo, estaria bem-posicionado para ganhar a indicação.

A boa notícia para nós era que as pesquisas mostravam que vencíamos em muitos dos estados da Superterça, inclusive nos dois que escolheriam o maior número de delegados, Califórnia e Texas. A má notícia era que o establishment compreendia perfeitamente a ameaça que enfrentava e estava disposto a fazer de tudo para impedir que prevalecêssemos. Isso não era segredo. A revista *Time* noticiou em 27 de fevereiro que "Doadores abastados democratas estão tentando deter Bernie Sanders", enquanto uma manchete do *New York Times* de 2 de março anunciava: "Líderes democratas dispostos a arriscar danos ao partido para deter Bernie Sanders".

Na véspera da Superterça, o establishment atacou. Apesar de terem arrecadado dezenas de milhões de dólares e terem feito campanhas que ainda eram vistas em muitos círculos como confiáveis, dois dos principais democratas moderados na disputa, Pete Buttigieg e a senadora de Minnesota Amy Klobuchar, retiraram de repente suas candidaturas e endossaram Biden. Ambos foram para o Texas, onde ocorreria a mais disputada das primárias, para aparecer com o ex-vice-presidente. A eles se juntou outro ex-candidato, o texano Beto O'Rourke, numa demonstração de apoio altamente coreografada. O establishment conseguiu unir, em apoio a Biden, os candidatos que vinham dividindo o voto moderado. Enquanto isso, o voto liberal e progressista continuava dividido entre a senadora de Massachusetts Elizabeth Warren e eu. Apesar dos fracos resultados em Iowa, New Hampshire, Nevada e na Carolina do Sul, Warren optou por permanecer na disputa. Eu estava mais próximo dela nas questões do que qualquer outro candidato. Mas, num momento em que seu endosso poderia ter sido significativo em vários estados da Superterça, ela optou por não dá-lo.

Mesmo com o voto centrista reunido em torno de Biden e o voto progressista e liberal dividido, nossa campanha ainda venceu na Califórnia, no Colorado, em Utah e em Vermont na Superterça. Mas Biden nos venceu no Texas por cerca de 60 mil votos. Essa vitória estreita, com vitórias sólidas na Virgínia, em Massachusetts e em Minnesota, deu um grande impulso ao ex-vice-presidente. Nossa campanha, que dias antes esperava-se que conquistasse o maior número de delegados na Superterça, de repente estava perdendo. Biden tinha a liderança e o ímpeto. Warren deixou a corrida alguns dias depois e, com a saída de Bloomberg, o que fora uma disputa de 23 candidatos caiu para uma disputa entre Biden e eu.

Seguimos em frente nas próximas rodadas das primárias e vencemos em lugares como Dakota do Norte. Mas Biden estava conquistando os grandes estados, e o início da covid nos impossibilitou de realizar os comícios e montar as campanhas de porta em porta necessárias para ter uma chance nos estados onde venci em 2016, como Michigan, Washington e Wisconsin. Após a derrota nas primárias de Wisconsin em 7 de abril, chegamos à conclusão de que era hora de suspender nossa candidatura.

Não preciso dizer que é difícil encerrar uma campanha sustentada por milhares de voluntários ativos e que atraiu o apoio de milhões de eleitores. É ainda mais difícil quando essa campanha se tornou um movimento que despertou uma sensação de possibilidade, a de que enfim enfrentaríamos as questões mais desafiadoras do país. Eu não seria honesto se não reconhecesse que muitos membros de minha equipe queriam continuar, argumentando que, mesmo que não conseguíssemos vencer, deveríamos levar a mensagem adiante. Mas, a meu ver, por mais dolorosa que fosse a decisão, não parecia haver outra opção. Como eu disse a nossos apoiadores quando encerramos a campanha: "Se eu acreditasse que tínhamos um caminho viável para a indicação, com certeza continuaria. Mas simplesmente não há".

O FIM DE UMA CAMPANHA; LEVANDO
UM MOVIMENTO ADIANTE

Minha decisão de suspender nossa campanha se deveu a algo maior do que a luta pelas primárias em que estive envolvido. Eu não poderia justificar um esforço inútil que poderia ter prejudicado a frente unida que precisávamos construir para derrotar Trump. Havia começado minha candidatura de 2020 com a determinação de derrotar o presidente mais perigoso da história moderna do país e pretendia fazer tudo o que pudesse para tirar Donald Trump do cargo. Concluí que poderíamos muito bem começar esse esforço o mais rápido possível.

Foi assim que, na manhã do dia 8 de abril de 2020, fiz a transmissão ao vivo de minha casa.

Não foi um típico discurso de concessão, porque nossa campanha não foi típica. Obviamente, parabenizei Joe Biden como "um homem muito decente com quem trabalharei para levar adiante nossas ideias progressistas". Falei sobre como trabalharia com ele para forjar uma plataforma progressista e como, juntos, unidos, derrotaríamos Donald Trump.

Mas minha mensagem principal tinha a ver com o que havíamos conseguido com uma campanha que realmente quis dizer isso quando proclamamos: "Não eu, nós!".

Lembrei aos milhões de americanos que assistiram à transmissão ao vivo que havíamos construído "uma campanha política popular sem precedentes que teve impacto profundo na mudança de nossa nação".

"Juntos, transformamos a consciência americana quanto ao tipo de país que podemos vir a ser e o fizemos dar um grande passo à frente na luta sem fim por justiça econômica, social, racial e ambiental", disse eu, antes de relembrar uma citação de Nelson Mandela: "Tudo parece impossível até que seja feito".

O que Mandela quis dizer, e no que acredito fortemente, é que "o maior obstáculo para alcançar a mudança social tem a ver com o poder do establishment empresarial e político de limitar nossa visão do que é possível e do que temos direito como seres humanos. Se não acreditarmos que temos direito à saúde como um direito humano, nunca alcançaremos a saúde universal. Se não acreditarmos que temos direito a salários e condições de trabalho dignos, milhões de nós continuarão a viver na pobreza. Se não acreditarmos que temos direito a toda a educação necessária para realizar nossos sonhos, muitos de nós deixaremos as escolas sobrecarregados com dívidas enormes ou nunca obteremos uma formação educacional. Se não acreditarmos que temos o direito de viver em um mundo que tenha um ambiente limpo e que não seja devastado pelas mudanças climáticas, continuaremos a ver mais secas, inundações, aumento do nível do mar, um planeta cada vez mais inabitável".

Embora não tenhamos obtido a indicação, disse eu, mudamos a consciência pública. "Não faz muito tempo que as pessoas consideravam [nossas] ideias radicais e marginais", expliquei. "Hoje são ideias comuns, e muitas delas já estão sendo implementadas em cidades e estados de todo o país. Isso é o que conseguimos juntos."

Se isso não parecia um discurso derrotista é por eu ter acreditado que o revés que sofremos em 2020 havia sido apenas temporário. Por que eu estava tão confiante? Porque, eu disse, "não estamos ganhando a luta somente do ponto de vista ideológico, mas também do ponto de vista geracional. O futuro do país está nas mãos dos jovens. E estado após estado, quer ganhássemos ou perdêssemos as primárias ou *caucuses* democratas, recebemos uma maioria significativa dos votos, às vezes uma maioria esmagadora, de pessoas não apenas com trinta anos ou menos, mas com cinquenta anos ou menos. Em outras palavras, o futuro deste país está em *nossas* ideias".

8. Enfrentando Trump

A luta do nosso movimento progressista para derrotar o presidente mais perigoso da história dos Estados Unidos

Quase todos os candidatos presidenciais, quando perdem uma eleição, simplesmente fecham as portas, fazem as malas e vão para casa. Não era o nosso plano. Nosso lema de campanha — "Não eu, nós!" — deixava isso bem claro. Estávamos construindo um movimento popular que pretendia transformar o país. Assim, mesmo que a campanha "Bernie Sanders para presidente" tivesse terminado, a luta por justiça econômica, racial, social e ambiental continuaria. Em meados de 2020, o foco seria impedir que Donald Trump fosse para seu segundo mandato. Não só as políticas de Trump eram reacionárias e contrárias aos trabalhadores; havia ainda uma incerteza real sobre se a democracia sobreviveria caso ele permanecesse no poder.

Com uma equipe de campanha reduzida a cerca de quinze funcionários, chefiada por Misty Rebik, que havia sido minha diretora estadual de Iowa, iniciamos nossos esforços a fim de fazer todo o possível para derrotar Trump. Além disso, eu queria garantir que nossa organização de campanha, com seus milhões de apoiadores, pudesse ajudar os candidatos progressistas de todo o país que concorriam a cargos federais, estaduais e municipais. Também queríamos apoiar as grandes organizações de base com as quais trabalhamos durante a campanha.

O QUE EU GOSTAVA EM JOE BIDEN

Conheci Joe Biden quando fui eleito para o Senado, em 2006. Ele era um senador democrata sênior, com mais de trinta anos de experiência na Câmara. Eu era um senador calouro que chegou como um independente, e não democrata, que trabalharia com eles sob a liderança do falecido Harry Reid. Não estávamos nos mesmos comitês e não convivíamos nos mesmos círculos. Joe era o insider máximo. Eu, para dizer o mínimo, não era. No entanto, embora Joe fosse bem mais conservador do que eu em questões de política interna e externa, eu gostava pessoalmente dele. Era um homem decente, pé no chão, voltado para a família, caloroso e bem-humorado. Ele falava muito sobre suas raízes na classe trabalhadora, o que eu prezava, assim como seu entusiasmo pela organização sindical.

Quando foi vice-presidente de Barack Obama, Joe me convidou várias vezes para ir ao Observatório Naval, a residência vice-presidencial em Washington. Interessou-se pela minha campanha presidencial de 2016 e, embora tenha permanecido neutro na competição entre mim e Hillary Clinton, não hesitou em oferecer ideias e conselhos. Isso nos aproximou, assim como o fato de que minha esposa Jane e a esposa dele, Jill, desenvolveram uma amizade como companheiras de senadores e, por fim, durante a campanha.

Joe e eu nos conhecemos melhor durante a campanha de 2020. Debatemos um com o outro quase uma dúzia de vezes, geralmente em meio a uma multidão de outros contendores, mas, enfim, num evento cara a cara que foi transmitido de um estúdio da CNN em Washington, DC, durante o surto inicial da covid. Também participamos de dezenas de fóruns juntos. Sempre me impressionava sua decência quando, durante os intervalos desses eventos com muitos candidatos, ele se esforçava para confortar um candidato que acabara de ser atacado ou que tropeçara ao responder a uma pergunta. Mesmo que assumíssemos posições diferentes sobre as questões, e mesmo que estivéssemos tentando prevalecer sobre o outro em busca da indicação, criamos uma espécie de camaradagem. Há um relacionamento de bastidores que se abre entre os candidatos que estão na mesma campanha eleitoral longa — sobretudo os que se conhecem há anos. Compartilhamos reações a notícias, comparamos anotações em hotéis, reclamamos sobre telefonemas para acordar cedo e lamentamos uns com os outros sobre o desafio de encontrar uma boa refeição na estrada.

No início de abril de 2020, depois que minha campanha foi suspensa, Joe e eu começamos a conversar bastante ao telefone sobre como poderíamos trabalhar melhor juntos para derrotar Trump. Nossas equipes, lideradas por Ron Klain do time dele e Analilia Mejia do nosso, começaram a se comunicar sempre. Em nossas ligações iniciais, concordamos em fazer duas coisas. Primeiro, participaríamos juntos de uma transmissão ao vivo, onde eu endossaria formalmente sua candidatura. Depois, estabeleceríamos um conjunto de forças-tarefa para ver que tipo de consenso as duas campanhas poderiam alcançar sobre os principais problemas enfrentados por nosso país.

Durante a transmissão ao vivo de meia hora — da qual, devido à covid, participamos de nossas respectivas casas em 13 de abril —, eu queria passar uma mensagem clara. "Peço a todos os democratas, peço a todos os independentes, peço a muitos republicanos que se unam nessa campanha para apoiar sua candidatura, que eu endosso", disse eu, falando a Joe que "precisamos de você na Casa Branca".

Joe aceitou o endosso calorosamente, dizendo: "Você não recebe crédito suficiente, Bernie, por ser a voz que nos obriga a dar uma boa olhada no espelho e nos perguntar se fizemos o suficiente. E não fizemos. [...] Vou precisar de você, não apenas para vencer a campanha, mas para governar". Joe sinalizava sua compreensão da necessidade de formar uma aliança política contra Trump. As forças-tarefa consolidariam essa aliança. "Não é nenhum grande segredo, Joe, que você e eu temos nossas diferenças e não vamos escondê-las. Isso é verdade", declarei. "Mas espero que essas forças-tarefa se unam, utilizando as melhores mentes e o pessoal da sua campanha e da minha para encontrar soluções concretas para esses problemas muito, muito importantes."

COMO AS FORÇAS-TAREFA DERAM À CAMPANHA DE BIDEN UMA AGENDA PROGRESSISTA

Na criação das forças-tarefa, houve excelente cooperação entre as campanhas. Concordamos em abordar seis das principais áreas em que o país enfrentava crises: economia, saúde, educação, mudança climática, imigração e justiça criminal. A campanha de Biden teria cinco membros em cada força-tarefa; nós teríamos três.

As posições de Biden na maioria das questões eram claramente mais conservadoras do que as minhas. Atraíamos diferentes grupos de eleitores. Era óbvio que, para vencer, Biden precisava contar com nossos apoiadores. As forças-tarefa, portanto, serviam a ambos os interesses. Queríamos movê-lo numa direção mais progressista, e ele queria adotar políticas que pudessem criar algum grau de entusiasmo nessa comunidade. Como parte do protocolo para as forças-tarefa, concordamos em manter privadas as discussões em andamento e fazer o possível para evitar vazamentos à mídia.

O trabalho logo começou. Nosso entendimento compartilhado da importância de construir uma unidade genuína para a campanha de fim de ano contra Trump tornou o processo de estabelecimento das forças-tarefa muito mais tranquilo do que em geral acontece na política.

No que dizia respeito à composição das forças-tarefa, minha equipe não queria que Biden nomeasse democratas de direita que se opusessem radicalmente à agenda progressista. Ele e seu time concordaram. Por sua vez, não queriam que incluíssemos progressistas que, de forma pessoal, haviam atacado Biden. Concordamos. O campo de Biden selecionou alguns dos democratas mais proeminentes do país, como o ex-candidato presidencial e secretário de Estado John Kerry e o ex-procurador-geral dos Estados Unidos Eric Holder, bem como vários membros do Congresso. Nossa campanha contou com dezoito fortes progressistas para nos representar nas forças-tarefa.

As forças-tarefa proporcionaram uma rara oportunidade para as alas moderada e progressista do Partido Democrata debaterem, colaborarem e buscarem áreas de acordo. As discussões foram sérias e com frequência animadas. Os membros da força-tarefa de nossa campanha pressionaram de forma taxativa por uma agenda que representasse as famílias trabalhadoras, protegesse o meio ambiente e enfrentasse os poderosos interesses das grandes empresas. Às vezes, nossas ideias prevaleciam. Às vezes não. Na maioria das vezes, as duas equipes encontraram um meio-termo no qual se poderia alcançar progresso. O processo foi um toma lá dá cá honesto, difícil, às vezes frustrante e, às vezes, encorajador:

- *Devemos aumentar o salário mínimo federal para quinze dólares por hora?* Concordo.
- *Devemos avançar em direção a um programa de fonte pagadora única do Medicare for All?* Discordo.
- *Devemos fazer com que o Medicare negocie os custos dos medicamentos prescritos?* Concordo.
- *Devemos legalizar a maconha?* Discordo.
- *Devemos ser agressivos no combate às mudanças climáticas e criar um Corpo Civil do Clima?* Concordo.
- *Devemos perdoar todas as dívidas estudantis?* Discordo.
- *Devemos diminuir a idade de elegibilidade do Medicare para sessenta anos?* Concordo.
- *Devemos tornar gratuitas as faculdades e universidades públicas?* Discordo.
- *Devemos acabar com prisões e centros de detenção privados?* Concordo.
- *Devemos impor um imposto sobre a riqueza dos bilionários?* Discordo.

Se eu gostaria de ver o campo de Biden concordar conosco em todas essas questões? Claro. Mas não havia dúvida de que tínhamos conseguido empurrar o candidato para uma direção mais progressista. Até mesmo o *New York Times*, muitas vezes hostil a nossa campanha e à agenda dele, reconheceu que havíamos alcançado um progresso significativo nas questões e no trabalho de unir o partido para enfrentar Trump: "As novas recomendações políticas para Joseph R. Biden Jr., elaboradas em conjunto por aliados de Biden e do senador Bernie Sanders, de Vermont, são um sinal evidente de que as alas moderadas e progressistas do Partido Democrata estão tentando se unir muito mais do que em 2016", noticiou o jornal. "Mas as ideias apresentadas na quarta-feira também são indicações de que os progressistas conseguiram empurrar algumas propostas para a esquerda, influenciando a plataforma política do sr. Biden enquanto ele se prepara para aceitar a indicação de seu partido para presidente no mês que vem."

A PLATAFORMA MAIS PROGRESSISTA
DA HISTÓRIA DO PARTIDO DEMOCRATA

As forças-tarefa forneceram um esboço para a plataforma do partido, que seria escrita nas semanas que antecederam a Convenção Nacional Democrática de 17 a 20 de agosto. Vários dos deputados que atuaram nelas participaram do processo de redação e continuaram a pressionar por posições ainda mais progressistas, argumentando que a pandemia do coronavírus e as dificuldades econômicas dela decorrentes exigiam que o partido adotasse uma agenda mais ousada. Isso era ainda mais verdadeiro na questão de expandir o Medicare para cobrir todos os americanos. "Temos oportunidade de aumentar nosso alcance porque o momento exige isso", argumentou o dr. Abdul El-Sayed, enquanto advogava em nome do Medicare for All. As emendas propostas por nossa campanha foram rejeitadas pelo comitê da plataforma, dominado pelos delegados de Biden. Mas o documento final acenou para nossa defesa, acatando apelos para acrescentar uma opção pública ao Affordable Care Act (o Obamacare).

Em uma série de outras questões, houve progresso mensurável. A *Scientific American* anunciou: "Os democratas lançaram sua plataforma climática mais forte da história". Ela também continha forte apoio aos sindicatos, reconhecendo que "o sistema de comércio global falhou em cumprir suas promessas aos trabalhadores americanos"; e abraçou iniciativas antitruste e antimonopólio que haviam sido popularizadas por nossos apoiadores, como o professor de Fordham Zephyr Teachout. O documento ecoou a mensagem populista de nossa campanha com uma declaração: "Vamos garantir que os ricos paguem os devidos impostos. Garantiremos que os investidores paguem as mesmas taxas de imposto que os trabalhadores e acabaremos com as brechas fiscais caras e improdutivas, inclusive a brecha das comissões de desempenho. As taxas de impostos empresariais, drasticamente suspensas pelo corte tributário republicano de 2017, devem ser aumentadas e os cortes de impostos 'trickle-down' devem ser rejeitados". As posições políticas sobre o direito ao aborto e direitos LGBTQIAPN+ eram fortes, refletindo preocupações bem fundamentadas de que uma Suprema Corte cada vez mais conservadora começaria a rejeitar os próprios precedentes. E, depois do clamor popular pelos assassinatos de George Floyd e Breonna Taylor, o partido assumiu uma posição muitíssimo mais forte em favor da reforma da justiça criminal.

A plataforma não era tão ousada quanto a que eu teria apresentado. Mas eu não tinha dúvidas de que delineava um programa que, se adotado como política, tornaria Biden o presidente mais progressista desde Franklin Delano Roosevelt. Foi um argumento que apresentei num discurso feito no horário nobre na noite de abertura da Convenção Nacional Democrata (que foi realizada virtualmente, devido à covid). O outro discurso da noite foi feito pela ex-primeira-dama Michelle Obama.

DISCURSO À CONVENÇÃO NACIONAL DEMOCRATA

Uma vez que seria transmitido ao vivo por todas as grandes redes de TV do país, seria um dos discursos mais importantes que eu faria, e minha equipe e eu gastamos muito tempo preparando o texto. O que tornou o trabalho especialmente desafiador foi que eu tinha somente oito minutos para fazê-lo. Muito a dizer e pouco tempo para isso. Eu estaria olhando para uma câmera, além de tudo, em vez de sentir a energia de uma multidão. É uma maneira difícil de fazer qualquer discurso importante.

Falando do Hotel Vermont, no centro de Burlington, usei meus oito minutos para discutir as ameaças existenciais enfrentadas pelo país, as enormes diferenças entre Biden e Trump e a perspectiva catastrófica se ele continuasse na presidência.

"Estamos enfrentando a pior crise de saúde pública em cem anos e o pior colapso econômico desde a Grande Depressão", falei. "Enfrentamos o racismo sistêmico e a ameaça existencial a nosso planeta devido às mudanças climáticas. E, em meio a tudo isso, temos um presidente que não só é incapaz de enfrentar essas crises como está nos conduzindo pelo caminho do autoritarismo. Essa eleição é a mais importante da história moderna do país. Diante de um conjunto sem precedentes de crises que enfrentamos, precisamos de uma resposta também sem precedentes — um movimento, como nunca antes visto, de pessoas que estão preparadas para se levantar e lutar por democracia e decência — e contra a ganância, a oligarquia e a intolerância."

A grande maioria dos americanos que me ouvia entendeu que a pandemia era uma ameaça imediata e um desafio pessoal. Usei meu discurso para colocá-la numa perspectiva política. Ao rejeitar a ciência, Trump "colocou nossa vida e nossa saúde em risco", disse eu. "Atacou médicos e cientistas que tentavam nos proteger da pandemia, enquanto se recusava a tomar medidas categóricas para produzir máscaras, aventais e luvas de que nossos profissionais de saúde tanto necessitam. Nero tocava violino enquanto Roma ardia; Trump joga golfe. Suas ações alimentaram essa pandemia, resultando em mais de 170 mil mortes e uma nação ainda despreparada para proteger seu povo."

Embora a pandemia fosse a questão mais urgente do momento, senti que era possível — e necessário — fazer uma conexão na mente dos eleitores entre o desrespeito imprudente de Trump pela saúde e pela segurança dos cidadãos durante essa crise específica e seu desrespeito mais amplo pelo bem-estar das pessoas que ele deveria servir.

"O povo americano percebeu que esse presidente e seu governo são, para ser franco, uma fraude. Em 2016, Trump prometeu que apoiaria as famílias trabalhadoras", expliquei. "Ele disse que iria 'drenar o pântano', enfrentar Wall Street e os interesses dos poderosos. Ele protegeria a seguridade social, o Medicare e o Medicaid e, a propósito, ele proporcionaria assistência à saúde para 'todos'. Ora, nada disso era verdade. Em vez disso, deu trilhões para o 1% mais rico e para as grandes empresas, e encheu seu governo de bilionários. Tentou tirar 32 milhões de pessoas de seus planos de saúde, eliminar proteções para doenças preexistentes e apresentou orçamentos que propunham cortar o Medicaid, o Medicare e a seguridade social."

Fazendo um forte contraste com Trump, defendi Joe Biden como um homem honrado que concorria — graças ao trabalho das forças-tarefa — conforme uma plataforma progressista.

Embora todas as questões importassem, o que mais pesou em mim enquanto me preparava para fazer o discurso foi a crescente evidência de que Donald Trump faria qualquer coisa para manter seu poder. "Nesse governo, o autoritarismo se enraizou em nosso país. Eu, minha família e muitos de vocês conhecemos a forma insidiosa com que o autoritarismo destrói a democracia, a dignidade e a humanidade."

A referência a minha família nessas observações foi deliberada. Sou judeu e meus familiares vieram da Polônia. A família do meu pai foi quase exterminada por completo por Hitler e seu violento nacionalismo branco. Sou muito consciente da ameaça que o nacionalismo branco e outras formas de racismo representam. Foi com isso em mente que prometi em meu discurso na convenção: "Enquanto eu estiver aqui, trabalharei com outros progressistas, com moderados e, sim, com conservadores para preservar essa nação de uma ameaça que tantos de nossos heróis lutaram e morreram para derrotar".

Meu apelo à unidade em apoio à candidatura de Joe Biden, ato que não poderia me deixar feliz. Mas era mais do que isso. Meu apelo era à consciência dos americanos, que eu esperava que reconhecessem que "o futuro de nossa democracia está em jogo".

"Meus amigos", concluí, "o preço do fracasso é simplesmente alto demais para imaginar".

Essa era a mensagem principal que eu queria transmitir e fiquei satisfeito na segunda noite da convenção quando meus apoiadores a repetiram. Como a tradicional votação dos estados foi realizada on-line naquela noite, os mais de mil delegados que se comprometeram a apoiar minha candidatura tiveram chance de honrar a vontade dos eleitores das primárias. Eles fizeram isso, mas muitos também fizeram questão de falar sobre como se uniam em torno da chapa Biden-Harris para construir um movimento forte o suficiente para derrotar Trump e o trumpismo. O ex-presidente da United Auto Workers Bob King me indicou formalmente para a presidência, enquanto Alexandria Ocasio-Cortez apoiou a indicação e celebrou nosso "movimento popular de massa trabalhando para estabelecer os direitos sociais, econômicos e humanos do século XXI, inclusive a garantia de assistência médica, educação superior, salários dignos e direitos trabalhistas para todas as pessoas nos Estados Unidos".

A CONSTRUÇÃO DO MOVIMENTO ANTITRUMP

Derrotar Trump nunca seria fácil. O homem é um demagogo e um mentiroso patológico. Muitas pessoas o chamavam de louco, e eu não necessariamente discordava delas. Mas Trump não era idiota. Era um mestre em identificar as vulnerabilidades de seus oponentes e depois explorá-las sem piedade. Tendo em vista o fracasso do Partido Democrata em atender às necessidades de uma classe trabalhadora em dificuldades ao longo de muitos anos, em questões que iam da política comercial à desindustrialização e aos salários, Trump aproveitou todas as oportunidades para afirmar que era o homem para preencher o vazio. Havia o risco em 2020 de que, apesar do trabalho horrível que havia feito, ele continuasse a atrair o apoio de mulheres e homens trabalhadores cada vez mais desesperados com o agravamento da pandemia.

Com milhões de americanos gradualmente ficando para trás no aspecto econômico, perdendo a fé no governo e sentindo-se ignorados pelo establishment político, Trump jogava com a raiva e o ressentimento por meio de apelos às vezes sutis, mas muitas vezes abertos, ao racismo, ao sexismo, à homofobia e à xenofobia. Ele empregou o cálculo clássico do autoritário. O povo precisava de inimigos — e Trump lhe deu muitos. Não é pouca coisa que em quatro curtos anos Trump tenha aniquilado a liderança de longa data do Partido Republicano e convertido uma organização política de centro-direita em um veículo para a extrema direita que provocou comparações com partidos neofascistas europeus.

Mais alarmante ainda era o fato de que milhões de americanos, seguindo o exemplo de Trump, diziam agora aos pesquisadores que haviam perdido a fé na democracia. Um número crescente deles concordava com a afirmação de que "verdadeiros patriotas americanos podem precisar recorrer à violência para salvar nosso país". Os apoiadores mais fervorosos de Trump estavam agitados e foram ativados. Compareceriam às eleições. A questão era se os democratas poderiam mobilizar as dezenas de milhões de eleitores que acreditavam na democracia, mas que não estavam necessariamente entusiasmados com Joe Biden e Kamala Harris.

Como candidato democrata, Biden daria o tom da campanha. Sua equipe, com longa experiência e centenas de milhões em fundos de campanha, definiria a mensagem contra Trump. Nossa equipe se deparou com uma questão essencial: como poderíamos apoiar de forma efetiva um candidato muito mais conservador do que eu sem comprometer nossos princípios progressistas ou desapontar nossos apoiadores?

Biden esperava atingir os republicanos e moderados contrastando sua decência e honestidade básicas com um presidente autoritário que frequentemente expressava opiniões racistas e xenófobas, presidia o governo mais corrupto da história moderna e mentia o tempo todo. Embora fosse uma estratégia diferente daquela que eu teria seguido como candidato democrata, certamente não era ilógica e, se aplicada com habilidade, tinha o potencial de levar à vitória. Mas o problema disso era que excluía muitos eleitores em potencial da campanha.

Ao seguir uma abordagem previsivelmente cautelosa, o que Biden estava dizendo às dezenas de milhões de americanos que exigiam mudanças ousadas e transformadoras? Como ia se conectar com os jovens que, além de lutarem com dificuldades econômicas, estavam profundamente preocupados com as crises de mudança climática, o racismo sistêmico e a dívida estudantil? O que ele estava dizendo para as pessoas da classe trabalhadora que não conseguiam sobreviver com dez dólares por hora, que não tinham plano de saúde e, em consequência da pandemia, perderam seus empregos ou suas casas? O que ele dizia para milhões de pessoas de comunidades negras, latinas, asiático-americanas e indígenas que lutavam contra a injustiça econômica e social todos os dias? A resposta: não o suficiente.

Tínhamos muito a dizer aos americanos desencantados e

desprovidos de direitos, e logo percebemos que a melhor maneira de ajudar Biden era atingir as pessoas que não votaram nele nas primárias, que não estavam tão entusiasmadas com sua candidatura, e com quem ele não conseguia se comunicar de modo efetivo. O perigo político para Biden não era que essas pessoas votassem em Trump, mas que não fossem votar. Acreditávamos que poderíamos levá-las às urnas.

Se fosse uma época e uma campanha normais, eu estaria num avião voando de estado em estado, realizando comícios e reuniões municipais, discursando para dezenas de milhares de pessoas. Infelizmente, 2020 não foi um ano normal, e a maior parte de nossa candidatura precisou acontecer por meio de transmissões on-line e mídias sociais. Não é o ideal e não é algo que eu goste, mas era o que tínhamos de fazer.

NOSSA CAMPANHA VIRTUAL PARA JOE BIDEN E KAMALA HARRIS

Fizemos isso trabalhando em parceria com organizações de base e fazendo o maior número possível de eventos on-line. Realizamos dezenove comícios virtuais nos estados de disputa mais acirrada. Também fizemos onze com grupos específicos que queríamos alcançar, como jovens, sindicalistas, eleitores de comunidades latinas, americanos de áreas rurais, ativistas de mudanças climáticas, defensores da reforma da justiça criminal e ativistas por um sistema justo de imigração. Nosso principal objetivo nessas transmissões ao vivo não era apenas registrar eleitores, mas garantir que votassem.

Também queríamos alcançar eleitores em potencial em estados que não eram prioridades para a campanha de Biden e do Partido Democrata. A campanha presidencial de outono nas últimas décadas tem se concentrado quase exclusivamente nos chamados estados campos de batalha, onde ambos os partidos são competitivos e as pesquisas indicam resultados apertados. Entendo a lógica dessa abordagem numa disputa muito acirrada, onde garantir os 270 votos eleitorais necessários é uma prioridade, embora o fato tenha sempre me frustrado, já que um foco estreito diminui as perspectivas de mudar a direção de nossa política. Isso foi particularmente verdadeiro em 2020. Havia pessoas em estados republicanos "vermelhos" confiáveis e em estados democratas "azuis" confiáveis que precisavam ser mobilizadas para vencer disputas locais, estaduais e federais, além de construir a base da chapa presidencial. Com isso em mente, organizamos comícios de transmissão ao vivo nos estados vermelhos, azuis e roxos. Incentivamos a campanha de Biden e o Partido Democrata a considerar alguma lógica básica que é frequentemente ignorada pelos políticos: não se pode mudar a opinião política das pessoas se não falar com elas e não tratá-las com respeito.

Nossas duas primeiras transmissões ao vivo foram em Kentucky e Virgínia Ocidental, em 15 de agosto. Em seguida, seguimos para Iowa e Wisconsin, depois para Colorado e Texas, e assim por diante. É um país grande. Na maioria das vezes, as reuniões consistiam em painéis de discussão nos quais ouvíamos o público local que lutava contra o desemprego, os salários baixos e a falta de assistência médica. Falei sobre o que a eleição poderia significar para a vida daquelas pessoas. Também ouvimos líderes nacionais, inclusive senadores, membros progressistas do Congresso, governadores e dirigentes de grandes organizações nacionais progressistas. Em um comício, realizado na quinta-feira anterior à eleição, a candidata democrata à vice-presidência Kamala Harris juntou-se à presidente do Sindicato Internacional dos Empregados de Serviços Mary Kay Henry e a Ai-jen Poo, uma das principais defensoras das trabalhadoras domésticas, para discutir

260

a luta por salários de fome. Na tarde do sábado anterior à eleição, participei com um de meus mais fervorosos apoiadores nas primárias, o copresidente do Caucus Progressista do Congresso Mark Pocan, de um comício com estudantes no campus da Universidade de Wisconsin-Madison, onde o mascote é um *badger* [texugo]. Eu disse à multidão virtual: "Sei que às vezes é desconfortável *badgering* [importunar] seus amigos para que votem. Bem, você vai se sentir um pouco mais desconfortável se Trump vencer em Wisconsin por uma diferença pequena de votos". Os estudantes deram um impulso vital a Biden, que venceu em Wisconsin por 20 682 votos, com uma margem de 0,63% sobre Trump.

Tendo em vista as restrições sob as quais atuávamos, a "participação" nesses comícios virtuais foi impressionante. As transmissões ao vivo nacionais atraíam em geral mais de 200 mil espectadores, enquanto os eventos direcionados a cada estado atraíam até 10 mil pessoas. No dia da eleição, a audiência geral era de milhões.

Embora os comícios virtuais fossem bem-sucedidos, eu recebia incentivos para deixar o estúdio de TV e pegar a estrada. Apesar de muito nervosismo por parte de minha esposa, concordei em realizar comícios presenciais para Biden em três estados decisivos: New Hampshire, Michigan e Pensilvânia. A equipe de Biden fez o possível para garantir que essas viagens fossem o mais seguras possível em relação à covid. Tínhamos nosso próprio avião, todos a meu redor eram testados e usavam máscaras, a segurança era forte e os espaços físicos que ocupávamos eram limpos. O objetivo principal dessas viagens não era atrair grandes multidões, o que seria inapropriado e impraticável, mas atrair a mídia local. E foi o que fizemos, em grande parte pela novidade dos eventos que organizamos.

Foram com certeza os eventos públicos mais estranhos que já fiz.

Em Lebanon, New Hampshire, a campanha de Biden alugou um belo campo numa estação de esqui fora da cidade. O tempo estava maravilhoso. Em circunstâncias normais, o evento teria atraído milhares de interessados de um estado vizinho a Vermont e onde eu vencera duas vezes as primárias para candidato à presidência. Mas, como limitamos o comparecimento e mantivemos as pessoas distantes, vieram apenas algumas centenas. Admito que foi uma experiência desconcertante falar para tão poucos eleitores e tanta grama.

Um evento que fizemos no condado de Macomb, Michigan, foi ainda mais estranho. Realizamos um "comício de carros". Pela primeira vez na vida, tive a oportunidade de falar para um estacionamento cheio de carros e caminhões — centenas deles. Em vez de ser interrompido por vivas e aplausos, fui saudado com buzinas. O caráter do evento — um comício voltado para automóveis no principal estado automobilístico do país — pelo visto incomodou os republicanos. Vários apoiadores de Trump tentaram interromper meus comentários, mas a polícia e as buzinas de nossos apoiadores tornaram esse um ótimo dia para a campanha de Biden. Organizamos outro comício de carros nos arredores de Pittsburgh. Houve discursos de aquecimento fantásticos do vice-governador John Fetterman e de duas estrelas em ascensão na legislatura da Pensilvânia, as deputadas estaduais Summer Lee e Sara Innamorato. Eu apoiara os três em suas candidaturas e foi ótimo vê-los na campanha. Dois anos depois, John seria eleito para o Senado, enquanto Summer seria eleita para a Câmara federal. Quando conversamos naquele fim de 2020, centenas de jovens trabalhadores entusiasmados compareceram ao evento, o que me deu uma sensação de otimismo em relação ao que poderia acontecer na Pensilvânia no dia da eleição.

Com efeito, Biden venceu em Michigan e na Pensilvânia com relativa facilidade e ganhou por pouco em Wisconsin. Tratava-se de três dos cinco estados que apoiaram Trump em 2016, mas mudaram para os democratas quatro anos depois, graças a uma mobilização histórica de novos eleitores que viram Biden vencer nacionalmente com uma margem de 7 milhões de votos.

A REELEIÇÃO DO ESQUADRÃO E A ELEIÇÃO DE ALGUNS ALIADOS

Eleger Joe Biden não era nossa única missão política em 2020. Sabíamos que, se quiséssemos construir um forte movimento político de base, os progressistas precisariam vencer as disputas eleitorais para assentos nas legislaturas estaduais e nos conselhos municipais, nas comissões de condado e nos conselhos escolares. Precisariam ser eleitos promotores distritais e procuradores-gerais do estado. Acabamos endossando mais de duzentos candidatos para uma ampla variedade de cargos em 2020, indivíduos extraordinários, muitas vezes jovens e cheios de energia, vários deles negros. Apesar de nossos recursos serem limitados e de termos apoiado concorrentes em muitas disputas difíceis, mais de 150 de nossos candidatos endossados acabaram vencendo.

Desde o início, reconhecemos que era absolutamente imperativo manter os ganhos enormes que os progressistas obtiveram nas eleições para o Congresso de 2018. Estávamos determinados a reeleger congressistas, como as deputadas do Esquadrão Alexandria Ocasio-Cortez, de Nova York, Ilhan Omar, de Minnesota, Ayanna Pressley, de Massachusetts, e Rashida Tlaib, de Michigan, que sofreram ataques ferozes não só de republicanos, mas também de muitos democratas do establishment, bem como de grande parte da mídia durante seus primeiros mandatos.

Todas as quatro membras do Esquadrão desempenharam grandes papéis nos debates do Congresso em 2019 e 2020, dando voz a ideias, questões e comunidades frequentemente negligenciadas. Representaram uma lufada de ar fresco em Washington, sobretudo porque não tinham medo de falar com ousadia e franqueza. Seu novo estilo de política conseguiu galvanizar os jovens, não apenas em seus próprios distritos, mas de costa a costa.

Eu sabia que tinha muito em comum com essas mulheres. Sim, era pelo menos quarenta anos mais velho do que elas. Sim, eu era homem e elas eram mulheres. Sim, eu era branco e elas, pessoas de cor. No entanto, vários de nós éramos imigrantes ou filhos de imigrantes. Todos viemos de famílias da classe trabalhadora com dificuldades econômicas. E tivemos que abrir caminho para entrar na política, enfrentando e derrotando candidatos do establishment com campanhas que contavam com o apoio popular, e não com o poder do dinheiro da classe bilionária.

Diante da intolerância e da xenofobia que passaram a definir o Partido Republicano de Trump, não foi surpresa que AOC, Omar e Tlaib estivessem sob ataque feroz e constante do presidente e de seus aliados de direita. A família de Alexandria veio de Porto Rico, a de Rashida da Palestina, e a de Ilhan da Somália. Rashida e Ilhan eram muçulmanas. Por causa de suas origens, suas fortes visões progressistas e a disposição de falar sobre questões polêmicas de política interna e externa quando tantos outros democratas ficavam vergonhosamente calados, as três foram submetidas a ataques virulentos. A sugestão de Trump de que elas deveriam "voltar e ajudar a consertar os lugares totalmente quebrados e infestados de crimes de onde vieram" foi uma das declarações mais racistas e divisoras de sua presidência. Ainda mais perturbador, se não totalmente surpreendente para mim, foi o quanto essas participantes do Esquadrão foram difamadas não só por Trump e pela direita republicana, mas também pelos democratas do establishment. No entanto, apesar da enorme pressão que enfrentaram, elas demonstraram dignidade e determinação diante de difamações desonestas e repugnantes.

Alexandria, Ilhan e Rashida enfrentaram oponentes bem financiados nas primárias democratas de 2020. Nossa equipe decidiu desde o início que seria nossa missão fornecer a elas o maior apoio político e financeiro possível nessas disputas. Graças à popularidade delas na comunidade progressista, e sobretudo entre os apoiadores da minha campanha que estimaram o apoio que me deram, conseguimos arrecadar centenas de milhares de dólares para cada uma delas e ajudar a gerar apoio voluntário para centrais de telefone e campanha de porta em porta.

Em 23 de junho, Alexandria venceu a primária com 74% dos votos; em 4 de agosto, Rashida venceu com 66%; e no dia 11 de agosto, Ilhan, que enfrentou o desafio mais forte e caro, venceu com 57%. Essas vitórias decisivas enviaram uma mensagem alta e clara ao mundo de que isso, em 2018, não havia sido "acaso de sorte". Suas visões progressistas respondiam às necessidades de seus eleitores e mostraram ser muito populares.

As participantes originais do Esquadrão ganharam novos aliados entre os vencedores de 2020 nas primárias democratas em todo o país. Assim como AOC havia derrotado um titular entrincheirado nas primárias democratas de 2018, Jamaal Bowman, da cidade de Nova York, e Cori Bush, de St. Louis, derrotaram poderosos titulares veteranos nas primárias democratas de 2020. Mondaire Jones, outro forte progressista que apoiamos, ganhou uma vaga nos condados de Westchester e Rockland, em Nova York. Em 2022, foram eleitos mais candidatos que se identificaram com o Esquadrão, como Greg Casar no Texas e Summer Lee na Pensilvânia.

Cada uma dessas vitórias enviou uma mensagem poderosa de que a revolução política avançava. Os progressistas estavam em alta, no nível federal e nas comunidades de todo o país. Além de grandes vitórias nas primárias do Congresso, toda semana trazia notícias de vitórias de candidatos que apoiamos para a legislatura estadual, procurador distrital e cargos locais. Essas conquistas, de candidatos como José Garza, que foi eleito procurador do distrito de Travis County, Texas, e George Gascón, que foi eleito promotor do condado de Los Angeles, foram essenciais não apenas para o movimento progressista, mas para o país num momento de acerto de contas racial.

A CAMPANHA CONTRA O RACISMO SISTÊMICO

No fim de maio de 2020, o assassinato de George Floyd horrorizou a nação e o mundo, e inspirou uma mobilização extraordinária em nome das reformas da justiça criminal há muito adiadas e uma resposta significativa ao racismo sistêmico. Cerca de 26 milhões de americanos, em cidades e vilas de todo o país, participaram do que os pesquisadores da opinião pública descreveram como a maior mobilização de protesto da história dos Estados Unidos. Jovens de todas as raças e origens saíram às ruas para exigir o fim da brutalidade policial e maior controle civil sobre os departamentos de segurança pública. O assassinato de Floyd ocorreu após as mortes de Eric Garner, Michael Brown, Tamir Rice, Walter Scott, Alton Sterling, Breonna Taylor e dezenas de outros sob custódia policial. A comunidade negra estava cansada do comportamento brutal e ilegal de muitos policiais, e pessoas de todas as raças se juntaram a ela para exigir responsabilidade e uma redefinição do que significava policiamento.

O procurador-geral de Minnesota Keith Ellison, meu amigo e apoiador de longa data, organizou o processo bem-sucedido de Derek Chauvin, o policial que assassinou George Floyd. Keith colocou as coisas em perspectiva quando disse: "Em nossa sociedade, existe uma norma social de que matar certos tipos de pessoas é mais tolerável do que outros". Isso, afirmou, é racismo sistêmico, e concordo com ele. E não está presente apenas no policiamento. Keith explica que o racismo sistêmico pode ser identificado "por meio de padrões de moradia, pelo emprego, pela riqueza, por meio de uma série de outras coisas", e ele está certo quando sustenta que todos devemos começar o trabalho duro de lidar com isso reformando o policiamento, para que homens negros desarmados não sejam mais assassinados por policiais que com frequência agem com impunidade.

A brutalidade policial é apenas uma manifestação da ampla injustiça econômica, social e racial que continua a distorcer nossa sociedade. E vimos uma exibição total dessa injustiça em 2020. A pandemia iluminou a desigualdade de maneiras que não podiam mais ser negadas ou ignoradas. Milhões de pessoas perderam seus empregos e sua renda, e sofriam de uma maneira que não se via havia quase um século. Trabalhadores essenciais em hospitais, farmácias, mercearias, transportes públicos e armazéns foram forçados a ir trabalhar para alimentar suas famílias. Colocavam a própria vida e a de outros em risco para fornecer os serviços básicos de que os americanos precisavam. Muitos desses trabalhadores não dispunham de condições seguras de trabalho ou equipamentos de proteção adequados. Em consequência, dezenas de milhares contraíram o vírus e morreram. Eram desproporcionalmente pessoas de cor. Em resposta à incrível angústia dentro das comunidades minoritárias, organizações de base em todo o país entraram em ação. Pediam justiça. Deram apoio aos desempregados, pobres e doentes. E fizemos o possível para ajudar. Durante o mês de junho de 2020, nossa campanha arrecadou mais de 6 milhões de dólares para esses grupos e causas e envolveu muitos milhares de nossos apoiadores. É importante lembrar que a política eleitoral não é o único local para alcançar mudanças transformadoras.

O AUMENTO DA CONSCIENTIZAÇÃO POLÍTICA

Os tumultuados eventos do verão e do outono de 2020 nos lembraram de que era imperativo continuar fazendo o que as empresas de mídia não fazem: educar a classe trabalhadora sobre as realidades do sistema econômico e político em que vive e luta. Nossa campanha presidencial havia acabado. Mas ainda tínhamos 15,4 milhões de seguidores no Twitter, 5,6 milhões no Facebook e 6,6 milhões no Instagram, bem como uma lista de e-mail que chegava aos milhões. É muita gente, e esses totais nem incluem os quase 20 milhões a mais que seguem nossos relatos não políticos do Senado nas redes sociais.

Como parte de nossa organização de campanha, mantivemos uma equipe completa de comunicação e vídeo. Isso nos permitiu postar declarações e mensagens todos os dias em várias plataformas e produzir gravações de alta qualidade que receberiam milhões de visualizações. A NPR (Rádio Pública Nacional) até fez um programa intitulado "Bernie TV: Como os vídeos ao vivo da campanha de Sanders ajudam a construir comunidade", no qual observava que, durante a campanha primária, nosso outrora modesto projeto de transmissão on-line se tornara um esforço épico: "Os números são realmente altos: mais de 85 milhões de visualizações ao longo da campanha, espalhadas por plataformas de mídia social tradicionais, como Facebook e YouTube, e redes mais novas e de nicho, como a de jogos Twitch". Não éramos CNN, MSNBC ou Fox, muito menos CBS, NBC ou ABC. Mas, com nossa operação relativamente pequena, fazíamos um trabalho importante ao oferecer às pessoas informações que, de outra forma, não receberiam, com uma perspectiva progressista sobre questões que moldavam sua vida.

Se tivéssemos encerrado a campanha em abril, teríamos perdido toda essa capacidade de divulgar não apenas os candidatos, mas também os problemas. Não era um erro que cometeríamos.

A LUTA CONTRA A COVID E O LUCRO COM A PANDEMIA

A batalha com Trump e os republicanos em questões relacionadas à pandemia que se alastrou ao longo de 2020 foi imensamente frustrante. Enquanto minha campanha terminava, a do presidente estava em andamento — e ele estava fazendo política com questões extremas.

A realidade fundamental daquele ano terrível foi que o governo Trump falhou em fornecer liderança nacional para combater a pandemia. Meu estado de Vermont, como todos os outros do país, fora seriamente afetado pela pandemia e pelo colapso econômico associado a ela. Fiquei triste e surpreso ao ver, a apenas alguns quarteirões de minha casa, centenas de cidadãos em filas com seus carros para receber cestas básicas. A fome, o desespero e o medo dominavam todo o país.

Como membro da liderança democrata do Senado, lutei por uma legislação mais dura para proteger os trabalhadores durante essa crise sem precedentes. Dezenas de milhares de pessoas morreram porque Trump rejeitou o conselho de médicos e cientistas. Os Estados Unidos tiveram níveis de hospitalização e taxas de mortalidade muito mais altos do que outros grandes países porque nossa resposta à pandemia foi fraca, sem foco e muitas vezes desonesta. Num momento em que milhões de vidas estavam em jogo e milhares de vidas estavam sendo perdidas, Trump se gabou para o jornalista do *Washington Post* Bob Woodward de minimizar a pandemia.

À medida que a covid se espalhava, as informações enganosas do governo Trump pioraram as coisas. Por exemplo, o presidente e seus assessores enviavam sinais conflitantes e muitas vezes falsos sobre a importância do uso de máscaras — uma das formas mais vitais de impedir a propagação do vírus. Com vários outros senadores, apresentei uma lei que enviaria três máscaras N-95 reutilizáveis para todas as pessoas no país. Também lutei para garantir que cada médico e enfermeira tivessem um suprimento adequado de equipamentos de proteção individual da mais alta qualidade. Ficou claro para mim que tínhamos que utilizar a Lei de Produção de Defesa a fim de romper nossa dependência de outros países para o fornecimento de máscaras e equipamentos que eram desesperadamente necessários. No entanto, embora tenha feito inicialmente alguns movimentos na direção certa, o governo Trump, em geral, baseou-se em "soluções de mercado" ineficazes num momento em que a intervenção do governo era vital.

Ao mesmo tempo, a classe bilionária à qual Trump servia tão fielmente lucrava com a crise. De acordo com a Americanos pela Justiça Fiscal e o Instituto de Estudos Políticos, uma riqueza de 731 bilhões de dólares foi acumulada por 467 bilionários — o 0,001% mais rico de toda a América — a partir de 18 de março de 2020, quando o número de casos e mortes da covid começou a aumentar, até 5 de agosto de 2020. Durante aproximadamente o mesmo período, 5,4 milhões de americanos perderam o seguro-saúde e 50 milhões solicitaram seguro-desemprego.

Em 6 de agosto de 2020, apresentei uma proposta de lei que tratava do crescimento da desigualdade de renda e riqueza durante a pandemia, bem como das inadequações de nosso sistema de saúde, que a pandemia escancarava. Minha lei Make Billionaires Pay [Faça os bilionários pagarem] propôs um imposto de 60% sobre a nova riqueza acumulada pelos bilionários durante a pandemia. Os 422 bilhões de dólares arrecadados por esse projeto de lei seriam usados para expandir o Medicare a fim de dar cobertura médica a todos os cidadãos durante a crise. Era mais do que absurdo que, no meio de um grande colapso de saúde, milhões de americanos não tivessem seguro-saúde ou estivessem tentando sobreviver com cobertura parcial. Era igualmente absurdo que a riqueza da nação estivesse sendo redistribuída para cima numa época em que todos deveriam estar envolvidos em "sacrifícios compartilhados". Quando apresentei o projeto de lei, expliquei: "Na minha opinião, é hora de o Senado agir em nome da classe trabalhadora que está sofrendo como nunca, não a classe bilionária que está indo bem e nunca esteve numa posição tão favorável".

A legislação, que foi copatrocinada pelos senadores Ed Markey, de Massachusetts, e Kirsten Gillibrand, de Nova York, foi bem recebida. As pesquisas mostraram consistentemente que a grande maioria dos americanos era a favor de tributar os ricos. Com efeito, uma pesquisa Reuters/Ipsos divulgada pouco antes de eu propor a lei Make Billionaires Pay constatou que quase dois terços dos entrevistados concordavam que os muito ricos deveriam pagar mais. No entanto, minha proposta nunca foi ouvida num Senado que era então controlado pelos republicanos sob a liderança do senador de Kentucky Mitch McConnell, um dos principais beneficiários da generosidade de campanha da classe bilionária. Tampouco teve chance com o presidente Donald Trump, que se declarava orgulhosamente membro dessa classe.

Esse é apenas mais um exemplo de como a vontade do povo estava sendo frustrada durante a presidência antidemocrática de Trump.

A LUTA PELA DEMOCRACIA

Ao longo do mandato de Trump, e sobretudo durante o período que antecedeu o dia da eleição de 2020, fiquei cada vez mais preocupado com o fato de que, se ele perdesse a eleição, não acataria os resultados. Ao contrário de todos os presidentes anteriores, Trump obviamente não respeitava a democracia ou o estado de direito. Temi que, pela primeira vez na história americana, nosso país não tivesse uma transferência pacífica de poder. Pensei que fosse extremamente importante para o povo americano ter uma compreensão clara da ameaça que a rejeição da democracia por Trump representava. Quanto mais advertências prévias os cidadãos recebessem, maior seria a chance de nos prepararmos para impedir um ataque aos fundamentos das eleições e do governo da nação. Durante algumas semanas após a Convenção Nacional Democrata em agosto, participei de várias reuniões com advogados e acadêmicos que estudavam as possíveis estratégias que um Donald Trump derrotado poderia utilizar para tentar reverter o resultado da eleição. Em 24 de setembro de 2020, na Universidade George Washington, palestrei sobre o que acabou sendo a questão mais séria — e assustadora — de 2020.

A CBS News chamou minha palestra de "discurso apaixonado" que levantava a perspectiva da "recusa do presidente Trump em se comprometer com uma transferência pacífica de poder". Não sei quão "apaixonado" foi, mas sei que foi um dos discursos mais importantes que já fiz. Numa entrevista exclusiva posterior a Cara Korte, da CBS News, deixei claro que estava profundamente preocupado com a ameaça de violência e caos no país após a eleição.

"Diversas pessoas lutaram e morreram ao defender a democracia para permitir que ele a destrua", disse eu sobre Trump. "Se ele ganhar, ganha. Mas, se perder, vai deixar o cargo porque vamos defender a democracia americana." Apenas cinco meses depois, me veria votando no fim de um julgamento de impeachment no Senado para condenar Trump por incitar uma insurreição mortal que buscava anular os resultados de uma eleição livre e justa.

Se temos que tirar uma lição da tumultuada eleição de 2020 e de suas consequências ainda mais tumultuadas, é a de que devemos levar muito mais a sério a manutenção da infraestrutura básica da democracia. Essa infraestrutura é tão forte quanto a fazemos, e devemos estar sempre cientes do fato de que existem totalitários entre nós que a destruiriam.

"O que vou falar é algo que, em meus sonhos mais loucos, nunca pensei que discutiria", disse eu na George Washington. "Trata-se da necessidade de garantir que o presidente dos Estados Unidos, se perder essa eleição, cumpra a vontade dos eleitores e deixe o cargo pacificamente." Os americanos, argumentei, precisavam acordar para a realidade de que Trump estava, de fato, "preparado para minar a democracia do país a fim de permanecer no poder".

Entendi que haveria quem pensasse que era eu que estava indo aos extremos, que era "alarmista" visando provocar medo entre meus apoiadores e potenciais eleitores democratas. A mídia nacional tende a ver tudo em termos de um lado contra o outro, sem reconhecer que existem questões existenciais que transcendem os estreitos limites do partidarismo e da ideologia. Procurei promover esse reconhecimento na minha fala.

"Essa não é só uma eleição entre Donald Trump e Joe Biden. Essa é uma eleição entre Donald Trump e a democracia — e a democracia precisa vencer", argumentei. "Mas hoje, com Donald Trump, temos um presidente que tem pouco respeito por nossa Constituição ou pelo estado de direito. Hoje, essa transição pacífica de poder, alicerce da democracia americana, está sendo ameaçada como jamais foi. E, a esse respeito, acho extremamente importante que ouçamos e levemos a sério o que Donald Trump está dizendo."

Citei o discurso de Trump na Convenção Nacional Republicana em agosto, quando ele disse: "A única maneira de tirarem essa eleição de nós é se for uma eleição fraudada". Trump discursava na convenção de seu partido num momento em que quase todas as pesquisas nacionais indicavam que ele estava atrás e que estava perdendo nas pesquisas feitas na maioria dos estados campo de batalha. "Pensem no que essa afirmação significa", disse eu. "O que ele está dizendo é que, se vencer a eleição, ótimo. Mas, se perder, ela foi fraudada, porque a única maneira, a única maneira de ele perder é se houver fraude. E, se for fraudada, ele não vai deixar o cargo. Cara, eu ganho. Coroa, você perde. Em outras palavras, na mente de Trump, não há como ele deixar o cargo."

O delírio antidemocrático de Trump continuou no fim do ano. Na noite anterior ao meu discurso na George Washington, ele foi mais longe no autoritarismo, tornando-se o primeiro presidente na história desse país a se recusar a se comprometer com uma transição pacífica de poder se perdesse a eleição. Durante uma coletiva na Casa Branca, um repórter perguntou à queima-roupa: "Ganhe, perca ou empate nesta eleição, você vai se comprometer aqui, hoje, com uma transferência pacífica de poder no fim?". Trump respondeu: "Precisaremos ver o que acontece. Você sabe que tenho reclamado muito das cédulas, e as cédulas são um desastre. Queremos acabar com elas, e você terá uma situação muito tranquila — não haverá transferência, francamente. Haverá uma continuação".

Atualizei meu discurso para refletir sobre essas observações e dar uma resposta contundente às opiniões de Trump sobre a transferência de poder: "Essa não é a escolha dele. Cabe ao povo americano determinar. Sejamos muito claros: não há nada em nossa Constituição ou em nossas leis que dê a Donald Trump o privilégio de decidir se ele vai se afastar ou não se perder. Nos Estados Unidos, o presidente não define quem pode ou não votar e quais cédulas serão contadas. Isso pode ser o que seu amigo Pútin faz na Rússia. Pode ser o que é feito em outros países autoritários. Mas não é e não será feito nos Estados Unidos da América. Isto aqui é uma democracia".

Para defender a democracia, argumentei, as autoridades democratas, republicanas e independentes precisavam se opor vigorosamente à supressão e intimidação de eleitores, para garantir que todos os votos fossem contados e tomar as medidas necessárias para assegurar que ninguém fosse declarado vencedor até a contagem final. "A meus colegas republicanos no Congresso", disse eu, "por favor, não continuem a dizer ao povo americano o quanto amam este país se, neste momento crítico, vocês não estão preparados para defender a democracia americana e nosso modo de vida. Parem com a hipocrisia."

Temendo que essa hipocrisia pudesse prevalecer, ofereci um plano para evitar o desastre.

- "Primeiro, é absolutamente imperativo que tenhamos, de longe, a maior participação eleitoral na história americana e que as pessoas votem o mais cedo possível. Como alguém que apoia fortemente Joe Biden, sejamos claros: uma vitória esmagadora de Biden tornará quase impossível para Trump negar os resultados e é nosso melhor meio de defender a democracia."

- "Segundo, com a pandemia e um aumento enorme na votação por correspondência, os legisladores estaduais devem tomar medidas imediatas para permitir que esses votos sejam contados antes do dia da eleição — à medida que chegam."

- "Terceiro, a mídia precisa preparar o povo americano para entender que não há mais um único dia de eleição e que é muito provável que não saibamos os resultados em 3 de novembro."

- "Quarto, as empresas de mídia social devem enfim agir em conjunto e impedir que as pessoas usem suas ferramentas para espalhar desinformação e ameaçar e assediar funcionários eleitorais."

- "Quinto, no Congresso e nas legislaturas estaduais, devem-se realizar audiências o mais rápido possível para explicar ao público como serão conduzidos o processo do dia da eleição e os dias seguintes. À medida que contarmos todos os votos e evitarmos a intimidação dos eleitores, tudo que estiver ao alcance deve ser feito para evitar o caos, a desinformação e até a violência."

Infelizmente, apenas três meses depois, veio a violência, na forma de um ataque sem precedentes e mortal ao capitólio dos Estados Unidos.

Muitos de meus piores medos se concretizaram. No entanto, na noite de 6 de janeiro, depois que os desordeiros foram expulsos do prédio e a ordem foi restaurada, retornei ao capitólio e votei com meus colegas democratas e a maioria dos republicanos do Senado para certificar a vitória de Biden por 306 votos a 232 sobre Trump no Colégio Eleitoral. Depois de uma das campanhas mais longas e desafiadoras da história americana, Joe Biden ia se tornar o 46º presidente dos Estados Unidos.

Os eventos de 6 de janeiro de 2021 feriram o país. A democracia venceu naquele dia, mas a luta por seu futuro continua, já que Trump e seus apoiadores ainda se recusam a aceitar os resultados da eleição de 2020 e traçam novas estratégias para a supressão de eleitores que ameaçam distorcer a eleição de 2024.

Eu sabia em meados de 2020, e sei agora, que nosso dever é deixar claro para os americanos, não importa quais sejam suas tendências políticas, que nossa democracia não será destruída. Este país, desde sua criação e através dos sacrifícios de milhões, tem sido um modelo para o mundo no que diz respeito ao governo representativo. Em 1863, no meio da terrível Guerra Civil, Abraham Lincoln declarou em Gettysburg que este governo "do povo, pelo povo, para o povo, não desaparecerá da terra". A luta que Lincoln identificou há mais de um século e meio ainda não terminou. Em nosso tempo, devemos garantir que as forças da liberdade e da justiça prevalecerão.

9. A luta para reconstruir melhor

*Por que os democratas têm tanta dificuldade
em cumprir a promessa de transformações?*

Joe Biden venceu a eleição de 2020 por uma diferença de 7 milhões de votos em todo o país, derrotou Donald Trump em cinco estados que o haviam apoiado em 2016 e levou o Colégio Eleitoral por 306 votos a favor e 232 contra. O foco que tínhamos colocado em alcançar os eleitores jovens e da classe trabalhadora nos estados de disputa acirrada de Wisconsin, Michigan e Pensilvânia valera a pena. Esses três estados industriais históricos, onde Trump vencera em 2016, mudaram para Biden em 2020. Mas o mandato pessoal de Biden não se traduziu no tipo de maioria na Câmara e no Senado que tornaria mais fácil para ele governar. Na verdade, o controle democrata do Senado só foi alcançado dois meses após a eleição de novembro, em 5 de janeiro de 2021, quando os democratas Jon Ossoff e Raphael Warnock venceram duas disputas de segundo turno para cadeiras do Senado na Geórgia.

Suas vitórias deram aos democratas as duas posições necessárias para tirar o republicano Mitch McConnell da liderança da maioria no Senado e substituí-lo pelo democrata Chuck Schumer. Com as conquistas da Geórgia, tudo se tornou possível para o novo governo. Não é fácil, veja bem, mas com uma divisão de cinquenta a cinquenta no Senado e com a vice-presidente Kamala Harris pronta para desempatar decisões, houve uma abertura para Joe Biden e para aqueles de nós que sabiam que era necessária uma mudança transformadora.

COMO O POPULISMO ECONÔMICO VIROU O SENADO

Meu papel nas campanhas da Geórgia começou logo após a eleição de novembro, quando o Senado lutava com a questão de como reagir à devastadora instabilidade econômica associada à pandemia. Em dezembro, liderei a luta para fornecer um pagamento direto de 2 mil dólares para todos os trabalhadores do país e seus filhos. Argumentei que, com tantos americanos passando por dificuldades, era imperativo que eles tivessem imediatamente dinheiro.

Minha estratégia me levou a fazer algo que eu nunca tinha feito antes. Usei meu poder como senador dos Estados Unidos para me opor a vários pedidos de "consentimento unânime" para realizar uma votação rápida sobre o projeto de lei de defesa "obrigatório" até que os líderes do Senado concordassem com uma votação separada sobre o plano de pagamento direto de 2 mil dólares.

As coisas ficaram tensas. Em 28 de dezembro de 2020, três dias depois do Natal e três dias antes da véspera de Ano-Novo, anunciei: "Essa semana, no plenário do Senado, Mitch McConnell quer votar para anular o veto de Trump ao projeto de lei de financiamento de defesa de 740 bilhões de dólares e depois voltar para casa para o Réveillon. Vou me opor até que votemos a legislação para fornecer um pagamento direto de 2 mil dólares à classe trabalhadora. Deixem-me ser claro: se o senador McConnell não concordar com um voto favorável ou negativo para fornecer aos trabalhadores de nosso país um pagamento direto de 2 mil dólares, o Congresso não voltará para casa na véspera de Ano-Novo. Façamos nosso trabalho".

Minha manobra não foi bem recebida pelos membros da bancada republicana. A reação democrata foi igualmente fria — pelo menos no início. A última coisa que a maioria de meus colegas queria era passar a véspera e o dia de Ano-Novo em Washington. A liderança de ambos os lados queria realizar uma votação rápida sobre o projeto de lei de defesa na quarta-feira, 30 de dezembro, e sair da cidade pelo restante do ano. Não ia deixá-los fazer isso.

Minha mensagem para os democratas, com quem me reuni, foi que tínhamos oportunidade de finalmente mostrar ao povo americano que os democratas estavam do lado das famílias trabalhadoras. Também tivemos chance de forçar McConnell a fazer uma escolha: apoiar o pagamento de 2 mil dólares e ajudar as pessoas em sofrimento, ou confirmar que um Senado controlado pelos republicanos nunca atenderia dezenas de milhões de americanos que passavam por tempos difíceis.

Tínhamos que aproveitar o momento!

Por fim, Chuck Schumer se entusiasmou com a ideia e se juntou a mim no plenário do Senado para exigir uma votação sobre isso. Schumer pressionou a favor e, em pouco tempo, tínhamos todo o *caucus* democrata de nosso lado. McConnell ficou furioso. Não se opôs somente às medidas procedimentais. Fez a alegação ridícula de que isso era de certo modo "socialismo para os ricos".

Não se pode inventar essas coisas. O mesmo líder republicano que comandara a entrega de 1 trilhão de dólares em incentivos fiscais aos ricos e às corporações multinacionais, na orgia supercapitalista dos dois primeiros anos de Trump no cargo, de repente afirmava que 2 mil dólares em pagamentos diretos a americanos da classe trabalhadora era "socialismo". O argumento de McConnell era absurdo e o colocava em oposição a 78% dos cidadãos que apoiavam a ideia.

Para mim, a luta por esses pagamentos tornou-se uma oportunidade para destacar até onde McConnell e seus aliados estavam dispostos a ir para redistribuir a riqueza aos mais ricos. Aproveitei a oportunidade, observando o fato de que, depois que o projeto de lei fiscal de Trump foi sancionado, McConnell ficou mais do que feliz em ver o magnata da energia Charles Koch embolsar uma redução de impostos de 1,4 bilhão de dólares. Ele não teve nenhum problema com o fato de a Amazon, uma das empresas mais lucrativas do país, receber uma restituição de 129 milhões de dólares da Receita depois de não pagar nada em tributos federais. Mas, de repente, num inverno rigoroso para milhões de americanos, ficou "muito preocupado" com a possibilidade de alguém que ganhava 75 mil dólares por ano receber 2 mil dólares para ajudar a pagar as contas. A hipocrisia era imensurável.

Meu diretor de equipe Warren Gunnels ampliou alguns dos cheques de restituição de impostos em cartazes gigantes que levei comigo para o plenário do Senado a fim de mostrar ao povo americano que assistia no C-SPAN e nas mídias sociais. Como era aceitável dar enormes cheques de restituição tributária para empresas lucrativas como IBM, Delta Airlines, Chevron, Netflix e, é óbvio, para a Amazon, uma varejista on-line que registrava lucros recordes no ano da pandemia? Como esses pagamentos eram apropriados se essas megacorporações não contribuíam com imposto de renda federal? Em que cálculo cruel era aceitável fornecer bilhões em resgates a empresas que não precisavam deles e depois negar um pagamento de 2 mil dólares para mães trabalhadoras em dificuldades durante uma pandemia global? As únicas pessoas para quem tudo isso fazia "sentido" eram os doadores milionários da campanha de Mitch McConnell.

Não fazia sentido economicamente. E não fazia sentido do ponto de vista político, como o segundo turno da Geórgia deixaria claro.

O debate sobre o pagamento direto de 2 mil dólares tornou-se um grande problema para os democratas na Geórgia. Warnock e Ossoff apoiaram minha proposta enquanto seus oponentes republicanos — ambos senadores em exercício que eram membros do *caucus* de McConnell — não conseguiram ou não quiseram fazer com que o líder da maioria agendasse uma votação. No dia anterior à eleição na Geórgia, o presidente eleito Biden viajou para lá a fim de passar uma mensagem contundente: a única maneira de os trabalhadores americanos receberem esses pagamentos seria se Warnock e Ossoff fossem eleitos e os democratas ganhassem a maioria no Senado. A questão galvanizou o comparecimento e, como comentaristas liberais e conservadores concordariam, contribuiu para as vitórias apertadas, mas decisivas, dos dois georgianos que dariam aos democratas o controle no Capitólio.

Os resultados da Geórgia nos mostraram o melhor da democracia, pois os eleitores trabalhadores se movimentaram para exigir que o governo ficasse do lado deles.

Infelizmente, poucas horas depois das comemorações da vitória, vimos o pior daqueles que rejeitaram a democracia.

EM MEIO A UM VIOLENTO ATAQUE À DEMOCRACIA

Eu havia previsto no discurso de setembro na Universidade George Washington que Donald Trump tentaria anular o resultado das eleições de todas as maneiras possíveis, inclusive com incitamento à violência. Mas nem eu imaginava até onde iria o presidente derrotado em 6 de janeiro de 2021. Mesmo em meus pensamentos mais loucos, nunca havia contemplado que um grupo violento de extremistas, muitos deles nacionalistas brancos inspirados por uma doutrina vil de ódio racista e antissemita, invadiria o capitólio, sobrepujaria a polícia de lá, tomaria fisicamente a câmara do Senado dos Estados Unidos e ameaçaria a vida do vice-presidente do país e do presidente da Câmara. Estar preso numa sala com outros senadores, guardado por policiais e agentes do FBI com metralhadoras, era uma cena que eu nunca poderia ter previsto — e que nunca mais quero ver. Mas eu sabia então, como sei agora, que as divisões profundas que Trump e seus aliados causaram nos Estados Unidos, e que continuam a inflamar, tornam real a possibilidade de mais violência antidemocrática. Essa foi uma das muitas razões pelas quais mais tarde votei para condenar Trump por incitar uma insurreição e porque o faria novamente.

Durante semanas antes e depois da posse de Biden em 20 de janeiro de 2021, milhares de unidades bem armadas da Guarda Nacional de estados de todo o país, inclusive de Vermont, estabeleceram postos de controle ao redor do capitólio e protegeram o perímetro. Isso estava muito longe da transferência pacífica de poder de um governo para outro com a qual nossa nação estava acostumada. Diferentemente do que aprendemos na aula de educação cívica no ensino fundamental, naqueles dias de inverno Washington parecia uma cidade assolada por uma guerra civil. Quando falei com guardas de ambos os sexos, fiquei impressionado com o fato de que sabiam exatamente por que estavam lá. Estavam defendendo a Constituição e preservando nossa frágil democracia.

UM PAR DE LUVAS

Nem tudo o que aconteceu naquele momento épico foi tão importante, como aprendi no dia da posse de Biden. Estou envolvido na vida pública há mais de cinquenta anos. Concorri a prefeito, governador, à Câmara e ao Senado dos Estados Unidos. Concorri duas vezes à presidência. Mas nunca recebi tanta atenção como quando, num dia muito frio de inverno, ocupei meu lugar nas arquibancadas que haviam sido erguidas para a posse de Joe Biden e Kamala Harris. Como um sensato morador de Vermont, estava vestido com um casaco pesado e um par de luvas feitas em casa.

Vermont, é justo dizer, não é um estado "vistoso" em termos de vestuário. Há uma razão para isso: seus habitantes sabem que pode ficar muito frio no inverno e sabem como se manter aquecidos. Somos um povo prático e funcional, e quando saímos para a rua no inverno — que dura muito mais em nosso estado do que na maioria dos outros — usamos botas, suéteres, casacos quentes e chapéus engraçados. Estilo não é o nosso foco. Ficar aquecido é.

Como todos os outros membros do Congresso, recebi um convite para comparecer à cerimônia naquele 20 de janeiro. Em tempos normais, estaríamos todos juntos no lado oeste do capitólio dos Estados Unidos, de frente para o National Mall. Mas não era o caso. Estávamos no meio da pior pandemia em cem anos e nossos assentos estavam bem afastados uns dos outros. Usávamos máscaras. E a proximidade da insurreição de 6 de janeiro tornava a segurança uma prioridade. Tudo no dia da posse era incomum — inclusive o fato de que Donald Trump, enfrentando um julgamento de impeachment e ainda sob o domínio de sua "Grande Mentira" sobre a derrota eleitoral, não pretendia comparecer para a transferência pessoal de poder. Francamente nunca me ocorreu vestir nada para a inauguração além de meu casacão

283

quente de Vermont, o casacão que eu sempre usava e o único que eu tinha em Washington. Estaríamos ao relento por várias horas. Era um dia tempestuoso com possibilidade de neve. O que mais eu usaria? E para manter as mãos aquecidas eu tinha um par de luvas no bolso que foram tricotadas por Jen Ellis, uma professora de Essex Junction, Vermont. Ela gentilmente as enviou para mim, e as usei com prazer no dia da posse. Era só isso.

Nem tanto.

Quando voltei ao escritório após a cerimônia, fui informado por Mike Casca, meu diretor de comunicação, que uma foto minha sentado sozinho de máscara e luvas havia viralizado na internet. Aquilo era estranho. Mas ficou mais estranho ainda. Em poucos dias, víamos memes de todo o mundo. Eu de luvas na Lua, na Última Ceia, no *Titanic*, ao lado de Forrest Gump, ao lado do Homem-Aranha, em cima de arranha-céus. Acontece que essa foto, tirada pelo fotógrafo da Agence France-Presse Brendan Smialowski, gerou mais memes do que quase qualquer outra tirada em 2021. Quem teria pensado nisso?

A foto e as muitas permutações que ela inspirou não só produziram muitos sorrisos, como também nos permitiram arrecadar o dinheiro necessário para organizações que atendem os habitantes de Vermont de baixa renda. Nossa equipe de campanha vendeu camisetas e moletons com a foto que arrecadaram cerca de 2 milhões de dólares, encaminhados para o Meals on Wheels e outros excelentes projetos de todo o estado.

Mas depois que Biden assumiu, eu tinha mais no que pensar do que em luvas e memes. Milhares de americanos morriam todos os dias de covid e estávamos em meio à pior crise econômica desde a Grande Depressão. Lojas e restaurantes fecharam. O desemprego disparava. As pessoas estavam passando fome e enfrentando despejos. Os hospitais ainda estavam sobrecarregados de pacientes com covid. As crianças não estavam frequentando a escola.

PRESIDENTE DO COMITÊ DE ORÇAMENTO DO SENADO

O Congresso precisou agir com ousadia. Com Biden na presidência, pudemos deixar para trás a negligência maligna de Trump. E na qualidade de presidente do Comitê de Orçamento, eu estava em condições de fazer as coisas acontecerem.

Eu estava bem ciente das regras enigmáticas de um Senado americano disfuncional, como a exigência de que sessenta votos sejam necessários para abrir um debate sobre uma legislação que precisa de somente 51 votos para ser aprovada. Sabia da complicada "regra Byrd" em relação a questões orçamentárias e entendia o papel incrivelmente poderoso que o *parliamentarian** não eleito desempenha ao determinar o que o Senado pode incluir em certos projetos de lei. E eu com certeza sabia que, em janeiro de 2021, o Senado estava igual e encarniçadamente dividido entre os dois partidos, e que a maioria democrata na Câmara era tênue.

No entanto, apesar de todos esses impedimentos, senti um senso de urgência no Congresso e na Casa Branca que nunca havia experimentado antes. O país tinha diante de si enormes desafios e estava claro para mim — e para muitos outros membros da Câmara e do Senado — que as pessoas queriam que o Congresso pensasse grande, não pequeno. Acredito que nossas campanhas para presidente, o crescimento do movimento progressista e o trabalho das forças-tarefa Biden-Sanders criaram um entendimento de que o Partido Democrata precisava fazer mais do que apenas administrar as crises. Os americanos estavam angustiados e incertos sobre o futuro e queriam ação. Haviam votado num presidente novo. Haviam dado a esse presidente um Congresso

---

* *Parliamentarian*: pessoa que é especialista nas regras e nos procedimentos formais de assembleias deliberativas e em outras organizações formais. (N. T.)

em que, embora as margens fossem pequenas, seu partido estava no comando. Era hora de começar a fazer as coisas.

O presidente Biden compreendeu isso. Em nossas conversas, ele evidenciou que queria oferecer mais do que as correções graduais que as pessoas passaram a associar aos governos democratas anteriores. Compartilhou comigo e com o povo americano a disposição de fazer o que os políticos raramente fazem. Estava pronto para desenvolver a política pública desde o início, examinar com atenção os problemas que o país enfrenta, tanto imediatos como de longo prazo, e de fato resolvê-los.

Assim, começamos a trabalhar num projeto de lei de reconciliação que chamamos de Plano de Resgate Americano. Ele veio a ser a mais significativa e bem-sucedida lei aprovada pelo Congresso na história moderna do país.

O quê? Você não tem ideia do que é uma "lei de reconciliação"? Não se preocupe. A maioria das pessoas também não — nem mesmo alguns de meus colegas, como fiquei sabendo. Pois bem: quando o partido da maioria deseja aprovar algo importante e não tem os sessenta votos necessários para agendar a votação, usa o processo de reconciliação para contornar a regra de obstrução, aquela que permite que uma minoria de senadores negue à maioria o poder de agir. Sob a reconciliação, é possível aprovar leis com 51 votos. Teoricamente, o processo de reconciliação deve ser usado apenas para medidas "orçamentárias", não de políticas públicas. Mas essa não é a realidade. Nos últimos anos, foi usado pelos republicanos para permitir a perfuração de petróleo no Refúgio Nacional de Vida Selvagem do Ártico e para aprovar os incentivos fiscais de Trump para bilionários e empresas. Os republicanos também o usaram para tentar revogar o Obamacare.

Como novo presidente do Comitê de Orçamento, eu estava decidido a usar o processo de reconciliação não para beneficiar os ricos e poderosos, mas para atender às necessidades sem precedentes de famílias trabalhadoras, crianças, idosos, doentes e pobres.

Essa era também a vontade do presidente Biden e dos líderes democratas no Congresso. Claro, tivemos nossas divergências. Mas naqueles primeiros dias do novo governo, entendíamos que era preciso aprovar pelo menos dois projetos de lei de reconciliação durante os primeiros dois anos do presidente no cargo. O projeto de lei inicial era o Plano de Resgate Americano, que trataria da emergência sanitária e econômica do momento. O segundo projeto de lei, que veio a ser conhecido como Build Back Better Act [Lei do reconstruir melhor], deveria abordar os problemas estruturais de longo prazo com os quais as famílias da classe trabalhadora vinham lutando havia mais de quarenta anos. Também tinha que combater a ameaça existencial das mudanças climáticas.

Dar esses passos era importante não apenas do ponto de vista econômico e moral. Era vital para restaurar a fé em nossa democracia. De um extremo ao outro do país, as famílias trabalhadoras haviam ficado desiludidas e enojadas com um sistema político corrupto. Elas eram suscetíveis a falsas teorias da conspiração que ofereciam "explicações" de por que sua vida se tornara cada vez mais difícil. Precisávamos deixar claro para o povo americano que agora eles tinham um governo que responderia as suas demandas.

Tragicamente, essas necessidades não paravam de crescer. Janeiro de 2021 marcou o mês mais mortal da pandemia, com mais de 90 mil americanos mortos pela covid. Milhões foram infectados com a doença. E 90 milhões de cidadãos não tinham seguro-saúde ou o tinham com cobertura parcial e não podiam pagar por um médico quando adoeciam.

Mais de 24 milhões de americanos estavam desempregados, subempregados ou haviam desistido de procurar trabalho. A fome no país estava em seu nível mais alto em décadas, enquanto milhões de pessoas, muitas pela primeira vez na vida, esperavam em filas que às vezes se estendiam por quilômetros apenas para pegar cestas básicas. Quase 15 milhões de americanos deviam uma média de 5800 dólares de aluguel atrasado e estavam apavorados com a possibilidade de serem despejados em breve.

Era hora de começar a trabalhar.

A ELABORAÇÃO DO PLANO DE RESGATE AMERICANO

Em janeiro, apresentei um esboço legislativo para o primeiro projeto de lei de reconciliação ao senador Schumer e à Casa Branca. Minha mensagem foi "Vá em frente!".

Argumentei que o Plano de Resgate Americano tinha que proporcionar aqueles 2 mil dólares de pagamento direto para cada trabalhador e seus filhos. Prometemos que, se nossos candidatos ganhassem na Geórgia, isso seria feito. Era hora de cumprir essa promessa.

Esses pagamentos representavam uma resposta de emergência que cuidava da dor imediata. Mas não eram suficientes para enfrentar a crise. Não por muito tempo.

Em algumas questões, houve amplo acordo. Por exemplo, todos sabiam que precisávamos prover assistência urgente aos governos estaduais e locais a fim de evitar demissões em massa de professores, bombeiros e outros trabalhadores do setor público. Como ex-prefeito, eu sabia que o dinheiro federal era extremamente necessário às comunidades que gastaram seus orçamentos para lidar com a pandemia.

Todos concordamos que o projeto de lei precisava incluir um financiamento robusto para possibilitar a reabertura segura das escolas públicas, para alimentar os famintos, para evitar despejos e execuções hipotecárias, para prover acomodações às pes-

288

soas que perderam suas casas, para manter os serviços de transporte público em funcionamento e expandir a internet de alta velocidade para regiões onde o aprendizado e o trabalho remotos tornaram a exclusão digital uma questão de equidade ainda mais urgente.

Uma de minhas principais prioridades era uma expansão enorme da escola de verão e dos programas extracurriculares para beneficiar as crianças de famílias trabalhadoras cuja educação havia sido prejudicada pela pandemia. O senador Schumer concordou em incluir esse investimento essencial no projeto de lei.

Mas nem todas as questões foram resolvidas com tanta facilidade.

Queríamos estender os benefícios suplementares de desemprego de emergência para os 18 milhões de desempregados que perderam o trabalho na pandemia. A questão era: quanto fornecer e por quanto tempo? Um ano antes, nos primeiros estágios da pandemia, o Congresso havia aprovado a Lei CARES, um importante projeto que incluía seiscentos dólares por semana em benefícios suplementares de desemprego. De início, os republicanos o apoiaram, mas logo começaram a atacá-lo com o falso argumento de que esse benefício relativamente modesto impedia as pessoas de voltar ao trabalho. A realidade era que as empresas doadoras de campanha queriam forçar os cidadãos a voltar ao trabalho com salários baixos, mas infelizmente o argumento republicano ganhou força na mídia — e até mesmo junto a alguns democratas. Trump acabou cortando o programa pela metade.

Quando começamos a falar sobre o projeto de lei de reconciliação, defendi a restauração do compromisso de seiscentos dólares semanais como parte da medida. Mas acabamos com apenas trezentos dólares por semana e estendemos o financiamento apenas até o fim de setembro.

Na minha opinião, precisávamos também acabar com o embaraço internacional de os Estados Unidos terem a maior taxa de pobreza infantil de praticamente todos os grandes países do planeta. Os senadores Michael Bennet, Sherrod Brown e Cory Booker tinham uma proposta para prover cada família trabalhadora do país com um pagamento mensal de trezentos dólares por criança, expandindo o Crédito Fiscal Infantil. Essa provisão sozinha poderia tirar quase 10 milhões de crianças da pobreza e possibilitar que as famílias trabalhadoras tivessem chance de criar seus filhos com dignidade e segurança.

Meus colegas progressistas e eu queríamos tornar o Crédito Fiscal Infantil expandido um recurso permanente do código tributário, como parte do projeto de reconciliação. Mas, como esse primeiro projeto de lei estava sendo formulado como resposta à emergência econômica, chegou-se a um acordo para permitir que o crédito expirasse em dezembro de 2021. Não gostei do acordo, mas respeitei as garantias de que seria prorrogado antes da data de vencimento. Vergonhosamente, isso nunca aconteceu.

Havia um consenso de que precisávamos reagir à emergência de saúde pública que ainda assolava o país. Mas aqui, novamente, surgiram divergências sobre a questão de quão ousados deveríamos ser ao enfrentar o desafio.

A meu ver, a melhor maneira de vacinar mais pessoas e dar a elas acesso à assistência médica era expandir o Medicare, o programa de assistência mais popular e abrangente do país. Durante a crise econômica, milhões de americanos, quando ficaram desempregados, também perderam o seguro-saúde vinculado ao emprego. De repente, percebeu-se que o serviço médico não deveria ser um benefício para os funcionários. Deveria ser entendido como um direito humano.

Embora eu reconhecesse que não tínhamos votos para incluir no projeto de lei a resposta que eu realmente queria — um plano Medicare for All —, precisávamos capacitar o Medicare para pagar todas as contas de assistência médica dos não segurados e dos segurados com cobertura parcial durante a pandemia. Infelizmente, isso acabou sendo uma ponte distante demais para vários senadores democratas que ainda dependem das seguradoras e de grandes laboratórios farmacêuticos para financiar suas campanhas.

A presidente Pelosi, o líder da maioria Schumer e o presidente Biden queriam reduzir o custo da assistência à saúde para os americanos de baixa e média renda que recebem cobertura nas trocas do Obamacare. Eu também queria reduzir os custos para as famílias trabalhadoras, mas não era fã da proposta deles de como atingir a meta. O fornecimento de subsídios maciços a seguradoras, argumentei, continuaria a sustentar um sistema de saúde disfuncional que coloca os lucros à frente do bem-estar do povo americano.

A liderança democrata recusou-se a ceder. Mas pelo menos consegui fazer com que concordassem em incluir minha proposta de expandir substancialmente o financiamento para centros de saúde comunitários a fim de que mais pessoas pudessem obter assistência primária, odontológica e de saúde mental de que tanto necessitavam — bem como medicamentos de baixo custo. Esses centros de saúde foram bem-sucedidos em Vermont, oferecendo assistência médica de alta qualidade para aproximadamente uma a cada três pessoas em meu estado.

Outra questão com a qual estou envolvido há muito tempo surgiu à medida que o debate se desenrolava. Havia um apoio crescente a uma medida para evitar que milhões de motoristas de caminhão, mineiros, trabalhadores de padarias e encanadores tivessem seus fundos de pensão reduzidos em até 65%. O projeto final de lei de reconciliação incluía uma cláusula que meus colegas pró-trabalhistas e eu defendemos havia anos — para ajudar fundos de pensão problemáticos que haviam sido dizimados pela má administração e ganância dos gerentes de dinheiro de Wall Street. O esboço da legislação que propus como presidente do Comitê de Orçamento também reduziria substancialmente os preços dos medicamentos, exigindo que o Medicare negociasse com a indústria farmacêutica. Tornaria a pré-escola e a creche gratuitas para as famílias trabalhadoras. Garantiria licença médica e familiar remunerada para todos os trabalhadores do país. Deixaria mais fácil o ingresso ao ensino superior dos jovens americanos e perdoaria as dívidas estudantis.

Essa proposta era um plano progressista, sem precedentes e transformador. Nenhum republicano chegaria perto de apoiá-lo, e vários democratas conservadores também fizeram objeções. O senador Schumer queria adiar um debate sobre essas questões. Disse que precisávamos em primeiro lugar tratar da emergência. Embora eu entendesse esse argumento, temia que aquela pudesse ser nossa única oportunidade de realizar as mudanças havia muito negligenciadas de que nosso país precisava. Preocupava-me que o que fosse deixado de fora do primeiro projeto de lei de reconciliação não fosse incluído numa lei futura que pudesse ser enviada à mesa do presidente Biden por um Senado igualmente dividido.

Infelizmente, meus temores acabaram sendo justificados.

A BATALHA POR QUINZE DÓLARES

A única mudança estrutural absolutamente necessária para mim era um aumento do salário mínimo para pelo menos quinze dólares por hora — com um mecanismo de aumento dos salários para acompanhar a inflação. O salário mínimo federal não subia desde 2009. Pior ainda, o salário mínimo de 2,13 dólares por hora para garçons, garçonetes, bartenders, barbeiros e cabeleireiros não aumentava desde 1991 — meu primeiro ano no Congresso. Isso era ultrajante. Eu estava convencido de que a única maneira de aumentar o salário mínimo no Congresso seria por meio da reconciliação. O presidente Biden, o senador Schumer e a presidente da Câmara Pelosi disseram que concordavam. Mas havia dois problemas. Primeiro, teríamos que convencer a *parliamentarian* do Senado de que o aumento do salário mínimo não violava a regra de Byrd, que, como já mencionei, proíbe disposições supostamente "estranhas" ao orçamento de serem incluídas em um projeto de lei de reconciliação — ou teríamos que desconsiderá-la se ela tentasse nos bloquear. Em segundo lugar, precisaríamos convencer todos os cinquenta democratas do Senado a apoiar nossa posição.

Com relação à primeira impugnação, a meu ver, a opinião da *parliamentarian* era irrelevante. Trata-se de um(a) funcionário(a) do Senado não eleito(a) que serve ao líder da maioria no Senado. De acordo com a Constituição e as regras do Senado, é o vice-presidente quem determina o que é ou não permitido na reconciliação. Se a funcionária discordasse de nós, o senador Schumer poderia simplesmente substituí-la por outra pessoa que concordasse com nossa posição — como os republicanos fizeram duas vezes quando eram maioria. Ou a vice-presidente, em sua qualidade de presidente do Senado, poderia ignorar o conselho da funcionária — o que era uma prática comum na década de 1960, quando muitas das propostas da Grande Sociedade do presidente Lyndon Johnson foram aprovadas pelo Senado.

Para minha frustração, minha opinião não prevaleceu. Em parecer de uma frase, a funcionária disse que o aumento do salário mínimo era uma violação da regra de Byrd e não poderia ser incluído no projeto. Supostamente, era o fim da linha.

Mas eu não estava disposto a desistir. Tratava-se de uma questão muito importante. Era vergonhoso que, no país mais rico do mundo, os chefes de família que trabalhavam quarenta horas semanais vivessem na pobreza. Todos os principais candidatos democratas à presidência em 2020 haviam apoiado um salário mínimo de quinze dólares por hora. A plataforma do Partido Democrata de 2020 incluía esse nível de salário mínimo. A Câmara dos Representantes democratas aprovou por duas vezes a lei que aumentava o salário mínimo para quinze dólares por hora. Eu não ia desistir.

No mínimo, tínhamos que mostrar ao povo americano que a esmagadora maioria do *caucus* democrata no Senado apoiava o aumento. Precisávamos criar uma situação em que aqueles que votaram contra essa legislação precisariam explicar o que pensavam a eleitores furiosos em seus estados de origem.

Tomei a decisão de propor uma emenda ao projeto de reconciliação que aumentaria o salário mínimo federal para quinze dólares a hora, sabendo que seriam necessários sessenta votos para ser aprovada. Meu plano era deixar o voto de cada senador registrado: eles estavam do lado dos trabalhadores que claramente precisavam de um aumento ou do lado de lobistas e CEOs que faziam tudo o que podiam para manter os salários baixos?

Somente 42 senadores votaram a favor da minha emenda. Ninguém ficou chocado quando todos os cinquenta republicanos do Senado votaram "não". Infelizmente, os senadores democratas Joe Manchin, Kyrsten Sinema, Tom Carper, Chris Coons, Maggie Hassan, Jeanne Shaheen e Jon Tester, ao lado de Angus King, um independente que faz *caucus* com os democratas, juntaram-se aos republicanos para votar contra a emenda.

O mais irritante foi o fato de que as pesquisas mostravam que havia um apoio esmagador para aumentar o salário mínimo para pelo menos quinze dólares por hora. Se os senadores estivessem preocupados com os eleitores, não seria nada difícil votar a favor disso. No entanto, 58 senadores, sendo oito democratas, recusaram-se a fazê-lo.

UM ÚNICO VOTO TIROU MILHÕES DE AMERICANOS
DO DESESPERO

Obviamente, não consegui tudo o que queria no Plano de Resgate Americano. Mas conseguimos muita coisa de que o país precisava. Após mais de 25 horas de debate e votações de 39 emendas, o Senado dos Estados Unidos finalmente aprovou o Plano de Resgate Americano praticamente intacto às 12h30 do sábado, 6 de março de 2021. O resultado foi de 50 votos a 49. Todos os democratas votaram a favor. Todos os republicanos presentes votaram contra.

Com um único voto, tiramos milhões de homens, mulheres e crianças do desespero.

No meio de uma pandemia que causara uma crise de saúde e econômica sem precedentes, o Congresso fez exatamente o que um governo democrático numa sociedade civilizada deveria fazer. Respondeu às necessidades das pessoas que estavam em desespero.

Essa legislação proporcionou pagamentos diretos muito necessários para famílias em dificuldades, protegeu os desempregados, alimentou os famintos, impediu despejos e permitiu que pequenos negócios sobrevivessem. Ela impulsionou a economia, ajudando a criar 4 milhões de novos empregos e a reduzir a taxa de desemprego em quase 50%. Ainda mais importante, proporcionou financiamento para o governo expandir o programa de vacinas que salvaria um número incontável de vidas.

O Plano de Resgate Americano foi um enorme sucesso. E foi imensamente popular. De acordo com uma pesquisa da Morning

Consult realizada enquanto o Congresso resolvia a questão, 76% do povo americano apoiava o plano de 1,9 trilhão de dólares. Uma semana depois que o presidente Biden sancionou essa legislação histórica, seu índice de aprovação disparou para 59%, o mais alto de seu mandato na Casa Branca até então.

A população ficou grata que seu governo estivesse finalmente defendendo as famílias trabalhadoras.

O LENTO CAMINHO PARA RECONSTRUIR MELHOR

Eu queria aproveitar o ímpeto que conseguimos com o Plano de Resgate Americano e aprovar imediatamente um segundo projeto de lei de reconciliação para criar milhões de empregos bem remunerados, melhorar substancialmente a vida das famílias trabalhadoras e combater a ameaça existencial da mudança climática. Ao contrário do Plano de Resgate, que era uma medida de emergência, nós o financiaríamos fazendo os americanos mais ricos e as empresas mais lucrativas pagarem sua parcela justa de impostos e reduzirem o preço exorbitante dos medicamentos.

Precisávamos agir, e com rapidez. Infelizmente, os milhares de lobistas que vagam pelos corredores do Congresso e os bilionários que financiam as campanhas de políticos em ambos os lados do corredor discordaram. Eles não haviam conseguido nada de essencial com o Plano de Resgate Americano nem estavam dispostos a permitir que isso voltasse a acontecer. Era hora da vingança deles.

O primeiro grande projeto de lei que foi levado ao plenário do Senado após o Plano de Resgate Americano foi uma ampla oferta das grandes empresas disfarçada de legislação para aumentar a competitividade americana com a China. A peça central da proposta da lei da Fronteira Infinita era fornecer 53 bilhões de dólares para a altamente lucrativa indústria de microchips, sem proteção para os contribuintes. Ah, e a propósito, ela também incluía uma provisão para fornecer um resgate de 10 bilhões de dólares a Jeff Bezos para que sua empresa espacial Blue Origin pudesse receber um contrato da Nasa e lançar um foguete à Lua.

Dizer que me opus fortemente a essa lei é pouco. Os americanos estavam fartos da ganância empresarial. Queriam que garantíssemos que as empresas pagassem finalmente os devidos tributos, não distribuíssemos bem-estar para algumas das organizações mais lucrativas e poderosas dos Estados Unidos, responsáveis pela terceirização de centenas de milhares de empregos bem remunerados que saíam do país para o exterior.

Infelizmente fui a única voz no Partido Democrata a se opor a esse projeto de lei.

A lei da Fronteira Infinita foi aprovada no Senado por 68 votos a favor e 32 contra, em 8 de junho de 2021.

Três meses haviam se passado desde que o Plano de Resgate Americano fora transformado em lei e não tínhamos feito nada para aprovar um segundo projeto de lei de reconciliação.

Em seguida, foi a vez da infraestrutura. Houve um vigoroso debate dentro do *caucus* sobre a possibilidade de incluir um grande pacote de infraestrutura no segundo projeto de lei de reconciliação ou tentar trabalhar com os republicanos e aprovar um projeto de lei mais modesto com sessenta votos.

Como alguém que concorreu à presidência com uma proposta ousada para reparar nossa infraestrutura em ruínas, reconheci plenamente que pontes, estradas, ferrovias, aeroportos, redes de esgoto e barragens do país precisavam de grandes melhorias. Em 2015, fui o primeiro senador a apresentar um projeto de lei de 1 trilhão de dólares para um plano de infraestrutura de cinco anos.

Minha opinião era que deveríamos incluir a infraestrutura no projeto de reconciliação e que, se não conseguíssemos nenhum apoio republicano, deveríamos aprová-lo com cinquenta votos. Também estava muito preocupado com o fato de que, se um projeto de lei bipartidário de infraestrutura fosse aprovado, isso reduziria nossa influência e comprometeria as chances de conseguir que o restante da agenda do presidente Biden para melhorar a vida do povo americano fosse sancionado.

Infelizmente, minha opinião e a de muitos outros membros progressistas do Congresso não prevaleceram.

No início de junho de 2021, enquanto os democratas conservadores trabalhavam a portas fechadas com os republicanos para chegar a um acordo sobre um projeto de lei de infraestrutura, o senador Schumer me deu uma missão. Pediu-me, na qualidade de presidente do Comitê de Orçamento, para escrever o esboço de um segundo projeto de reconciliação que pudesse ganhar o apoio de todos os onze democratas no Comitê de Orçamento. É claro que concordei. Finalmente, depois de meses fazendo pouco, mas atendendo às necessidades das grandes empresas, começávamos a voltar a atender às necessidades há muito negligenciadas das famílias trabalhadoras e a salvar o planeta de uma catástrofe climática.

O senador Schumer deu a mim e a minha equipe cerca de 5,6 trilhões de dólares em pedidos de financiamento a serem considerados, com cerca de metade deles pagos tributando grandes corporações e os mais ricos, e reduzindo o custo de medicamentos. Perguntei ao senador Schumer se poderíamos arredondar o pacote para 6 trilhões. Ele concordou.

O esboço de reconciliação de 6 trilhões de dólares que apresentei ao Comitê de Orçamento do Senado em 16 de junho de 2021 abordava as necessidades de infraestrutura humana e física que ignoramos por décadas. Teria acabado com o absurdo de os Estados Unidos terem as taxas mais altas de pobreza infantil de quase todas as grandes nações, estendendo os trezentos dólares por mês do Crédito Fiscal Infantil até 2025.

O projeto de lei incluía 500 bilhões de dólares para melhorar radicalmente nosso disfuncional sistema de assistência infantil, de modo que nenhuma família trabalhadora tivesse que gastar mais de 7% de sua renda com isso, e tornaria a pré-escola universal e gratuita para as crianças de três e quatro anos de todo o país.

Ele teria expandido o ensino superior e as oportunidades de ensino profissionalizante para os estudantes não só por tornar as faculdades comunitárias gratuitas, mas também por tornar gratuitos dois anos de universidade pública.

Teria garantido doze semanas de licença familiar e médica remunerada para todos os trabalhadores dos Estados Unidos.

Teria expandido o Medicare para incluir benefícios odontológicos, oftalmológicos e auditivos, ao mesmo tempo que reduziria a idade de elegibilidade do programa para sessenta anos. Também teria estendido atendimento odontológico abrangente a milhões de veteranos pela primeira vez na história de nossa nação.

O projeto de lei incluía 560 bilhões de dólares para lidar com a crise imobiliária nos Estados Unidos, construir milhões de unidades de locação acessível, proporcionar assistência para aluguel, consertar habitações públicas e expandir a aquisição de imóveis.

E contava também com 400 bilhões de dólares para prover a mais de 400 mil idosos e pessoas com deficiência a assistência à saúde domiciliar de longo prazo de que precisam com urgência, ao mesmo tempo que aumentava substancialmente o pagamento dos cuidadores profissionais.

Além disso, teria proporcionado às pessoas não legalizadas que viviam nas sombras da sociedade americana um caminho para a cidadania, inclusive para seus filhos educados nos Estados Unidos (*dreamers*) e os trabalhadores essenciais que corajosamente mantiveram nossa economia funcionando no meio de uma pandemia mortal.

E, talvez mais importante, proveria mais de 1,1 trilhão de dólares para iniciar o processo de mudança de nosso sistema energético de combustíveis fósseis para o de energia sustentável a fim de combater a ameaça existencial das mudanças climáticas. O projeto estabeleceria um padrão nacional de energia limpa que teria movido nosso sistema de transporte, geração elétrica, construção civil e agricultura em direção a esse tipo de energia. Também incluía 60 bilhões de dólares para criar um Corpo Civil do Clima e contratar centenas de milhares de jovens para proteger nossos recursos naturais e lutar contra as mudanças climáticas — uma proposta na qual trabalhei com a deputada Alexandria Ocasio-Cortez e o senador Ed Markey.

Minha proposta teria enfrentado a ganância da indústria farmacêutica ao exigir que ela negociasse os preços dos medicamentos prescritos com o Medicare, propiciando uma economia de pelo menos 500 bilhões de dólares na próxima década.

Por fim, o plano teria acabado com a farsa de bilionários e grandes empresas que lucram bilhões de dólares e não pagam nada em impostos federais. Ao mesmo tempo, teria fechado o cerco aos golpes fiscais offshore e à evasão fiscal.

Sim, 6 trilhões de dólares era uma quantia grande e sem precedentes. Mas vivíamos então, e continuamos a viver, um momento sem precedentes. Chegamos ao ponto em nossa história em que tivemos a oportunidade e o poder de enfrentar as crises estruturais de longo prazo num país onde os ricos enriqueciam mais enquanto os trabalhadores experimentavam um declínio constante no padrão de vida. Aquele era o momento de fazer o governo funcionar para todos os americanos, não apenas para os poucos poderosos.

A BATALHA PARA OBTER APOIO DOS
DEMOCRATAS AO RECONSTRUIR MELHOR

A resposta que recebi de meus colegas democratas no Comitê de Orçamento do Senado foi extremamente positiva. Nove dos onze membros concordaram que precisávamos de um projeto de lei de reconciliação de 6 trilhões de dólares. O senador da Virgínia Tim Kaine também apoiou, mas queria reduzir a quantia para 4 trilhões ou talvez 4,5 trilhões de dólares. Restava o senador da Virgínia Mark Warner.

Gosto do senador Warner e o considero um amigo. Ele é, no entanto, um conservador fiscal. Na época, ele negociava o projeto de lei bipartidário de infraestrutura. Durante semanas, esperamos por um sinal dele.

Por fim, cerca de um mês depois de eu divulgar minha proposta, o senador Warner nos deu seu limite final para a reconciliação: 3,5 trilhões de dólares. Eu não estava feliz; 3,5 trilhões não eram suficientes para cumprir as promessas de campanha do presidente Biden. Não eram suficientes para cumprir nossos compromissos de enfrentar as mudanças climáticas. Não seriam suficientes para reduzir a idade de elegibilidade para o Medicare e oferecer assistência à saúde a milhões de americanos. E era um número totalmente arbitrário. Mas não consegui convencê-lo a aumentar mais.

Minha opinião era que, antes de concordar em reduzir para 3,5 trilhões de dólares, precisávamos obter um compromisso firme do senador Manchin, da Virgínia Ocidental, e da senadora Sinema, do Arizona — os dois democratas que mais dependiam das contribuições empresariais de campanha —, de que não tentariam diminuir ainda mais essa conta. Infelizmente, não tivemos como obter esse compromisso. O senador Schumer achava que fosse vital para nós mostrar progresso no avanço do projeto de lei de reconciliação, e todos os democratas do Comitê de Orçamento pensavam o mesmo. Relutante, concordei.

Mais ou menos na mesma época, democratas e republicanos de centro colocaram a infraestrutura de volta na mesa, com um acordo para um plano de gastos de 550 bilhões de dólares.

Em 10 de agosto de 2021, o Senado aprovou o projeto de lei de infraestrutura por 69 votos a favor e trinta contra. Votei a favor. Era uma legislação razoavelmente boa. Mas o fiz com a crença absoluta de que a liderança democrata na Câmara e no Senado não enviaria o projeto de lei de infraestrutura à mesa da presidente da Câmara sem aprovar a lei de reconciliação Reconstruir Melhor.

Foi o que disse a presidente Pelosi. Foi o que disse o líder da maioria Schumer. Foi o que disse o presidente Biden. Infelizmente, essa não era a posição dos dois democratas ligados a grandes empresas do Senado e de um punhado de democratas conservadores da Câmara que recebiam doações de campanha de pelo menos 25 bilionários republicanos.

Eu sabia que a situação seria complicada. Precisávamos colocar algo no papel.

Em 11 de agosto de 2021, o Senado aprovou a legislação de resolução orçamentária que ajudei a redigir. Essa medida permitia que o Senado aprovasse um projeto de lei de reconciliação de 3,5 trilhões de dólares com cinquenta votos em vez de sessenta. Todos os democratas votaram a favor, inclusive Manchin e Sinema. Estávamos a caminho de uma vitória histórica para a classe trabalhadora americana.

Ou assim parecia.

TÃO PERTO E TÃO LONGE

O ano seguinte seria um dos mais difíceis, exigentes e desmoralizantes de minhas três décadas no Congresso.

Sim. Estávamos o mais perto que já estivemos de fazer as mudanças transformadoras em nossa sociedade que melhorariam as bases da vida de famílias trabalhadoras com crianças, idosos, doentes e pobres, e que reduziriam a crescente desigualdade de renda e riqueza. E, no entanto, estávamos tão longe.

Somente com o tempo ficou claro que, embora tivessem votado a favor da lei do Resgate Americano e do plano de infraestrutura, Manchin e Sinema nunca apoiariam uma legislação que enfrentasse os interesses empresariais de forma tão agressiva.

Não importava que em todas as pesquisas a esmagadora maioria dos americanos apoiasse a totalidade do plano de reconciliação de 3,5 trilhões de dólares apoiado pelo presidente e pelo Comitê de Orçamento, ou que a maioria dos eleitores de Manchin e Sinema na Virgínia Ocidental e no Arizona apoiassem o Reconstruir Melhor.

Não. O que importava era que os bilionários doadores de campanha e lobistas estavam determinados a fazer tudo o que podiam para derrotar nossa agenda.

A REALIDADE ERA QUE ELES TINHAM A VANTAGEM

Para que o Reconstruir Melhor fosse aprovado, precisávamos do apoio de 100% do *caucus* democrata no Senado. Enquanto isso, tudo o que a classe bilionária precisava para derrotar essa legislação e defender seus interesses era um único membro dessa bancada. Não era uma disputa justa. Na verdade, para os ricos e

303

poderosos, que têm recursos ilimitados à disposição, derrotar o projeto de lei foi mamão com açúcar.

Tínhamos o apoio de 48 dos cinquenta senadores democratas para o plano de 3,5 trilhões de dólares. Os interesses dos endinheirados eram defendidos por dois senadores democratas, além de por todos os republicanos.

Nossa única esperança era um acordo de que a Câmara não aprovaria o projeto de lei de infraestrutura — que tanto Manchin quanto Sinema desejavam — sem também aprovar o Reconstruir Melhor. Mas em 2 de novembro de 2021, os democratas sofreram um revés significativo em eleições que viram a Virgínia, um estado cuja maioria esmagadora votou em Biden, eleger um governador republicano conservador, ao mesmo tempo que o Partido Republicano obtinha ganhos em outros estados do país. Os líderes democratas no Congresso entraram em pânico. Reconheceram — com razão — que os americanos estavam frustrados com a falta de ação no capitólio. Mas, em vez de pensarem grande, encolheram-se.

Em 5 de novembro de 2021, o modesto projeto de lei bipartidário de infraestrutura foi aprovado na Câmara. Mas ela não aceitou o Reconstruir Melhor. Havíamos perdido nossa alavancagem.

Duas semanas depois, numa tentativa inútil de garantir os votos dos senadores Manchin e Sinema, a Câmara cortou pela metade o projeto de lei Reconstruir Melhor e aprovou uma versão reduzida do que havia sido proposto.

O que ficou de fora do projeto de lei da Câmara foi de partir o coração.

Foi-se a extensão do Crédito Fiscal Infantil de trezentos dólares por mês. No mês seguinte, ao fim do programa, a taxa de pobreza infantil disparou em 41%.

Foi-se a faculdade comunitária gratuita.

Foi-se a expansão do Medicare para fornecer óculos, aparelhos auditivos e assistência odontológica para idosos e pessoas com deficiência, que havia sido a disposição mais popular do projeto de lei.

Foi-se a revogação dos incentivos fiscais de Trump para os ricos que praticamente todos os democratas, inclusive a senadora Sinema, haviam feito campanha para eliminar.

Embora a cláusula de licença remunerada familiar e médica tenha sobrevivido, foi reduzida de doze para quatro semanas.

E, no entanto, depois de tudo dito e feito, até mesmo a medida modesta que a Câmara propôs não iria a lugar nenhum.

No início de 2022, o senador Manchin finalmente reconheceu na Fox News o que muitos de nós havia muito tempo acreditávamos ser o caso: que ele nunca apoiaria um investimento significativo no futuro do país. O Reconstruir Melhor, anunciou Manchin, estava morto.

Mas não era bem assim. O projeto estava no purgatório legislativo. Enquanto passavam-se meses sem que o Congresso fizesse nada, os índices de aprovação do presidente Biden começavam a despencar.

Houve negociações intermináveis com o senador Manchin a portas fechadas. Continuamos ouvindo que o Reconstruir Melhor retornaria de alguma forma. Mas quase um ano se passou. À medida que a legislação juntava cada vez mais poeira, o povo americano tornava-se gradualmente desmoralizado. Em meados de 2022, o índice de aprovação do presidente Biden estava em 36%, seu nível mais baixo. Em pesquisas genéricas, os democratas ficavam atrás dos republicanos em confrontos para as eleições de meio de mandato de 2022. A inação do Senado se tornava uma crise para os democratas.

POR QUE OS DEMOCRATAS FALHAM EM RESPONSABILIZAR OS REPUBLICANOS?

Eu queria romper o impasse. À medida que as circunstâncias se tornavam cada vez mais desesperadoras para os democratas, propus uma "ideia radical". Queria que "o maior corpo deliberativo do mundo" de fato começasse a deliberar. Queria que os democratas do Senado trouxessem ao plenário uma legislação que atendesse às necessidades das famílias trabalhadoras e forçassem os republicanos a votar a favor ou contra essas iniciativas muito importantes e muito populares.

O Partido Republicano é aquele que dá incentivos fiscais aos bilionários enquanto manobra para cortar Previdência Social, Medicare, Medicaid. É um partido que ignora as mudanças climáticas. Ele representa os interesses dos ricos e poderosos, ao mesmo tempo que dá as costas às famílias trabalhadoras em dificuldades. Talvez, por assumirem posições tão impopulares, sintam necessidade de gastar uma quantidade excessiva de tempo conspirando para dificultar o voto.

No entanto, apesar do comportamento ultrajante de Donald Trump e seus aliados, e sua agenda impopular, os republicanos conseguiram escapar da responsabilidade por suas posições reacionárias porque o Senado raramente tinha votos claros de sim ou não nas questões com que o povo americano mais se importava. Isso não era apenas errado do ponto de vista político, era uma política extremamente idiota.

Os americanos estavam cansados de "negociações" intermináveis. Estavam fartos de políticos se escondendo atrás de portas fechadas. Queriam que o Senado votasse uma legislação para melhorar sua vida. No mínimo, tinham o direito de saber qual era a posição de seus senadores sobre as questões.

Mas os líderes do Senado preferiam não fazer nada a "dividir" sua bancada expondo as posições pró-empresariais de alguns colegas democratas.

RECONSTRUINDO UM POUCO MELHOR

Após quase um ano de atraso, o senador Manchin e o senador Schumer anunciaram enfim que chegaram a um acordo. Íamos votar um projeto de lei de reconciliação muito modesto. Ele estava muito aquém da agenda ousada que meus colegas progressistas e eu lutávamos para promover. A lei incluía apenas cerca de 434 bilhões de dólares em novos gastos ao longo de um período de dez anos: 64 bilhões para subsidiar planos de seguro-saúde privados de acordo com a lei do Obamacare e 370 bilhões para a luta contra as mudanças climáticas. Pior: num momento de aceleração da devastação climática, o acordo incluía grandes isenções para as empresas de combustíveis fósseis. Manchin, o maior recipiente de dinheiro do combustível fóssil, conseguiu o que queria, mas a agenda mais ampla do Reconstruir Melhor foi dizimada.

Promulgar a pré-escola gratuita e universal para crianças de três e quatro anos? Esquece.

Que nenhuma família nos Estados Unidos pague mais de 7% de sua renda limitada para assistência às crianças? Esquece.

Oferecer atendimento odontológico, óculos e aparelhos auditivos para idosos pelo Medicare? Esquece.

Garantir que idosos e pessoas com deficiência recebam assistência médica domiciliar de alta qualidade por meio de profissionais bem pagos em vez de serem forçados a ir para lares de idosos inóspitos e com falta de pessoal? Esquece.

Construir milhões de unidades habitacionais a preços acessíveis, combater a falta de moradia, consertar habitações públicas e fornecer assistência de aluguel a milhões de americanos? Esquece.

Criar centenas de milhares de empregos e prover assistência educacional a jovens americanos para combater as mudanças climáticas por meio de um Corpo Civil do Clima? Esquece.

O projeto de lei de reconciliação reduzido que foi colocado em votação em agosto de 2022 continha avanços modestos, sem dúvida. Mas escondidas em sua linguagem havia muitas ideias ruins.

Sim, pela primeira vez na história, os administradores do Medicare teriam permissão para negociar com a indústria farmacêutica a fim de baixar os preços dos medicamentos. Infelizmente, essa disposição só entraria em vigor em 2026 — e começava com apenas dez medicamentos. A lei de reconciliação não faria nada para reduzir os preços dos remédios para quem não estava no Medicare. A indústria farmacêutica ainda teria permissão para cobrar do povo americano os preços mais altos do mundo por medicamentos.

Sim, os gastos diretos com medicamentos prescritos para idosos seriam limitados a 2 mil dólares por ano. Era uma boa medida que beneficiaria até 2 milhões de idosos que hoje pagam mais do que esse valor por receitas. Infelizmente, essa disposição não entraria em vigor até 2025. Pior ainda, o custo de 25 bilhões de dólares dessa disposição não seria pago pelas indústrias farmacêuticas que obtinham lucros recordes. O plano seria pago pelo aumento da contribuição do Medicare para praticamente todos os idosos.

Sim, o preço da insulina para os beneficiários do Medicare seria limitado a 35 dólares mensais. Mas a *parliamentarian* do Senado advertiu que seriam necessários sessenta votos para estender o teto de 35 dólares por mês para aqueles que não estavam no Medicare. Portanto, a maioria dos diabéticos não teria proteção contra a exploração da indústria farmacêutica. Devido à essa decisão e ao fracasso da liderança democrata em rejeitá-la, nosso esforço para ajudar todos os diabéticos ficou aquém. Enquanto todos os cinquenta senadores democratas apoiaram a proposta de um limite universal, apenas sete republicanos o fizeram. A emenda perdeu, apesar do fato de ter havido 57 votos a favor e 43 contra.

Sim, em termos de assistência médica, essa legislação estenderia por três anos os subsídios para cerca de 13 milhões de americanos que têm planos de saúde privados em consequência do Obamacare. Sem essa disposição, milhões de cidadãos teriam visto seus prêmios dispararem, e cerca de 3 milhões de americanos perderiam totalmente seus planos de saúde. Foi uma boa medida. No entanto, os gastos de 64 bilhões de dólares para pagá-la foram diretamente para os bolsos das seguradoras, que obtiveram mais de 60 bilhões de lucro em 2021 e forneceram aos executivos pacotes de remuneração exorbitantes.

A lei de reconciliação simplificada, apelidada de Lei de Redução da Inflação, não propôs nenhuma ação para ajudar os mais de 70 milhões de americanos que não têm seguro ou o têm com cobertura insuficiente, e não fez nada para reformar um sistema de saúde disfuncional projetado para não curar pessoas, mas tornar extremamente ricos os acionistas de empresas privadas de seguro-saúde.

Sim, a lei obrigou grandes empresas bilionárias a pagar sua parte justa de impostos, impondo um imposto mínimo de 15% sobre elas. Empresas como AT&T, Federal Express e Nike não teriam mais permissão para ganhar bilhões de dólares em lucros e não pagar nada em imposto de renda federal. Além disso, o projeto de lei proveria os recursos de que a Fazenda Federal precisa não só para auditar ricos sonegadores de impostos que evitam até 1 trilhão de dólares em impostos devidos legalmente, mas também para ajudar os americanos médios a obter mais rápido restituições de imposto de renda. No entanto, a má notícia era que essa lei não fazia nada para revogar os incentivos fiscais de Trump que foram para as empresas grandes e muito ricas. A lei tributária de Trump de 2017 proporcionou mais de 1 trilhão de dólares em isenções fiscais para o 1% mais rico e grandes organizações. Com efeito, 83% dos benefícios da lei tributária de Trump vão para o 1% mais rico. Essa lei não revogou nenhum desses benefícios.

Sim, de qualquer modo, a parte mais significativa dessa lei era um investimento sem precedentes de 300 bilhões de dólares em energia limpa e eficiência energética, inclusive uma proposta de painel solar de 7 bilhões que apresentei. Essa lei poderia ajudar a aumentar a energia solar dos Estados Unidos em 500% e mais do que dobrar a energia eólica até 2035. Isso não era pouca coisa. Mas também incluía aquele enorme subsídio para a indústria de combustíveis fósseis, tanto na própria lei de reconciliação como num acordo paralelo, cujo resumo foi tornado público apenas alguns dias depois que o Senado votou a lei.

Na minha opinião, era absolutamente absurdo e contraproducente proporcionar dezenas de bilhões de dólares em novos incentivos fiscais e subsídios à indústria de combustíveis fósseis e abrir milhões de novos hectares de terras públicas para empresas de petróleo e gás que destroem o planeta, numa lei que foi apresentada como um projeto histórico de lei climática.

Achei particularmente irritante que alguns dos piores poluidores de combustíveis fósseis do planeta, como a BP e a Shell, endossassem esse projeto de lei de reconciliação, enquanto o CEO da ExxonMobil afirmava que o projeto era "um passo na direção certa" e se declarava "satisfeito" com o "conjunto abrangente de soluções" incluído nela.

UMA ÚLTIMA CHANCE DE ACERTAR

Votei com relutância a favor dessa lei. Ela ficou muito aquém do que o povo americano precisava — e implorava — que fizéssemos. Por fim, ao estudar essa legislação de mais de setecentas páginas, reconheci que os pontos positivos superavam os negativos. No entanto, uma vez que se tratava da última lei de reconciliação que o Senado consideraria antes das eleições de meio de mandato e, portanto, a última oportunidade que tínhamos de fazer algo significativo para a população com apenas cinquenta votos, não achei que o *caucus* democrata devia desperdiçar aquele momento.

Queria que pelo menos 47 outros senadores se juntassem a mim no apoio a várias emendas, a fim de mostrar ao povo americano que estávamos do lado deles. Poderíamos ter ou não os cinquenta votos para aprovar essas emendas, mas podíamos deixar claro para os eleitores quem estava ao lado da classe trabalhadora e quem não. Ao fazê-lo, poderíamos traçar um forte contraste entre o que a grande maioria defendia e a que os republicanos se opunham.

Infelizmente, a liderança democrata se recusou a adotar essa estratégia. Seus representantes estavam mais interessados em mostrar que a bancada estava "unificada" em favor de uma proposta modesta do que em mostrar que a maioria dos democratas era a favor de uma agenda maior e mais ousada.

Mas eu não ia desistir.

Fiz com que minha equipe redigisse cinco emendas e, durante uma maratona de sessões legislativas que começou na noite de sábado, 8 de agosto, e terminou por volta das três da tarde de domingo, 9 de agosto, apresentei-as uma a uma.

Às 23h31, propus uma emenda para proibir o Medicare de pagar preços mais altos por medicamentos prescritos do que a

311

Administração de Veteranos. Se essa emenda tivesse sido aprovada, poderíamos ter reduzido pela metade o preço dos medicamentos prescritos pelo Medicare e economizado 800 bilhões de dólares na próxima década. Ela perdeu por 99 votos a 1.

À 1h15, propus uma emenda de expansão do Medicare para cobrir benefícios odontológicos, oftalmológicos e auditivos para idosos e pessoas com deficiência. Ela perdeu por 97 votos a 3: somente os senadores da Geórgia Warnock e Ossoff votaram comigo.

Algumas horas depois, o senador Warnock apresentou uma emenda para expandir o Medicaid para mais de 3 milhões de americanos que tiveram assistência médica negada por governadores e legislaturas estaduais republicanos que se opõem ao Obamacare. A emenda perdeu por 94 votos a 5: as senadoras Tammy Baldwin (Wisconsin) e a republicana Susan Collins (Maine) juntaram-se aos senadores da Geórgia e a mim no voto a favor.

Às 4h01, propus uma emenda para estabelecer um Corpo Civil do Clima que criaria cerca de 400 mil empregos e benefícios educacionais para jovens americanos combaterem as mudanças climáticas, melhorar o meio ambiente e fazer a transição de nossa economia para energia renovável e eficiência energética. Fracassou por 98 votos a 1.

Às 7h38, propus uma emenda para estender o crédito fiscal de trezentos dólares por filho por mais quatro anos, pago pela revogação dos incentivos fiscais de Trump para os ricos e grandes empresas. Perdeu por 97 votos a 1.

Por fim, às 9h38, propus minha última emenda: eliminar todos os benefícios às empresas de combustíveis fósseis incluídos no projeto de reconciliação. Choque dos choques: perdeu por 99 votos a 1.

É importante notar que nem todas as emendas ao projeto de reconciliação foram derrotadas. Mas esse não é um final feliz para a história.

No domingo, pouco antes da aprovação definitiva do projeto de lei, a senadora Sinema votou com os republicanos para reduzir em 35 bilhões de dólares o imposto mínimo das empresas de *private equity* de Wall Street. Não, não podíamos expandir o Medicare. Não podíamos enfrentar a ganância da indústria farmacêutica ou das grandes empresas petrolíferas. Não podíamos prover trezentos dólares por mês para famílias de baixa renda cuidarem de seus filhos pequenos e escaparem da pobreza. Mas podíamos dar uma redução de impostos de 35 bilhões de dólares de última hora para firmas extremamente lucrativas de Wall Street e seus executivos que contribuíram com milhões de dólares para as campanhas dos republicanos e da senadora Sinema. Se você quer saber por que o povo está desistindo da política americana, considere isso a prova A. Por volta das 10h30, dei uma curta caminhada fora da câmara do Senado com meu diretor de equipe Warren Gunnels, que estivera ao meu lado no plenário. Precisávamos tomar um pouco de ar fresco. Havíamos usado máscaras por cerca de treze horas seguidas e estávamos cansados. Sentei-me e recostei-me nos degraus do capitólio, e Warren parou a alguns metros de distância, quando notamos um fotógrafo solitário que havia começado a tirar fotos. Era um dia com temperatura de mais de trinta graus e eu certamente não estava de luvas, mas Warren disse: "Isso pode ser o começo de outro meme".

Com certeza. Warren tinha razão. O *Los Angeles Times* publicou uma foto minha sentado nos degraus do capitólio.

A NPR noticiou: "Voltaram a fazer memes do senador Bernie Sanders — sem luvas dessa vez. Durante a maratona de debates da Lei de Redução da Inflação, surgiu uma foto de um Sanders aparentemente abatido sentado nos degraus do capitólio, lembrando um personagem de desenho animado dos anos 1970, a lei icônica de Schoolhouse Rock! nos mesmos degraus do capitólio.* As emendas de Sanders foram derrotadas. Mas como a vida imita a arte, a lei foi aprovada".

Isso estava correto. Após quinze horas de debate e votações de 28 emendas, o projeto de reconciliação foi aprovado por 51 votos a favor e 50 contra, com a vice-presidente dando o voto de desempate.

É HORA DE PARAR DE SE CONTENTAR COM MENOS

Num momento de enorme necessidade, dor e descontentamento, num momento em que muitos americanos desistiam da democracia, o Senado colocou um band-aid numa ferida aberta. A maioria das pessoas não notaria, muito menos se lembraria, do que havíamos feito. A tragédia foi que, com maioria no Senado, poderíamos ter feito mais do que simplesmente tratar de questões específicas. Poderíamos ter dado esperança a milhões que perderam a fé e, no processo, mostrado a eles que seu governo poderia trabalhar para *eles*, em vez de para os ricos e poderosos.

A maioria dos senadores tentou dar a melhor interpretação às coisas. Mas eu não. Não estou interessado em dar desculpas. Não digo às pessoas para ficarem satisfeitas com o que recebem — ou para aceitarem que algumas coisas nunca serão conquistadas. Digo a elas para exigirem mais. E assim, com esta história contada, é hora de falar sobre o que mais devemos exigir. É hora de olhar para a frente, apresentar uma agenda para derrubar o supercapitalismo e apontar para aquele futuro da Estrela do Norte, onde a justiça econômica, social e racial não seja apenas uma promessa, mas uma realidade.

---

* Schoolhouse Rock!: série de desenhos curtos infantis educacionais em que um dos episódios, "Processo legislativo", tinha como personagem uma lei. (N. T.)

10. Estamos numa guerra de classes. É hora de reagir!

Devemos parar de ter medo de denunciar o capitalismo e exigir mudanças fundamentais num sistema corrupto e manipulado

Falemos sobre política. Política de verdade.

Não a política que é comentada na CBS, ABC, NBC, CNN e o restante das empresas de mídia. Não a fofoca que passa por política, com suas ruminações intermináveis sobre personalidades, estratégias, pesquisas, grupos focais, gafes, compras de anúncios, sensacionalismo, as "notícias do dia", escândalos e todas as coisas agradáveis que os democratas e os republicanos dizem uns sobre os outros.

Falemos sobre política como se ela importasse para a vida dos americanos comuns, porque, obviamente, ela importa. Falemos sobre política como um processo que pode tornar a vida dos trabalhadores muito melhor — ou pior. Paremos com a tagarelice e comecemos a nos concentrar em como tornar nosso sistema político mais democrático e inclusivo, para que possamos por fim abordar as questões reais que dizem respeito às famílias trabalhadoras e aos despossuídos — salários dignos, assistência à saúde, fome, moradia, educação, intolerância e a necessidade de salvar o planeta dos estragos das mudanças climáticas.

A política genuína reconhece a verdade do que está acontecendo em nosso país e como o atual sistema econômico destrói a vida de inúmeros americanos.

A política verdadeira identifica as causas profundas de nossos problemas. Não se esquiva dos desafios colocados pelo supercapitalismo. Ela mergulha neles e os resolve.

Para fazer isso, a política de verdade faz as perguntas difíceis que os políticos tradicionais e a mídia tanto evitam:

Como a enorme desigualdade de renda e riqueza — e o poder empresarial que amplia essa desigualdade — afeta toda a sociedade?

Em que tipo de "democracia" estamos quando bilionários podem comprar eleições?

Por que houve uma transferência maciça de riqueza da classe média para o 1% mais rico nos últimos cinquenta anos?

Por que gastamos o dobro per capita em assistência à saúde em comparação a outras nações e temos tão pouco para mostrar?

Por que aceitamos a pobreza infantil numa terra de fartura, e o que isso significa para o futuro de um país que continua decepcionando sua próxima geração?

Por que há tanto dinheiro disponível para megamansões, condomínios fechados e iates imensos e tão pouco para lidar com a falta de moradia e a fome?

Por que permitimos que um punhado de conglomerados de mídia controlem nosso discurso político?

O que diz sobre nosso sistema político o fato de que as duas últimas grandes guerras americanas, no Vietnã e no Iraque, estão baseadas em mentiras do establishment; e por que gastamos mais com militares do que as outras dez nações mais ricas juntas?

Por que permitimos que a indústria de combustíveis fósseis continue destruindo o planeta?

A política de verdade busca desnudar nossos problemas e desenvolver soluções concretas para as crises que enfrentamos — sem se preocupar se isso ofenderá os poderosos ou impactará negativamente as contas bancárias dos ricos. Acima de tudo, a política genuína reconhece a necessidade de mudança *sistêmica*, sem se limitar às margens da política social. Ela entende que, a menos que façamos mudanças ousadas em nosso sistema supercapitalista, a vida nunca melhorará de forma significativa para a grande maioria de nosso povo. Ela entende que a ganância da classe dominante de hoje não é apenas destrutiva para a vida das pessoas comuns, mas também ameaça a sobrevivência do planeta. Esse entendimento sustenta a premissa essencial da política verdadeira: que o poder sobre a vida econômica e política do país deve estar nas mãos da maioria, não de uma pequena minoria.

A VERDADEIRA POLÍTICA COMEÇA COM A ORGANIZAÇÃO

A política genuína consiste em recrutar e formar candidatos da classe trabalhadora em nível local a fim de vencer as eleições para a câmara municipal, o conselho escolar e as cadeiras legislativas estaduais. Trata-se de eleger os candidatos com campanhas populares que batem de porta em porta para registrar eleitores "não tradicionais". Trata-se de ajudar os trabalhadores a criar sindicatos e obter contratos decentes de seus empregadores. Trata-se de aderir a piquetes quando os membros do sindicato estão em greve e exigir um salário digno para todos os trabalhadores. Trata-se de apoiar inquilinos que não podem pagar reajustes exorbitantes de aluguel e pais que desejam escolas decentes para seus filhos. Trata-se de marchar pela justiça racial, pelos direitos das mulheres e contra todas as formas de intolerância. Trata-se de exigir, com pessoas de todo o mundo, que o planeta que deixarmos para as gerações futuras seja saudável e habitável.

Uma das lições importantes que aprendi com a história é que a verdadeira mudança nunca ocorre de cima para baixo. Sempre vem de baixo para cima. O grande abolicionista Frederick Douglass estava certo quando afirmou: "O poder não concede nada sem uma demanda. Ele nunca fez e nunca fará isso". A mudança fundamental não vai acontecer graças à arrecadação de fundos nas casas das pessoas ricas. Não vai acontecer graças a anúncios de TV inteligentes ou maquinações de consultores políticos e pesquisadores de opinião, e sim quando milhões se levantarem e exigirem essa mudança. E o movimento progressista pretende estar no centro dessa luta por mudanças.

A verdadeira política é conhecer nossa história e reconhecer seu poder como ferramenta de organização. Cada nova geração de cidadãos deve ser lembrada das grandes batalhas por mudanças transformadoras que foram travadas e vencidas, e continuarão a ser vencidas, contra probabilidades esmagadoras. Quando alguém diz que é impossível enfrentar o supercapitalismo, temos que responder com lições de nosso passado. Criar sindicatos e acabar com o trabalho infantil e a exploração descontrolada e implacável dos trabalhadores não foi fácil. Abolir a escravidão e a segregação legalizada não foi fácil. Acabar com o imposto para votar não foi fácil. Defender os direitos dos nativo-americanos de controlar as próprias terras não foi fácil. Conquistar o direito de voto para as mulheres e estabelecer proteções ao direito ao aborto para que elas pudessem ter controle sobre o próprio destino não foi fácil. Promulgar uma legislação que protegesse os direitos civis e os direitos das mulheres e oferecesse proteções mínimas para os pobres e trabalhadores — seguridade social, Medicare, Medicaid, salário mínimo, padrões de ar e água limpos — não foi fácil. No entanto, essas lutas foram vencidas e essas vitórias nos inspiram a travar as grandes lutas do século XXI.

A verdadeira política consiste em rejeitar a determinação do establishment quanto ao que é "possível", "atingível" e "aceitável". Trata-se de declarar, sem desculpas, que não permitiremos que os oligarcas americanos e suas legiões de publicitários moldem nossa visão sobre o tipo de mundo em que queremos viver. Essa é nossa decisão.

A política genuína vê através das mentiras incapacitantes que são contadas pelo sistema. Entende que no país mais rico da história do mundo devemos rejeitar a economia de austeridade que ataca as necessidades das famílias trabalhadoras a fim de manter os impostos baixos para os ricos. Ela reconhece que temos a capacidade de construir uma sociedade humana na qual todas as pessoas possam viver com segurança e dignidade. A política genuína sabe que isso não é uma ideia utópica e fantasiosa. É simplesmente a rejeição consciente de um velho sistema hierárquico baseado na opressão e na exploração. A verdadeira política reconhece que as revoluções tecnológicas de nosso tempo já estão transformando a sociedade e que os benefícios dessa revolução devem melhorar a vida de muitos, não criar mais riqueza para poucos.

A política de verdade é entender que as elites econômicas nunca vão apoiar políticas que ameacem sua riqueza e poder. Elas estão travando uma guerra de classes contra os trabalhadores e estão vencendo. De acordo com a Rand Corporation, nos últimos 47 anos, 50 trilhões de dólares em riqueza foram redistribuídos dos 90% mais pobres para o 1% mais rico — principalmente porque uma porcentagem cada vez maior dos lucros empresariais vai para as carteiras de ações da classe dos investidores.

A verdadeira política reconhece que a elite empresarial não é composta de gente boa, não importa o quanto contribuam para a caridade ou quantos prêmios recebam de universidades e hospitais para os quais doaram prédios. Trata-se de pessoas implacáveis e, dia após dia, sacrificam a vida humana e o bem-estar para proteger seus privilégios.

Diante de uma classe bilionária politicamente poderosa e seus aliados empresariais, a política genuína reconhece que os progressistas devem ser mais inteligentes e estratégicos do que nunca. Precisamos pensar grande, não pequeno, e introduzir questões de moralidade no debate político desafiando a ganância, a irresponsabilidade e a brutalidade da classe dominante. Há muitas maneiras de matar pessoas e feri-las. Sim. É moralmente errado um ladrão sacar uma arma e atirar em alguém. Mas também o é as empresas farmacêuticas monopolistas cobrarem preços exorbitantes por medicamentos pelos quais as pessoas não possam pagar — e as deixam para morrer. É moralmente errado que as seguradoras neguem tratamento a pessoas doentes que morrerão sem esse cuidado. Sim, é moralmente errado que tão poucos tenham tanto, enquanto tantos têm tão pouco.

A verdadeira política reconhece as injustiças sistêmicas que esmagam as famílias trabalhadoras. Trata-se de romper os ciclos viciosos perpetrados por esses sistemas, para que possamos renovar nossa fé na visão de Lincoln de "governo do povo, pelo povo e para o povo".

A política genuína luta por escolhas genuínas. Os progressistas devem deixar claro que há dois lados nessa luta. De um lado estão os poucos ricos que não cederão nada à maioria. Do outro, está a maioria, que deve exigir o que é seu por direito.

CONTRAPOR-SE AO SUPERCAPITALISMO

A verdade é que nenhuma luta por justiça e direitos humanos jamais foi fácil. Mas se formos honestos conosco, devemos admitir que a luta contra o supercapitalismo será mais difícil do que qualquer outra porque *todas* as forças da ganância e do poder estarão mobilizadas contra nós. Estamos enfrentando todas elas, as quais responderão na mesma moeda.

A elite empresarial usará seus recursos ilimitados para manter uma economia manipulada de desigualdade de renda e riqueza sem precedentes. O status quo está funcionando muito bem para ela e suas famílias, que estão decididas a mantê-lo. Elas farão tudo ao seu alcance, legal e ilegalmente, para impedir que os trabalhadores se sindicalizem. Promulgarão políticas de comércio prejudiciais aos trabalhadores. Elas vão se opor a aumentos salariais. Usarão seus políticos e lobistas para gerar novos incentivos fiscais e mais bem-estar empresarial.

Os oligarcas americanos utilizarão sua mídia para ignorar ou banalizar os principais problemas enfrentados pelas famílias trabalhadoras e farão o possível para desviar a atenção dessas preocupações. Enquanto milhões de americanos vivem em extrema pobreza e experimentam uma expectativa de vida cada vez menor, e enquanto a classe média continua em declínio, as empresas de mídia continuarão a "nos entreter até a morte".

Por fim, os interesses do Big Money e seus superPACs gastarão bilhões para possuir e controlar nosso sistema político. Vão direcionar quantias obscenas para campanhas sem identificá-las a fim de eleger os candidatos de sua escolha e, obviamente, para derrotar aqueles que consideram uma ameaça. A situação do financiamento de campanha é tão absurda que bilionários e CEOs de empresas doam diretamente para *os dois* principais partidos e para candidatos de ambos os partidos no mesmo ciclo eleitoral, como já mencionei. Não importa quem ganhe, desde que seus interesses empresariais sejam protegidos. Nas primárias democratas de 2022, por exemplo, os superPACs financiados por bilionários gastaram dezenas de milhões tentando (às vezes sendo bem-sucedidos) derrotar candidatos progressistas ao Congresso que representavam as necessidades das famílias trabalhadoras. Os indivíduos mais ricos dos Estados Unidos, muitos deles republicanos ativos, se intrometeram nas primárias democratas para estrangular a oposição às suas agendas. E, é claro, eleger os próprios agentes políticos. Uma vez eleitos, a principal função dos políticos financiados pelas empresas não é apenas proteger os interesses de seus patrocinadores, mas também nos lembrar por que não podemos realizar os tipos de mudanças que as pessoas comuns desejam e precisam.

POLÍTICA DE VERDADE É POLÍTICA INTELIGENTE

Quando falamos de política *de verdade* e abordamos as necessidades há muito negligenciadas das famílias trabalhadoras de nosso país, não estamos falando de estratégias complicadas desenvolvidas por pesquisadores da opinião pública e grupos focais para vender ideias impopulares. Estamos falando sobre a criação de uma agenda simples, direta e progressista que pode transformar vidas e é amplamente apoiada por americanos de todas as origens. Em termos políticos práticos, é uma agenda que pode criar entusiasmo popular, superar divisões raciais e étnicas e vencer eleições.

Como praticante da política de verdade, deixem-me colocar as coisas em perspectiva. Em agosto de 2022, uma pesquisa do USA Today/Ipsos descobriu que eu tinha a maior classificação geral de favorabilidade entre quase duas dúzias de possíveis candidatos presidenciais em 2024 de ambos os principais partidos. O artigo que acompanhava a pesquisa observava que "a classificação de 46% [de Sanders] — não exatamente estratosférica, mas melhor do que as outras — se deve à sua força entre os eleitores democratas (78%) combinada com seu apelo cruzado. Ele é o democrata mais bem avaliado entre os independentes (com 41%) e entre os democratas mais bem avaliados pelos eleitores republicanos (com 18%)". A pesquisa me mostrou uma classificação de favorabilidade de 46-41, com Biden e Trump empatados em 43-52.

As pesquisas sobem e descem, e amanhã provavelmente estarei no ponto mais baixo de alguma outra pesquisa, mas o importante aqui não é apenas minha avaliação favorável de 78% dos democratas, porém meu apoio de 41% dos independentes e 18% dos republicanos. O que isso mostra é que se você luta pela classe trabalhadora do país, pode ganhar apoio acima das linhas políticas que parecem tão impossíveis de cruzar hoje em dia. Quer os eleitores sejam democratas, republicanos ou independentes, eles sabem que o sistema político atual é corrupto e que o sistema econômico está armado contra eles. E eles querem mudança.

Estive em quase todos os estados do país, realizei reuniões em quase todos eles e conversei pessoalmente com muitos milhares de americanos de todas as perspectivas políticas. Para restaurar a confiança do povo no governo e na democracia, precisamos de uma agenda — e da capacidade de implementá-la — que mude vidas agora. E, se interesses empresariais poderosos nos odeiam por continuarmos nessa agenda, melhor ainda. As pessoas saberão que o que fazemos é real e significativo. Lembre-se do que o presidente Roosevelt disse num discurso de campanha de 1936 sobre as forças poderosas que se opunham ao New Deal e queriam derrotá-lo nas eleições presidenciais daquele ano. "Eles são unânimes em seu ódio por mim", declarou FDR, "e dou as boas-vindas ao ódio deles." Ele continuou e obteve uma vitória esmagadora. Descobriu-se que havia muito mais eleitores da classe trabalhadora do que figurões das empresas.

O mesmo é verdade agora. Porém, assim como na época de Roosevelt, precisamos apresentar um programa claro de mudança. A agenda e o conjunto de princípios a seguir não pretendem abranger tudo. Mas são um começo na elaboração de um programa que aborde as necessidades há muito negligenciadas das famílias trabalhadoras, fortaleça a democracia e ajude a salvar o planeta das mudanças climáticas. Todas as pesquisas de opinião mostram que essas ideias são populares e apoiadas por democratas, republicanos e independentes de todas as raças e origens, por pessoas que vivem nas regiões urbanas e nas áreas rurais. A implementação dessa agenda fará mais para unir os americanos, unificar este país e restaurar a confiança em nossa democracia do que qualquer outra coisa. Eis um pouco do que essa agenda e o conjunto de princípios devem incluir.

Tirar o dinheiro da política. Não há como algum governo representar os interesses dos trabalhadores quando os bilionários podem comprar candidatos e eleições. Sejam de direita, de esquerda ou estejam em algum lugar no meio do espectro político, as pessoas entendem que, se quisermos ter uma democracia vigorosa e representativa, precisamos de uma grande reforma no financiamento de campanha. Precisamos anular as desastrosas decisões da Suprema Corte em Buckley versus Valeo e Citizens United versus FEC — por qualquer meio necessário, inclusive uma emenda constitucional — e devemos estabelecer o financiamento público das eleições.

Garantir o direito de votar. Ao divulgar a grande falácia de que venceu a eleição de 2020 e que a vitória lhe foi "roubada", Donald Trump e seus partidários de direita travaram uma guerra contra os fundamentos básicos da democracia americana: eleições livres e justas. No processo, nos estados republicanos, governadores e legisladores, sob o pretexto de "fraude eleitoral", trabalharam sem parar para tornar mais difícil para pessoas de cor, americanos de baixa renda, indivíduos com deficiência e jovens participarem do processo político. Temos que revidar com uma avaliação honesta do que realmente está acontecendo. Os republicanos não querem que todos votem. Nós queremos. Os republicanos querem erguer obstáculos à votação. Queremos derrubá-los. Os republicanos querem seguir o exemplo dos autoritários de direita europeus, como o húngaro Viktor Orbán. Queremos que os Estados Unidos tenham a democracia mais vigorosa e inclusiva do mundo. Os republicanos querem manipular os limites dos distritos eleitorais a seu favor. Queremos acabar com essa manipulação extremada para que todo americano tenha a representação a que tem direito.

Tornar a Constituição relevante para o século XXI. A constituição americana, como foi escrita em 1787, era um documento transformador. Para sua época. Mas já se passaram mais de duzentos anos e esse documento deve ser atualizado para que nossa democracia seja renovada.

Abolir o colégio eleitoral. É um absurdo manter um sistema político em que um presidenciável recebe milhões de votos a mais que seu adversário e ainda assim perde a eleição. É igualmente absurdo que as eleições presidenciais modernas girem em torno de uma dúzia de "campos de batalha estaduais" que é competitiva, enquanto 38 estados — inclusive muitos dos mais populosos do país — sejam amplamente ignorados porque são certamente "vermelhos" ou "azuis".

Repensar o Senado dos Estados Unidos. É igualmente difícil acreditar que, numa sociedade democrática, seja apropriado que Vermont, Wyoming e Alasca tenham representação no Senado igual à da Califórnia, um estado que tem sessenta vezes mais habitantes do que cada um desses pequenos estados. A democracia diz respeito a uma pessoa, um voto e à representação igualitária, e esse nunca foi o caso do Senado americano.

Repensar a Suprema Corte. É claro que precisamos de freios e contrapesos, e o judiciário desempenha um papel importante em proporcioná-los. No entanto, a sugestão de que a Suprema

Corte atual consiste em nove juízes não políticos que tomam decisões extremamente importantes com base nas próprias interpretações honestas e exaustivas da Constituição e dos precedentes de casos seria feita por poucos. Temos um tribunal onde ativistas judiciais de direita eliminaram reformas de campanha, destruíram a Lei dos Direitos de Voto e anularam a decisão Roe versus Wade de 1973 e colocaram em risco o direito ao aborto em estados de todo o país. Simplificando, é inaceitável e antidemocrático que poucos nomeados vitalícios não eleitos exerçam o tipo de poder político que exercem.

Revitalizar a mídia americana. Uma democracia vigorosa não pode existir sem uma mídia vigorosa. Não é aceitável que, devido ao desinvestimento empresarial, dezenas de milhões de americanos vivam agora em "desertos de mídia" e não tenham mais acesso a notícias e informações sobre suas comunidades locais. Precisamos aprender com outros países e aumentar consideravelmente o financiamento para a mídia pública, apartidária e sem fins lucrativos nos níveis nacional, estadual e local.

Acabar com todas as formas de intolerância. Meu pai veio para os Estados Unidos não apenas para evitar a pobreza, mas para escapar do antissemitismo da Polônia. Ele partiu, mas grande parte de sua família morreu no Holocausto. Sei o que é o nacionalismo branco extremo e sei que representa uma ameaça nos Estados Unidos que não pode ser ignorada. Desde sua criação, o país tem sido afetado por racismo, xenofobia, sexismo, homofobia e outras formas de intolerância. Nos últimos anos, avançamos, mas é óbvio que é preciso fazer muito mais. Não será fácil, mas nosso objetivo deve ser identificar os fundamentos sistêmicos da intolerância e quebrá-los, assim o país pode cumprir sua promessa de que todas as pessoas sejam criadas iguais.

Tratar os direitos dos trabalhadores como direitos humanos. Hoje, no país mais rico do mundo, mais da metade de nossos trabalhadores vive com o dinheiro contado e milhões afundam cada vez mais em dívidas enquanto tentam sobreviver com salários de fome. É inacreditável, mas apesar dos enormes aumentos na produtividade do trabalhador, com a inflação real contabilizada, as remunerações mal se moveram de onde estavam há quase cinquenta anos. Numa época em que há uma grande quantidade de trabalho a ser feito, devemos assegurar que todos os americanos que podem trabalhar tenham um emprego garantido. O "salário mínimo" deve se tornar um salário digno. Nenhum trabalhador em tempo integral deveria viver na pobreza. Todo trabalhador, em período integral ou meio período, tradicional ou temporário, deve poder exercer seu direito constitucional de livre associação, filiar--se a um sindicato e negociar um contrato justo. E, como parte desse contrato, deveria poder exigir e receber benefícios de aposentadoria para que possamos lidar com a injustiça de um país onde cerca de metade dos americanos mais velhos da classe trabalhadora se aposenta sem nenhuma poupança.

Democratizar o futuro do trabalho. Como a mudança tecnológica está mudando tudo em nossa vida profissional, precisamos nos preparar para as mudanças profundas que ocorrerão à medida que a inteligência artificial e a robótica eliminarem muitos milhões de empregos. A tecnologia pode ter impactos positivos ou negativos. Devemos garantir que os trabalhadores — não apenas os CEOs de empresas de tecnologia — aproveitem os benefícios do progresso.

A saúde é um direito humano. Ponto-final. Não estou falando sobre expandir o Affordable Care Act e fornecer mais subsídios para as seguradoras que mantêm — e lucram imensamente com — um sistema perdulário, burocrático e cruel. Estou falando de todos os americanos serem capazes de entrar num consultório médico ou hospital e obter toda a assistência necessária sem custos diretos. Estou falando de substituir um sistema ineficiente no qual gastamos mais de 12 mil dólares por pessoa todos os anos, quase o dobro do que qualquer outro grande país, enquanto 85 milhões de americanos não têm seguro ou o têm com cobertura insuficiente e 60 mil morrem por ano porque não vão a um médico a tempo.

Estou falando de um sistema Medicare for All.

O establishment — o mundo empresarial, os políticos e a mídia — nos diz que se trata de uma ideia "radical", impraticável, que não pode ser feita. Nem vale a pena discutir — nem nos salões do Congresso nem no rádio ou na TV nem na maioria das faculdades de medicina.

Verdade? Se é uma ideia tão impraticável, então por que, de uma maneira ou de outra, todos os outros grandes países do mundo já atingiram a meta de proporcionar assistência médica para todos — e por uma fração do custo que pagamos? Numa recente viagem a Londres, conversei com uma deputada conservadora do Parlamento que me disse que estava orgulhosa do sistema de saúde gratuito oferecido pelo governo. É uma conservadora falando!

O Medicare for All resolverá todos os nossos problemas de saúde? Claro que não. Mas pense no impacto quando o fardo das despesas devastadoras com a saúde for retirado dos ombros das famílias trabalhadoras. Pense no que significará quando nenhum americano hesitar em entrar num consultório médico por causa do custo. Pense no que significará quando ninguém falir por ter uma doença grave. Pense no que significará quando os americanos puderem mudar de emprego sem se preocupar em perder o plano de saúde.

Um novo modelo de negócio para a indústria farmacêutica. Apesar do que dizem os anúncios de TV, a função principal da indústria farmacêutica hoje não é criar novos medicamentos que salvem vidas e aliviem a dor. E sem dúvida não é garantir que todos os americanos possam comprar remédios. Simplificando, a

328

função dos grandes laboratórios farmacêuticos é cobrar os preços mais altos possíveis a fim de enriquecer seus investidores.

Pesquisadores de medicamentos nos dizem que a inovação tem o potencial de curar ou, pelo menos, aliviar os piores impactos de enfermidades terríveis — câncer, doenças cardíacas e respiratórias, covid, derrames, Alzheimer, diabetes e Parkinson, para citar apenas algumas. Os americanos sabem que milhões de vidas podem ser salvas. Mas, para fazer isso, o país precisa de uma indústria farmacêutica que esteja 100% engajada em pesquisa e desenvolvimento para descobrir essas curas, não uma que gaste bilhões em lobby, contribuições de campanha e publicidade para manter enormes lucros e pacotes de compensação para CEOs.

O governo americano já tem uma relação muito significativa com a indústria farmacêutica. Mas é uma relação totalmente unilateral. Por meio do financiamento dos Institutos Nacionais de Saúde (NIH), de outras agências governamentais e de doações a universidades e institutos de pesquisa, os contribuintes pagam pelas pesquisas que criaram alguns dos medicamentos mais importantes do mercado. Infelizmente, os resultados desse levantamento são entregues às empresas farmacêuticas sem restrições. As empresas então cobram de nós, de longe, os preços mais altos do mundo pelos medicamentos prescritos que ajudamos a desenvolver.

Como presidente, Donald Trump não teve muitas boas ideias. Mas, ao criar a Operação Warp Speed para desenvolver uma vacina para covid, ele realmente acertou em alguma coisa. Instruiu a indústria a criar vacinas o mais rápido possível e deu a ela os recursos necessários para realizar o trabalho. E, dentro de um período razoavelmente curto, cumpriu a missão. (Que a Moderna e a Pfizer acabaram ganhando bilhões em lucros excessivos e tentaram bloquear os esforços para tornar as vacinas mais acessíveis é outra história, triste, mas previsível.)

O governo dos Estados Unidos deve estar preparado para um financiamento generoso das pesquisas necessárias ao desenvolvimento de medicamentos inovadores e os laboratórios farmacêuticos devem ser capazes de obter lucros razoáveis, não excessivos baseados em práticas monopolísticas. Em troca, os americanos devem poder comprar esses medicamentos por um preço acessível. Em suma, precisamos de um relacionamento totalmente diferente entre nosso governo e essa indústria essencial.

Proteger nossas crianças. Você já ouviu isto 1 milhão de vezes, e obviamente é verdade: *as crianças são o futuro do país.* Como é possível, portanto, que a nação mais rica do mundo tenha a maior taxa de pobreza infantil de quase todos os principais países — impactando desproporcionalmente as famílias negras e pardas — e que milhões de crianças americanas enfrentem insegurança alimentar?

Como podemos ser quase o único país do mundo a não fornecer licença médica e familiar remunerada? Os psicólogos deixaram bem claro que os primeiros quatro anos da vida humana são determinantes para moldar o futuro. No entanto, as mães de baixa renda e da classe trabalhadora muitas vezes são forçadas a voltar ao emprego apenas algumas semanas após o parto e não têm oportunidade de se relacionar com seu bebê.

Como é que, numa época em que a maioria das famílias precisa de duas fontes de renda, exista um sistema de creches totalmente disfuncional — um sistema caríssimo, no qual há escassez de vagas, e que paga à maioria dos funcionários salários inadequados?

Como é possível que em muitas partes do país as escolas públicas tenham um desempenho tão ruim? Por que há tantas salas de aula superlotadas e professores mal pagos? Como é possível que o ensino superior seja inacessível para muitos e 45 milhões de pessoas sejam forçadas a contrair dívidas estudantis?

É óbvio que precisamos de mudanças revolucionárias na forma como abordamos as necessidades de nossas crianças e jovens. Não podemos continuar gastando quase 800 bilhões de dólares anuais com as Forças Armadas, conceder incentivos fiscais imensos para os ricos e corporações multinacionais e depois alegar que somos pobres demais para atender adequadamente às necessidades de pais e filhos.

Proteger os idosos e deficientes. Numa sociedade que envelhece rapidamente, as necessidades dos idosos vão se tornar cada vez mais evidentes nos próximos anos. Para evitar grandes crises, devemos agir agora.

Hoje, metade dos americanos com mais de 65 anos vive com uma renda de 25 mil dólares anuais ou menos, e 10% das mulheres mais velhas vivem na pobreza. Milhões de americanos mais velhos não podem pagar por necessidades básicas como atendimento odontológico, aparelhos auditivos, óculos ou medicamentos.

Devem-se aumentar os benefícios da seguridade social. Felizmente, podemos fazer isso e garantir a solvência do programa a longo prazo: basta elevar o limite da renda tributável para os ricos. Precisamos reconhecer que, quando alguém que ganha 100 milhões de dólares por ano paga a mesma quantia de impostos que alguém que ganha 140 mil dólares, temos um sistema que é regressivo demais para proteger os idosos e as pessoas com deficiência. Além de garantir o financiamento do programa, temos que enfrentar a escassez desesperadora de moradias e casas de repouso para idosos, renovando nosso compromisso com a assistência domiciliar. Quando sabemos que milhões de idosos e deficientes preferem passar a vida com seus entes queridos em casa, precisamos dar a eles essa opção — assim como temos que pagar um salário digno para as pessoas que cuidam deles.

Os Estados Unidos nunca serão uma "grande" nação se dermos as costas aos fracos e vulneráveis. Nossos pais e avós, as pessoas que nos criaram, que construíram e defenderam este país, têm direito a uma velhice segura e satisfatória. É disso que se trata uma sociedade civilizada.

Proporcionar habitação acessível para todos. As comunidades em todo o país estão enfrentando uma grande crise habitacional. Enquanto o custo da moradia está subindo, cerca de 600 mil americanos estão desabrigados e outros milhões estão à beira do precipício — já que quase 18 milhões de famílias gastam 50% ou mais de sua renda limitada em habitação. Não só devemos construir milhões de unidades habitacionais acessíveis e voltadas para pessoas de baixa renda como também precisamos expandir conceitos como o de fundos comunitários de terras, que mantêm a moradia perpetuamente acessível. Além disso, devemos apoiar as comunidades que desejam avançar com o controle de aluguéis para proteger seus inquilinos.

Quebrar monopólios. Hoje, nossa riqueza está mais concentrada do que em qualquer outro momento. Algumas empresas gigantescas controlam o que é produzido e quanto pagamos por seus produtos. Como é o caso da BlackRock, da Vanguard e da State Street, já citadas.

Dizem-nos todos os dias que a economia americana tem suas bases na livre iniciativa e na competição. Isso é mentira. Hoje, nossa economia é dominada por poucas empresas multinacionais que desfrutam de lucros astronômicos, que se envolvem habitualmente em manipulação de preços e exercem enorme influência sobre nossa vida política. Isso é o supercapitalismo com esteroides. Essa perigosa concentração de riqueza precisa acabar.

Nem os governos democratas nem os republicanos tiveram coragem de desmantelar essas corporações. Mas é exatamente isso o que devemos fazer.

Fazer bilionários pagarem impostos. Apesar da enorme desigualdade de renda e riqueza, as pessoas mais ricas e as empresas mais lucrativas do país se recusam a pagar seus impostos. E o governo federal os deixa impunes. É inaceitável que os bilionários paguem uma alíquota de imposto de renda federal efetiva menor do que enfermeiros, bombeiros e trabalhadores da construção civil e que, em qualquer ano, muitas das grandes empresas privadas não paguem nada de tributo.

Precisamos de um sistema tributário baseado na capacidade de contribuição, que levante os fundos de que precisamos a fim de apoiar fortes programas sociais para trabalhadores, crianças e idosos. Precisamos agir de forma contundente contra o nível grotesco de desigualdade de renda que existe hoje, criando um imposto que seja de fato progressivo sobre a riqueza.

Devemos salvar o planeta. Há décadas, cientistas de todo o mundo dizem que, a menos que ajamos com rapidez e ousadia, as mudanças climáticas causarão estragos em nosso planeta. Haverá mais ondas de calor, secas, inundações, distúrbios climáticos extremos, acidificação dos oceanos, incêndios florestais e doenças. E é exatamente isso que tem acontecido.

A escolha que os Estados Unidos e todos os outros países enfrentam é entre transformar rapidamente o sistema de combustíveis fósseis em eficiência energética e energias sustentáveis, ou continuar permitindo que o planeta se torne cada vez mais insalubre e inabitável. Se nos preocupamos com nossos filhos e as gerações futuras, essa não parece ser uma boa escolha. Os Estados Unidos devem agir, e agora, para levar o mundo à sanidade ambiental. É inacreditável que o supercapitalismo esteja disposto a sacrificar o futuro da Terra por causa de seus lucros de curto prazo. Não podemos permitir que isso aconteça.

QUAL CAMINHO, DEMOCRATAS?

A verdadeira política deixa evidente que o supercapitalismo está destruindo não só nossa economia, mas nossa sociedade. E apresenta uma alternativa a um futuro terrível em que bilionários e CEOS decidem nosso destino. As pesquisas não deixam dúvidas de que o povo americano deseja essa alternativa e o trabalho dos progressistas é exigir que o Partido Democrata seja essa alternativa.

Nas últimas décadas, vimos a política americana dar uma guinada sinistra. O Partido Democrata, que com FDR, Harry Truman, John Kennedy e Lyndon Johnson era claramente identificado como o partido da classe trabalhadora, passou a ser visto cada vez mais como o partido dos americanos mais bem-instruídos e em melhor situação. No verão de 2021, um artigo da revista *Nation* perguntou: "Os democratas se tornaram o partido dos ricos?". Uma matéria do *New York Times*, publicada um ano depois, aceitou mais ou menos a premissa e perguntou: "Como os democratas podem persuadir os eleitores de que não são um partido de elites?".

Não é segredo que, desde que Donald Trump entrou no cenário nacional, com sua abordagem disruptiva da política, os democratas obtiveram ganhos significativos em comunidades suburbanas abastadas que historicamente haviam votado nos republicanos. Mas também não é segredo que o Partido Republicano, o lar tradicional de banqueiros, investidores e CEOS, vem atraindo cada vez mais o apoio da classe trabalhadora — em especial, mas não exclusivamente, entre os trabalhadores brancos em cidades menores e áreas rurais. As coalizões de trabalhadores e agricultores do passado, que deram aos democratas o controle constante do Congresso durante a maior parte do tempo desde a Grande Depressão até a década de 1990, desmoronaram em estados de todo o país. Em 2022, John Fetterman reconquistou alguns eleitores da zona rural, de cidades pequenas e grandes, e isso fez uma grande diferença em sua candidatura bem-sucedida à cadeira no Senado pela Pensilvânia. Mas em Ohio e Wisconsin os condados rurais apoiaram de modo esmagador os republicanos, e os democratas não conseguiram uma virada em disputas igualmente críticas para o Senado.

Em 2020, apenas 28% dos homens brancos da classe trabalhadora votaram no Partido Democrata, comparando com 36% das mulheres brancas da mesma classe. Isso representou uma melhora modesta em relação a 2016, mas ainda havia muitas linhas de tendência preocupantes para o partido. A eleição presidencial de 2020 viu um movimento notável em várias regiões dos eleitores latinos da classe trabalhadora, uma base tradicional de apoio aos democratas, em direção ao Partido Republicano. Entre as pessoas que historicamente davam maior apoio aos democratas, os eleitores negros da classe trabalhadora, houve uma mudança menor, mas ainda significativa, em direção aos republicanos — sobretudo entre os homens. O Partido Democrata ainda vai bem nas áreas urbanas. Mas vai *muito* mal nas áreas rurais. Com efeito, nas regiões rurais predominantemente brancas das Grandes Planícies e das Montanhas do Oeste, os relatos da mídia descrevem uma infraestrutura decadente do partido. Em alguns estados, ele quase não existe. Em Wyoming, o Partido Republicano tem agora uma vantagem de registro de 8 para 1. Em Idaho, é de 4 para 1. Em Dakota do Sul e Oklahoma, os republicanos registrados superam os democratas registrados em margens de mais ou menos 2 para 1. Em todos esses estados, não faz muitos anos, elegiam-se governadores e senadores democratas. Com efeito, Dakota do Sul enviava a Washington o ex-líder da maioria no Senado Tom Daschle até apenas dois anos antes de eu ser eleito senador.

Quando olhamos para os mapas que mostram os resultados das eleições em todo o país, a fraqueza do Partido Democrata é tão profunda que é difícil argumentar que deva ser considerado um partido nacional. Nos condados de grandes extensões, o mapa mostra apenas o vermelho. Sim, os democratas ainda podem ganhar a presidência e, em um bom ano, o partido pode até obter maioria na Câmara e no Senado. Mas no nível local, em muitas partes do país, a tendência mostra um apoio republicano claro e crescente. Os democratas elegeram dois governadores em 2022, mas os dias em que dominavam legislaturas estaduais e cargos executivos locais na nação inteira já se foram.

Por que isso acontece? É uma longa história, mas tem tudo a ver com um partido que em grande parte deu as costas à classe operária do país. Muitos trabalhadores americanos se sentem abandonados pelo partido em que confiavam. E estão com raiva. Após a eleição presidencial de 2020, conversei com candidatos a assembleias legislativas de todo o país. Um da Virgínia Ocidental me disse: "Quando converso com as pessoas, elas gostam de tudo o que defendo. Mas então me perguntam: 'De que partido você é?'. Quando digo que sou democrata, respondem: 'Saia daqui'".

O ESTABLISHMENT DEMOCRATA CONTRA-ATACA

Deixe-me apresentar algumas observações pessoais sobre a crise que o Partido Democrata enfrenta. Durante a temporada das primárias presidenciais, é comum que os partidos democratas estaduais agendem eventos para ouvir os candidatos concorrentes — e, no processo, arrecadar dinheiro para suas campanhas de outono. Participei de vários desses eventos em 2016 e 2020. Se eu fosse estar numa cidade num determinado dia para ir a um jantar ou evento noturno do Partido Democrata, nossa campanha agendava um comício na mesma cidade para reunir apoiadores.

Fiquei muito impressionado com as enormes diferenças entre os comícios que realizávamos, geralmente à tarde, e os eventos estaduais do Partido Democrata aos quais eu comparecia algumas horas depois. Sim, ambos eram reuniões "políticas". Mas essa era a única semelhança entre eles.

Em geral, nossos eventos traziam multidões diversificadas e barulhentas de milhares de pessoas. Havia muitos jovens. As pessoas que compareciam eram em sua maioria da classe trabalhadora. Alguns estavam na faculdade; outros tinham diploma, mas muitos não. O que os unia era a insatisfação com o status quo e um desejo ardente de mudança. Eles queriam que o governo trabalhasse para eles, não apenas para as pessoas no topo.

Os eventos estaduais do Partido Democrata eram praticamente o oposto. A participação era pequena e as pessoas que compareciam eram mais velhas, mais brancas e mais ricas. Um número significativo delas — advogados, profissionais liberais e empresários — era formado por "doadores importantes". Em comparação com nossos comícios de campanha, o nível de energia era quase inexistente.

Eis outra observação pessoal: nos últimos anos, participei de várias greves envolvendo afiliados de alguns dos maiores sindicatos do país. Sempre fiquei impressionado com a decência dos trabalhadores em greve, sua coragem e seu senso de solidariedade. Ao falar com os líderes desses sindicatos locais, fiquei chocado e perturbado ao saber que uma grande maioria de seus membros votava agora nos republicanos.

Essas realidades, que observei pessoalmente, explicam o desafio que o Partido Democrata deve enfrentar. Como ter sucesso político agora, e no futuro, sem atrair os jovens, o futuro do país, para o partido? Como ganhar eleições se estamos perdendo o apoio dos eleitores da classe trabalhadora, a maioria dos americanos?

A questão-chave que o Partido Democrata enfrenta não é complicada. O partido quer abrir suas portas para os americanos da classe trabalhadora, pessoas de cor e jovens eleitores que podem sacudir as coisas? O partido está disposto a ouvir as pessoas que querem lutar por mudanças fundamentais? Está pronto para ser o partido que exige que a promessa de justiça econômica, social e racial se torne realidade? Ou quer manter um status quo cansado que não representa uma ameaça real à política de sempre? Em outras palavras, quer ser um partido da classe trabalhadora lutando por mudanças ou um partido dominado pelas empresas que protege os ricos? Na grande maioria dos estados que visitei, a resposta foi que o establishment do partido não estava apenas satisfeito com o status quo, mas fortemente determinado a preservá-lo.

Em fevereiro de 2017, esse conflito atingiu o auge quando chegou a hora de eleger um novo presidente do Comitê Nacional Democrata. Na véspera da Convenção Nacional Democrata de 2016 na Filadélfia, a representante da Flórida Debbie Wasserman Schultz foi forçada a renunciar ao cargo de presidente do comitê. Ficou evidente que ela havia usado indevidamente sua posição para apoiar a campanha de Hillary Clinton contra mim, e até mesmo os apoiadores de Clinton sabiam que ela tinha que sair. Donna Brazile, uma ativista de longa data do partido, substituiu-a interinamente durante a campanha à presidência e trabalhou muito a fim de reunir o partido para a disputa contra Trump. Mas, depois da eleição, era hora de escolher um novo presidente.

Os progressistas apoiaram o congressista Keith Ellison, um jovem negro dinâmico de Minnesota e um dos primeiros membros do Congresso a apoiar minha candidatura. Keith queria abrir o partido, afastando-o de seu abraço do Big Money e em direção a um modelo mais voltado para as bases. Queria que o partido se organizasse em todos os estados e até no nível das zonas eleitorais. Pete Buttigieg, prefeito de South Bend, também montava uma campanha enérgica para a presidência do comitê. Mas o establishment do partido, inclusive o ex-presidente Barack Obama, apoiou o ex-secretário do trabalho de Obama, Tom Perez. Ele falou sobre abrir o partido, mas havia poucos indícios de que falava sério sobre se afastar da política do status quo ou dos modelos de arrecadação de fundos. Perez venceu por 235 votos a favor e 200 contra. Apesar de ter acabado de perder a presidência para o candidato menos qualificado da história moderna dos Estados Unidos, apesar de ter perdido mil assentos legislativos desde 2009, apesar da hemorragia de apoio da classe trabalhadora em todo o país, a liderança democrata votou para continuar na mesma direção fracassada em que ia antes da desastrosa eleição de 2016.

A POLÍTICA DO RESSENTIMENTO

Quando ponderamos sobre o futuro do Partido Democrata, uma pergunta simples deve ser feita: como é possível que o Partido Republicano — que apoia incentivos fiscais para os ricos, tentou negar a 32 milhões de americanos a cobertura de saúde que eles tinham sob o Affordable Care Act, quis cortar a seguridade social, o Medicare e o Medicaid, opõe-se à legislação para reduzir os custos dos medicamentos e resiste aos esforços para aumentar o salário mínimo ou facilitar a adesão dos trabalhadores a sindicatos — tenha agora o apoio de um número substancial e, em muitas regiões, um número crescente de eleitores da classe trabalhadora?

E o que isso significa para o futuro dos Estados Unidos?

A resposta a essa pergunta tão importante é complicada. Em algumas partes do país, especialmente no Sul e nos estados fronteiriços, onde os democratas permaneceram viáveis na década de 1990, a resposta tem a ver com o racismo e o velho ressentimento por parte dos eleitores brancos da classe trabalhadora em relação aos ganhos que os negros americanos obtiveram ao longo de décadas. Em algumas regiões do país, os conservadores sociais tentaram usar a homofobia e, nos últimos anos, a transfobia, para lançar os eleitores trabalhadores uns contra os outros. E qualquer um que tenha prestado atenção sabe que Trump e seus aliados republicanos fizeram da xenofobia e do medo dos imigrantes o centro de sua política.

Não são apenas os republicanos de extrema direita que promovem a divisão. A liderança sênior e os estrategistas do Partido Republicano há anos jogam com a política do ressentimento visando atrair os eleitores da classe trabalhadora — sobretudo os brancos, mas nos últimos anos um número crescente de eleitores latinos e negros — para longe do redil democrata. Usam todos os tipos de táticas dissimuladas para atrair pessoas para sua causa. E se tornaram muito bons em pressionar os botões na época das eleições.

No entanto, há algo mais nessa discussão, e vai muito além de blocos de votação e eleições e do que Trump e os republicanos reacionários fazem. É o fato de que o Partido Democrata, ao longo dos anos, ajudou a criar o vácuo político que permite que essas questões apodreçam. Ele fez isso dando as costas à classe trabalhadora americana. Ou seja, mesmo quando o partido se sai melhor do que os republicanos, como em 2020 e 2022, só o faz por uma margem estreita. Não registra o tipo de vitórias transformadoras que poderiam abrir caminho para o próximo New Deal ou Grande Sociedade. As coalizões que os democratas reúnem hoje são mais estreitas e vulneráveis do que deveriam. Não têm o peso multirracial, multiétnico e multigeracional necessário. Por quê? Porque o partido, em muitos casos e em muitos lugares, perdeu contato com os trabalhadores. Não sabe como falar com eles porque não sabe o que se passa na vida deles.

O fato é que os trabalhadores do país estão com raiva. Com motivo.

Tragicamente, os democratas ignoraram essa raiva e ignoraram a dor e a frustração que a causam. Os trabalhadores querem saber por que estão ficando cada vez mais para trás e por que seus filhos estão em situação ainda pior. Querem que seus representantes eleitos reconheçam sua angústia e seus medos. E, mais importante, querem que se levantem e lutem por eles. Não foi isso que os democratas fizeram. Uma pesquisa do *Washington Post* do fim de setembro de 2022 mostrou que, por dezessete pontos, os cidadãos confiavam mais nos republicanos em questões econômicas do que nos democratas.

Os trabalhadores têm o direito de estar zangados porque, apesar dos enormes aumentos de produtividade, seus salários estão estagnados há cinquenta anos. Estão com raiva porque perderam empregos bem remunerados quando suas empresas fecharam e saíram do país. Estão com raiva porque trabalham por salários de fome, e o salário mínimo federal não aumenta desde 2009. Estão com raiva porque não podem pagar por assistência à saúde ou medicamentos. Estão com raiva porque gastam muito com moradia e creche, e os filhos não têm dinheiro para ir à faculdade ou uma escola profissionalizante. Estão com raiva porque não podem se aposentar com segurança. Estão com raiva porque, durante a pandemia, tiveram que trabalhar em condições inseguras, enquanto seus chefes trabalhavam confortavelmente em casa. Estão com raiva porque, apesar dos lucros recordes, as empresas estão cortando salários e benefícios, e seus chefes ganham centenas de vezes mais do que eles.

Se o Partido Democrata de hoje quiser ser bem-sucedido, deve ter a coragem de reconhecer essa raiva. E deve falar com a população do mesmo modo que FDR fez em 1937, quando iniciou seu segundo mandato reconhecendo que havia muita coisa que o New Deal ainda não havia realizado. O presidente olhou para o país, viu o sofrimento e falou com ele — e prometeu lidar com a dor que testemunhou. Ele não tinha medo de dizer a verdade. Eis o que disse:

Nesta nação, vejo dezenas de milhões de cidadãos — uma parte substancial da população inteira — aos quais nesse exato momento é negada a maior parte do que os padrões mais baixos de hoje chamam de necessidades básicas.

Vejo milhões de famílias tentando viver com uma renda tão escassa que a mortalha do desastre familiar paira sobre elas dia após dia.

Vejo milhões cuja rotina na cidade e na fazenda continua sob condições rotuladas de indecentes por uma assim chamada sociedade polida meio século atrás.

Vejo milhões sem acesso à educação, recreação e a uma oportunidade de melhorar sua sorte e a de seus filhos.

Vejo milhões sem meios para comprar os produtos da fazenda e da fábrica e, por sua pobreza, negando trabalho e produtividade a muitos outros milhões.

Vejo um terço de uma nação mal alojada, mal vestida, mal nutrida.

Os democratas precisam aprender a lição que Roosevelt ensinou.

Ter a honestidade de reconhecer o sofrimento que os trabalhadores estão experimentando.

Ter a coragem de se opor a seus interesses para melhorar a vida do povo.

OS REPUBLICANOS DOMINARAM A ARTE DE EXPLORAR A FRUSTRAÇÃO DA CLASSE TRABALHADORA

Os republicanos entendem como a frustração da classe trabalhadora é generalizada e como ela se tornou volátil. Assumiram como missão explorar esse sentimento em termos totalmente divisores. As autoridades republicanas e sua poderosa câmara de eco da mídia fazem de tudo para dar aos trabalhadores uma "explicação" de sua angústia, construída sobre uma base de mentiras. No entanto, esses republicanos são extremamente sofisticados em fazer o jogo da culpa e atacar qualquer pessoa — mulheres, imigrantes, negros, muçulmanos, transgêneros, professores e líderes sindicais — pelos problemas que a nação enfrenta. Como todos os demagogos do passado, eles difamam todo mundo, exceto as pessoas que de fato são responsáveis pelo que deu errado — as pessoas com riqueza e poder.

As mentiras republicanas foram cuidadosamente desenvolvidas, usando grupos focais e pesquisas de opinião. Eis um pouco do que alegam em época de eleição.

- *Os imigrantes são o problema.* Donald Trump, quando candidato e depois presidente dos Estados Unidos, sempre atacava os imigrantes mexicanos, alegando que o México estava "enviando pessoas com muitos problemas e passando esses problemas para nós. Trazem drogas. Trazem o crime. Eles são estupradores". Isso é mentira.

- *Os negros são o problema.* Os republicanos criticam há muito tempo os programas que buscam enfrentar o racismo sistêmico, alegando que esses planos discriminam os brancos. Seus ataques aos programas de ação afirmativa chegaram a tais extremos que o senador Roger Wicker (Republicano, do Mississippi) afirmou que o juiz Ketanji Brown Jackson, um dos indicados mais qualificados de todos os tempos para a Suprema Corte dos Estados Unidos, era simplesmente "o beneficiário desse tipo de cota". Isso é mentira.

- *Pessoas LGBTQIAPN+ são o problema.* O governador Ron De-Santis, da Flórida, um dos principais candidatos à indicação presidencial republicana de 2024, chegou a promover uma chamada Lei Não Diga Gay que tornou ilegal ensinar aos jovens sobre sexo e sexualidade. Desconsiderando a educação que respeita crianças transgênero e outros como "ideologia de gênero despertada", DeSantis anunciou que o assunto "não é algo apropriado para nenhum lugar, mas sobretudo para a Flórida". Isso é mentira.

- *Os muçulmanos são o problema.* Ao retratar os muçulmanos como potenciais terroristas e uma ameaça aos Estados Unidos, Donald Trump tentou, como presidente, bloquear a imigração muçulmana e ameaçou fechar mesquitas, alegando que "acho que o Islã nos odeia". A deputada Marjorie Taylor Greene (Republicanos, da Geórgia) chamou uma colega muçulmana, a deputada Ilhan Omar (Democratas, Minnesota), de "sedenta de sangue", "pró-al Qaeda" e "basicamente uma apologista dos terroristas islâmicos". Outra deputada da Câmara, Lauren Boebert (Republicanos, do Colorado), afirmou que Omar — que tem sido uma líder internacional na redução das tensões sectárias — era membro do "esquadrão da jihad". Isso é mentira.

- *Os professores são o problema.* Embora não seja ensinada nas escolas do ensino fundamental, os republicanos têm feito uma cruzada contra a teoria crítica da raça, retratando a educação honesta sobre escravidão, segregação e racismo sistêmico como "doutrinação". Isso é mentira.

- *A discriminação contra homens brancos é o problema.* Como os políticos republicanos e os meios de comunicação como a Fox News pegaram elementos da "Grande Teoria da Substituição" da *alt-right*, uma pesquisa do Yahoo News/YouGov de 2022 concluiu que a maioria dos republicanos acredita que os americanos brancos enfrentam tanta discriminação quanto os negros, e uma pesquisa da Pew descobriu recentemente que quase 40% dos homens republicanos acreditam que o progresso em direção aos direitos das mulheres ocorreu à custa dos homens. É fato que 40% dos homens republicanos acreditam nisso. Mas isso é mentira.

E assim por diante. Os republicanos estão constantemente atentos para explorar queixas.

E o que fazem os democratas? Contrapõem-se às estratégias do Partido Republicano que desviam a atenção das verdadeiras fontes de dor e frustração dos eleitores da classe trabalhadora de todas as origens?

Pergunte a si mesmo: qual é a mensagem geral hoje do presidente democrata, dos líderes democratas do Congresso e dos membros do Partido Democrata? Se os republicanos definiram minorizados, imigrantes ou gays como "o inimigo" e "o problema", quem os democratas estão chamando de verdadeiros culpados? Quem os democratas estão responsabilizando pela dor que tantos americanos estão sentindo?

Não basta apenas dizer que os republicanos estão promovendo uma política feia quando visam imigrantes, mulheres, pessoas de cor e a comunidade LGBTQIAPN+. Não basta apenas dizer que Trump e seus seguidores são extremistas que não acreditam na democracia e no estado de direito.

Os democratas deveriam deixar absolutamente claro que o problema são as pessoas de quem os republicanos pegam seu dinheiro e as pessoas a quem as políticas republicanas servem: os indivíduos muito ricos e poderosos que buscam uma América onde o supercapitalismo define todos os aspectos da economia e da sociedade. Há uma razão pela qual os republicanos se opõem a tratar a saúde como um direito, ao aumento do salário mínimo, a salvar o planeta, à taxação dos ricos, à regulamentação das corporações. E se opõem a reagir à inflação combatendo a manipulação de preços e a especulação das empresas. Estão servindo a

345

seus doadores bilionários e seus patrocinadores empresariais. Pura e simplesmente isso.

Os democratas deveriam deixar claro que estão preparados para desafiar os ricos e poderosos em nome da classe trabalhadora. Isso vai ressoar junto ao povo americano de uma forma que as mentiras do Partido Republicano nunca conseguiriam.

Infelizmente, é raro essa mensagem de justiça econômica ser transmitida pelos democratas. E isso tem muito a ver com nosso sistema corrupto de financiamento de campanha e a dependência dos democratas das contribuições de campanha dos ricos e poderosos.

Não há como se esconder da realidade. Apesar de muita retórica, em que cada vez menos pessoas acreditam, os democratas não lutaram o suficiente, ou de forma consistente o suficiente, em favor dos trabalhadores. E esse fracasso pesa para os democratas em época de eleição. A simples verdade é que, enquanto os democratas viraram as costas para as famílias trabalhadoras, milhões de eleitores da classe trabalhadora viraram as costas ao Partido Democrata que seus pais e avós apoiavam fortemente. Esta é uma tragédia para o nosso país e tem ramificações sinistras para o nosso futuro.

Mas essa ameaça não precisa se tornar realidade.

DEMOCRATAS DEVEM APARECER PARA A CLASSE TRABALHADORA

Se os democratas quiserem combater efetivamente a extrema direita republicana, precisam parar de confiar em consultores de Washington, sair da bolha do capitólio, interromper seus intermináveis eventos de arrecadação de fundos com os ricos e começar

346

a sair às ruas e interagir com os americanos que se sentem excluídos e deixados para trás.

Devem provar para as pessoas da classe trabalhadora de todas as origens e em todas as regiões que estão preparados para apoiá-las em suas lutas por uma vida melhor. Devem aprender com os quatro mandatos de FDR. O mundo mudou muito desde a década de 1930, mas uma realidade política permanece constante: não se pode ganhar eleições e realizar mudanças genuínas sem o apoio esmagador da classe trabalhadora.

Como os democratas conquistam esse apoio? Podem começar aparecendo.

Hoje, quando os sindicatos são mais populares do que foram desde 1965, os democratas precisam se alinhar de perto com o crescente movimento sindical de base. Precisam apoiar agressivamente os trabalhadores que estão tentando se organizar, apoiar grevistas e exigir que as empresas negociem de boa-fé. Além disso, os democratas devem lutar por reformas nas leis trabalhistas que fortaleçam o lado da classe trabalhadora. E devem garantir que essas leis sejam aplicadas em todos os estados.

Durante os últimos anos, tive orgulho de participar de piquetes e de me reunir com os trabalhadores da Amazon e da Starbucks, pois eles se organizaram em comunidades por todo o país. Eu estava ao lado dos funcionários da Disney quando exigiram melhores salários. Quando os trabalhadores entraram em greve, estive nos piquetes com eles. E, como presidente do Comitê de Orçamento, realizei audiências para destacar o fato de que o governo federal pode e deve negar contratos federais a empresas que violem a legislação trabalhista.

Estive sozinho no Congresso nesses esforços? Absolutamente não. Mas, se formos honestos, a verdade é que os democratas proeminentes ativos nessas lutas da classe trabalhadora têm sido raros. Sim, há muita conversa entre os democratas sobre ser pró-

-sindicato, a começar pela Casa Branca, mas tem havido muito pouca ação.

O que significaria no país se os trabalhadores vissem, com os próprios olhos, os democratas junto a eles, apoiando os sindicatos e combatendo os interesses empresariais para que ganhem salários, benefícios e condições de trabalho decentes? O que significaria se o presidente dos Estados Unidos trouxesse ao Salão Oval os CEOS das grandes empresas que estão tentando quebrar sindicatos e deixasse claro que o comportamento ilegal deles não será mais tolerado? O que significaria, quando se tornasse necessário que os trabalhadores entrassem em greve, se o secretário do Trabalho dos Estados Unidos estivesse lá no primeiro dia para fazer piquetes com esses trabalhadores?

Francamente, isso significaria muito. Na verdade, provocaria uma transformação imensa no sistema político americano. Isso mudaria não apenas as relações trabalhistas, mas também a cultura política de um país em que muitos cidadãos da classe trabalhadora desistiram da democracia e das eleições por não acreditarem que qualquer partido esteja ao seu lado. Se feito de forma honesta e agressiva, isso mostraria que pelo menos um partido político estava preparado para enfrentar a ganância e o poder empresarial e apoiar as famílias trabalhadoras em dificuldades de nosso país.

TRANSFORMAR UM PARTIDO DA ELITE EM UM PARTIDO DO POVO

Sou o independente mais antigo na história do Congresso dos Estados Unidos. Durante minha carreira política, combati e derrotei democratas e republicanos e, ocasionalmente, candidatos apoiados por ambos os partidos. Em outras palavras, não sou casado com um sistema bipartidário.

Podemos questionar se os sistemas parlamentares multipartidários que existem na maioria dos países do mundo são mais inclusivos e democráticos do que o sistema político dos Estados Unidos. Acho que são. Mas eis a realidade com a qual vivemos hoje: um sistema bipartidário fortemente arraigado e bem financiado. Isso poderia mudar num futuro previsível? Talvez. Mas não amanhã.

Isso significa que, se quisermos fazer o tipo de mudança de que o país tanto precisa, se quisermos proteger a democracia americana nesse momento volátil, precisamos transformar completamente o Partido Democrata — de baixo para cima.

O Partido Democrata deve ser mais do que apenas uma máquina eleitoral bem financiada, dirigida por consultores e produtora de anúncios. Precisa ser um partido do movimento que se posicione inequivocamente ao lado das famílias trabalhadoras do país e aborde as questões mais desafiadoras que nossa nação e o mundo enfrentam. Precisa ser um partido sólido em seu compromisso com a justiça econômica, social e racial, com a salvação do planeta e com o reordenamento das políticas para a promoção da diplomacia e da paz. Acima de tudo, precisa ser o partido de uma classe trabalhadora *unida*. Para fazer isso, precisa redefinir o que significa política no século XXI, funcionando 365 dias por ano, não apenas três meses antes de uma eleição.

O partido deve estender a mão e abrir suas portas para trabalhadores, jovens e ativistas de base de uma maneira que não faz há décadas. Em vez de ser um clube de elite difícil de se associar e que diz aos recém-chegados que devem esperar sua vez de serem reconhecidos, os democratas precisam se tornar um partido que empodera os trabalhadores e cumpre o que promete. A política pode ser parte integrante da vida das pessoas, algo sobre o qual elas falam todos os dias. Mas isso só acontecerá se o Partido Democrata abandonar a cautela e entrar na luta.

Trazer reformas fundamentais para esse partido não será fácil. Os interesses empresariais dentro dele, a classe dos consultores e os políticos do establishment resistirão à mudança a cada passo do caminho. Mas essas mudanças podem e devem ser provocadas.

Para começar, os democratas devem voltar a ser um partido nacional. Devem ser um partido de cinquenta estados, mas também de 3243 condados. Devem estar em todos os lugares. Em vez de gastar muitas centenas de milhões nos poucos meses anteriores a uma eleição em comerciais políticos, consultores e pesquisas de opinião, devem gastar uma pequena fração disso contratando milhares de articuladores em tempo integral para trabalhar em todos os estados do país. Na medida do possível, esses articuladores devem ser pessoas de todas as idades, lugares e origens que conheçam suas comunidades e façam parte delas. O partido também deve estabelecer centros de ação em bairros que permaneçam em funcionamento durante todo o ano, articulando-se com grupos de base e sindicatos em nível local. Numa época em que muitos americanos querem reconstruir um senso de comunidade que se perdeu em nossa era moderna, movida a celulares e programas de tv, os democratas podem ser ativos em tudo, desde esportes juvenis até jantares de idosos.

Os democratas também devem desenvolver uma estratégia de mídia nacional e local para neutralizar o ataque extraordinário da Fox News e de outras mídias de direita. Não se trata de tarefa barata ou fácil, mas deve ser feita. Não podemos mudar a consciência política no país enquanto a única informação política que dezenas de milhões de pessoas ouvem todos os dias venha de propagandistas de direita que vendem mentiras descaradas, teorias da conspiração e assassinato de reputações. O partido deve investir recursos e energia criativa para estabelecer uma presença dinâmica e atraente na tv, no rádio, em mídias sociais e podcasts, e em novas publicações e livros. Em outras palavras, os democratas precisam parar de reclamar da Fox News e dos programas de rádio de direita e criar uma alternativa convincente a eles.

O Partido Democrata não precisa apenas de grandes reformas na maneira como se relaciona com o povo americano, mas também precisa de reformas internas no modo de se organizar. Ele deve:

- *Transformar o Comitê Nacional Democrata de um aparato de arrecadação de fundos dominado por empresas numa fonte de apoio ao ativismo de base e às lutas da classe trabalhadora.* No momento, o CND gasta quase todo o seu tempo apoiando milionários e bilionários que financiam campanhas. Na verdade, ele prefere candidatos que representem interesses empresariais — ou que sejam ricos. Os membros do CND gostam de candidatos que defendem o status quo porque sabem que eles ganharão o favor dos grandes doadores. Isso tem que mudar. O CND precisa romper com o atual sistema corrupto de financiamento de campanhas.

- *Certificar-se de que as primárias sejam abertas, justas e bem administradas.* Não é preciso dizer que, como posso atestar, é inacreditável e uma vergonha nacional que o Partido Democrata de Iowa em 2020 não tenha conseguido nem mesmo contar os votos em tempo hábil na importante convenção de Iowa, a primeira disputa do Partido Democrata da temporada eleitoral de 2020. E a Califórnia, o maior estado do país, no qual ganhei em 2020, levou semanas para anunciar o resultado.

- *Democratizar os processos de indicação.* Nas primárias democratas de 2016, devido ao papel ultrajante e antidemocrático que os superdelegados desempenharam, Hillary Clinton começou com uma vantagem de aproximadamente quinhentos delegados antes que um único eleitor real participasse de uma convenção ou votasse nas primárias. Naquele ano, ganhei em todos os condados nas primárias da Virgínia Ocidental e assegurei uma vitória esmagadora de dezesseis pontos em todo o estado. No entanto, Clinton acabou com dezenove delegados da Virgínia Ocidental no plenário da convenção na Filadélfia naquele ano, contra os meus dezoito. Por quê? Ela tinha uma vantagem embutida com base nos votos de superdelegados e líderes partidários não eleitos.

- Com muito esforço, os progressistas conseguiram cercear o papel que os superdelegados desempenharam em 2020. Mas é preciso ir além. Chefes, doadores de campanha e funcionários do partido não devem ser capazes de fazer pender a balança das convenções nacionais democratas contra candidatos que conquistaram o apoio da maioria nos estados.

- *Reestruturar os debates entre os candidatos à indicação presidencial para que sejam exames sérios das questões.* Eles devem parar de confiar em truques do showbiz e em personalidades da mídia que papagueiam os argumentos dos anunciantes. Os moderadores não devem ter momentos de "peguei você". Devem dar aos candidatos mais de quinze segundos para responder às principais questões políticas. E devem buscar respostas ponderadas para questões importantes para que talvez, apenas talvez, os debates sejam esclarecedores.

- *Fazer das convenções reuniões genuínas dos membros do partido, em vez de espetáculos coreografados pela mídia.* Os delegados devem ter poder para escrever plataformas que atendam às necessidades do país e para participar de um debate aberto e respeitoso sobre essas questões. Então devem voltar para casa com os recursos e o apoio que vão ganhar as eleições e dar sentido ao processo.

SIM, A POLÍTICA DO MOVIMENTO DE MASSA
PODE DERROTAR O SUPERCAPITALISMO

Boas políticas públicas é boa política. Enfrentar a ganância empresarial e melhorar a vida da maioria do povo americano é a coisa certa a fazer. Também é a coisa inteligente a fazer do ponto de vista político. Os democratas sabiam disso. É por isso que o partido dominou as eleições para o Congresso na última metade do século XX.

Infelizmente, muitos líderes do atual Partido Democrata rejeitaram a visão que tornou seu partido forte no passado — assim como perderam de vista o que poderia torná-lo forte no futuro.

A triste verdade é que, se você resumir, a essência da mensagem democrata nos últimos anos foi: "Somos muito ruins, mas os republicanos são piores. Então vote em nós. Somos o menor de dois males!". Tendo em vista a realidade do Partido Republicano de hoje — os ataques crescentes à democracia e aos direitos das mulheres, o péssimo histórico em relação à mudança climática e ao meio ambiente, o apoio a incentivos fiscais para os ricos e os cortes em programas para famílias trabalhadoras e pobres —, há muita verdade nessa mensagem. E pode ser o suficiente para vencer as eleições no curto prazo — como foi o caso em 2020 e, em menor medida, em 2022. Mas o que ela não faz é chegar às causas profundas dos problemas do Partido Democrata, muito menos dos problemas do país. Ela não gera entusiasmo popular ou formação de coalizões. Não fortalece nossa democracia. Não cria esperança. Não traça um plano para o futuro baseado nos valores compartilhados que unirão os americanos para alcançar grandes feitos.

Não reconhece que, quando os oligarcas e o mundo empresarial estão travando uma guerra de classes contra os trabalhadores americanos, a classe trabalhadora precisa de um partido que revide. E vença.

O país enfrenta hoje desafios sem precedentes que não podem ser resolvidos com meias medidas ou acordos. Não há meio-termo entre a ganância insaciável do supercapitalismo e um acordo justo para a classe trabalhadora. Não há meio-termo entre salvar ou não o planeta. Não há meio-termo entre preservarmos ou não nossa democracia e continuarmos ou não a ser uma sociedade baseada na proteção igualitária para todos.

Os democratas enfrentam a mais fundamental de todas as escolhas. Devem escolher entre ficar do lado da classe trabalhadora que cria a riqueza deste país ou ficar do lado da classe bilionária, das elites empresariais e dos ricos doadores de campanha que acumulam riqueza para interesse próprio.

Ao tomar uma decisão inequívoca sobre de que lado estão na guerra de classes, os democratas podem finalmente aprovar políticas para superar o supercapitalismo e a ganância, a desigualdade e a intolerância que negaram aos Estados Unidos a promessa de "liberdade e justiça para todos".

É disso que é feita uma revolução política. Uma revolução política que todas as pesquisas nos dizem que o povo americano deseja. O perigo para o Partido Democrata é não ser ousado demais. É ser cauteloso demais.

É hora, finalmente, de os democratas reconhecerem que boas políticas públicas são boa política. É bom para o partido. É bom para o país. É bom para o mundo.

Vamos fazê-las!

Agradecimentos

Devido à minha agenda no Senado, este livro não poderia ter sido concluído a tempo sem o trabalho muito árduo e excelente de John Nichols. John, muito obrigado. Também quero agradecer a Warren Gunnels por sua contribuição.

Nenhuma autoridade eleita realiza muito sem uma grande equipe, como a que eu tenho. Quero agradecer a todos os meus funcionários do Senado em Washington e em Vermont pela dedicação e pelo profissionalismo, bem como aos homens e às mulheres que fazem parte de minha equipe política. Quero agradecer em especial a Misty Rebik, minha chefe de gabinete do Senado em Washington; a Katie Van Haste, minha diretora estadual em Vermont; e Faiz Shakir, meu diretor político.

Por último, quero expressar minha gratidão aos milhões de americanos que fazem parte da revolução política. Enfrentar a oligarquia e lutar por transformações não é fácil. No entanto, é uma luta que precisamos vencer, e venceremos. Obrigado por tudo o que vocês fazem.

John gostaria de agradecer a sua filha, Whitman Bottari, e sua editora de longa data, Katrina vanden Heuvel, por seu entusiasmo irrestrito pelo projeto deste livro.

ESTA OBRA FOI COMPOSTA PELO ESTÚDIO O.L.M. / FLAVIO PERALTA EM MINION
E IMPRESSA EM OFSETE PELA GRÁFICA BARTIRA SOBRE PAPEL PÓLEN NATURAL
DA SUZANO S.A. PARA A EDITORA SCHWARCZ EM ABRIL DE 2024.

A marca FSC® é a garantia de que a madeira utilizada na fabricação do papel deste livro provém de florestas que foram gerenciadas de maneira ambientalmente correta, socialmente justa e economicamente viável, além de outras fontes de origem controlada.